新时代中国法学系列教材

总主编 王 铁 黄文艺

中国人民大学法学院数字法学教研中心系列教材

个人信息保护法教程

主编 张新宝 丁晓东

撰稿人（以撰写章节先后为序）

张新宝 万 方 丁晓东 王 苑

彭 錞 洪延青 许 可 刘 权

周 辉 孙 莹 赵精武 商希雪

中国人民大学出版社

·北京·

主编简介

张新宝：中国人民大学法学院教授、数字法学教研中心研究员；教育部长江学者特聘教授，国家“万人计划”领军人才；兼任中国法学会网络与信息法学研究会副会长。主要研究领域为民法学、数字法学，作为专家全程参与《中华人民共和国民法典》《中华人民共和国个人信息保护法》的立法工作，在这两个法学领域发表了大量学术论文，出版了多种著作和教材。

丁晓东：中国人民大学法学院教授、未来法治研究院副院长；国家“万人计划”青年拔尖人才；兼任中国法学会网络与信息法学研究会理事。曾获中山大学通信工程专业学士，北京大学、耶鲁大学法学博士等学位。在《中国社会科学》等中、外文核心刊物发表论文 80 余篇，作为专家全程参与《中华人民共和国个人信息保护法》的立法工作。

内容简介

本书以习近平法治思想为指导，对《个人信息保护法》的原则、制度和规范进行了学理阐释，涉及个人信息保护法基本问题、个人信息处理规则、个人信息跨境提供规则、个人在个人信息处理中的权利、个人信息处理者的义务、个人信息保护监管机制、个人信息保护法律责任等内容，并适当介绍了有关司法实践情况和比较法经验，以满足读者的学习和研究需要。

总 序

王 轶

习近平总书记2016年5月17日在哲学社会科学工作座谈会上指出："要抓好教材体系建设，形成适应中国特色社会主义发展要求、立足国际学术前沿、门类齐全的哲学社会科学教材体系。"[①] 法学教材是法学知识体系的载体，是青年学子步入法学殿堂的阶梯，是培育法治共同体的重要素材。撰写承载中国自主法学知识体系的系列教材，是实现新时代中国法学教育使命的必由之路。

中国人民大学法学院的前身中国人民大学法律系成立于1950年，是新中国诞生后创立的第一所新型正规高等法学教育机构，被誉为中国法学教育的"工作母机"和"法学家的摇篮"。自成立伊始，中国人民大学法律系便承担着创建新中国法学学科的重任，并通过设立专门编译组、教材编写委员会，多措并举推进新中国的法学教材建设。到了1960年代初，在前辈法学家的不懈努力下，新中国法学教材从无到有，一个能够基本满足教学需要的法学教材体系初步形成。

在1980年代，中国人民大学法学院全面参与司法部、教育部组织的统编试用教材的编写工作，参编教材21种，主编、参编31人次。这些统编教材受到政法院校/系师生的一致认可，对于提高法学教育质量发挥了重要作用。1998年，中国人民大学法学院依托学科优势启动编写的"21世纪法学系列教材"，是当时全国法学院校编写出版的教材中品种最多、规模最大、影响最广的一套法学教材，以"原理—案例—资料—习题"四位一体为鲜明特色，其中涉法学专业14门核心课程的教材全部获评"教育部全国普通高等学校优秀教材（一等奖）"。

进入新时代，中国人民大学法学院积极参与马克思主义理论研究和建设工程重点教材编写工作，有36位教师入选马克思主义理论研究和建设工程课题组首席专家和主要成员，这在全国法学院校中位居首位。经过人大法律人70余年的接续努力，形成了以马克思主义理论研究和建设工程重点教材为龙头，以"21世纪

① 习近平．在哲学社会科学工作座谈会上的讲话．北京：人民出版社，2016：24.

法学系列教材”为主干，涵盖“中国法”项目教材、高职高专教材、律师实训教材、中小学普法教材的完整教材体系，建立起了具有中国特色、与时俱进的新型法治人才培养教材体系。中国人民大学法学院的教材建设始终坚持走在时代前列，发挥引领作用。2021年在首届全国教材建设奖评选中，中国人民大学法学院获得“全国教材建设先进集体”荣誉称号。

为贯彻习近平总书记2022年4月25日到中国人民大学考察调研时重要讲话的精神，落实中共中央办公厅、国务院办公厅印发的《关于加强新时代法学教育和法学理论研究的意见》，坚持以习近平法治思想为统领，通过抓好核心教材、编好主干教材、开发新形态教材等，构建中国特色法学教材体系，中国人民大学法学院决定启动“新时代中国法学系列教材”编写工作。这套教材积极应对新一轮科技革命和产业变革对法学教育的挑战，科学应变、主动求变，旨在推进中国法学教育的改革创新，充分反映全面依法治国发展成就。为适应新时代的教学需求，本系列教材采用新技术手段，配以网络教学指导、教学辅助，重点推进课程配套数字资源建设。相信本系列教材的出版，定能为培养造就更多具有坚定理想信念、强烈家国情怀、扎实法学根底的新型法治人才发挥积极作用。

是为序。

2023年11月

前言

2021年8月20日，第十三届全国人民代表大会常务委员会第三十次会议通过的《中华人民共和国个人信息保护法》（以下简称《个人信息保护法》）是在习近平新时代中国特色社会主义思想，特别是习近平法治思想指导下制定的一部重要法律，旨在保护个人信息权益，规范个人信息处理活动，促进个人信息合理利用。该法分为总则、个人信息处理规则、个人信息跨境提供的规则、个人在个人信息处理活动中的权利、个人信息处理者的义务、履行个人信息保护职责的部门、法律责任和附则八章，规定了个人信息保护的基本原则、主要规则和制度，与《中华人民共和国网络安全法》、《中华人民共和国数据安全法》以及《中华人民共和国民法典》、《中华人民共和国刑法》等法律的有关规定一起，构成我国网络数据和信息安全与保护的基本法律制度。在学理上，我们将这些法律制度及其实施机制等称为数字法治，与之对应的法学学科是数字法学。

加强包括个人信息保护法在内的数字法治教学与研究以服务于经济发展、社会治理和权利保护要求，已经成为广泛共识。中共中央办公厅、国务院办公厅印发的《关于加强新时代法学教育和法学理论研究的意见》指出，要加快发展数字法学等新兴法学学科。近年来一些主要法学院校纷纷成立数字法学教学与研究机构，承担加强数字法治教学和研究的工作任务。中国人民大学法学院成立数字法学教研中心，组织和实施数字法治教学和研究工作，编写本教程是其初期工作的组成部分。

除中国人民大学法学院数字法学教研中心的教师外，我们还邀请了中国社会科学院法学研究所、清华大学法学院、中国政法大学、西南政法大学、北京理工大学法学院、对外经济贸易大学法学院、东南大学法学院、北京航空航天大学法学院、中央财经大学法学院、北京外国语大学法学院等院校的部分教师参加本教程的编写。具体写作分工如下：张新宝、万方撰写第一章；丁晓东、王苑、彭錞撰写第二章；洪延青撰写第三章；许可撰写第四章；刘权、周辉撰写第五章；孙莹撰写第六章；孙莹、赵精武、商希雪撰写第七章。全书由张新宝、丁晓东修改定稿。这些作者曾深度参与《个人信息保护法》和相关法律、行政法规、部门规章及国家标准的制定，在个人信息保护法及相关领域有十分突出的研究成果和较丰富的实践经验，这为本教程的编写提供了可靠的学术基础。

本教程立足于我国的立法和执法、司法实践，对《个人信息保护法》的原理与制度规定进行讲解，并适当参考欧美等国家和地区的立法与法治实践经验以阐述个人信息保护法的法理。法解释学、案例分析、比较研究等方法是本教程采用的基本方法，作者试图通过利用这些法学基本方法对个人信息保护法的概念体系作准确的揭示，对个人信息保护法的原理进行深入浅出的阐述。为了便于进一步的学习与研究，本教程各章设置了思考题并列出文献阅读资料。

个人信息保护法是新兴的领域法，包括个人信息保护法学在内的数字法学是新兴的法学学科。本教程的编写具有一定的创新性，同时需要处理好新学科建设的共同与特殊挑战。我们希望本教程的出版能为各法学院校的个人信息保护法课程提供基本教程，也希望广大教师和学生反馈意见和建议以帮助我们进一步完善本教程。

中国人民大学法学院教授、数字法学教研中心研究员
教育部长江学者特聘教授
国家“万人计划”领军人才
中国法学会网络与信息法学研究会副会长
张新宝
2023 年 6 月 30 日

目 录

第一章 个人信息保护法基本问题

第一节 个人信息与个人信息处理

一、数据、信息与个人信息

（一）数据与信息概述

1. 数据的概念

《数据安全法》第3条第1款规定："本法所称数据，是指任何以电子或者其他方式对信息的记录。"数据来源于对客观世界的原始观察，以数字、文字、声音或图像等物理符号为表现形式，是抽象的量的概念；而在对客观事实进行组织与选择，即对数据进行加工处理，使其具有"传播的过程"和"内容"要素、建立起相互联系后，数据方可成为信息。

作为信息网络科技发展的产物，数据是存在于计算机及网络上流通的二进制形式，无法脱离载体而存在，各种交易也必须依附于其上而完成。数据既不是物，也非智力成果或权利。与有体物相比，数据不具有独占性，可以同时以多种方式被多人次使用；数据也不会因使用而减少，可以无限使用并创造价值。

数据在网络空间的自由流动与分享是大数据时代产生的基础。党的十八大以来，党中央高度重视发展数字经济，将其上升为国家战略。党的十八届五中全会提出，实施网络强国战略和国家大数据战略，拓展网络经济空间，促进互联网和经济社会融合发展，支持基于互联网的各类创新。党的十九大提出，推动互联网、大数据、人工智能和实体经济深度融合，建设数字中国、智慧社会。党的十九届五中全会提出，发展数字经济，推进数字产业化和产业数字化，推动数字经济和实体经济深度融合，打造具有国际竞争力的数字产业集群。党的二十大提出，推动战略性新兴产业融合集群发展，构建新一代信息技术、人工智能、生物技术、新能源、新材料、高端装备、绿色环保等一批新的增长引擎。《中共中央、国务院关于构建数据基础制度更好发挥数据要素作用的意见》（2022 年 12 月 2 日）指出：加大个人信息保护力度，推动重点行业建立完善长效保护机制，强化企业主体责任，规范企业采集使用个人信息行为。创新技术手段，推动个人信息匿名化处理，保障使用个人信息数据时的信息安全和个人隐私。

2. 信息与数据的关系

信息是数据的内容，数据是信息的形式。在数据时代，无法将数据与信息加以分离而抽象地讨论单方的权益。就个人数据而言，只有其包含个人信息时才会具有财产或者人格利益。自然人对个人数据的民事权益是指自然人对于以数据形式呈现的个人信息的民事权益或对于包含了个人信息的数据的权益。

（二）个人信息概述

1. 个人信息的概念：识别说界定模式

“识别说”是指通过信息定位到个人，即“由信息本身的特殊性直接回溯到特定个人”。《网络安全法》第 76 条第 5 项和《民法典》第 1034 条第 2 款采用了“识别说”。《民法典》第 1034 条第 2 款以概括加列举的方式规定：“个人信息是以电子或者其他方式记录的能够单独或者与其他信息结合识别特定自然人的各种信息，包括自然人的姓名、出生日期、身份证件号码、生物识别信息、住址、电话号码、电子邮箱、健康信息、行踪信息等。”

依识别说，个人信息是指能够单独或者与其他信息结合识别自然人个人身份的各种信息，既包括法律明确列举的自然人的姓名、出生日期、身份证件号码、个人生物识别信息、住址、电话号码等，也包括法律没有列举但具有此种识别功能的其他信息。个人信息具有三个要素：第一，主体为自然人，但包括近亲属对死者个人信息的查阅、复制、更正、删除等权利；第二，个人信息需要一定的载体，主要是以电子或者其他方式记录；第三，个人信息应当具有“可识别性”，例如，用户画像或特征标签能够单独或者与其他信息结合识别特定自然人身份或者反映特定自然人活动情况的，属于个人信息。

2. 个人信息的概念：关联说界定模式

“关联说”是指从个人到信息，即“已知晓既定个人，进一步知晓关于该个人的其他信息”，与已经识别和可能识别的个人相关联的信息均属于个人信息。《个人信息保护法》第 4 条第 1 款规定：“个人信息是以电子或者其他方式记录的与已识别或者可识别的自然人有关的各种信息，不包括匿名化处理后的信息。”

这一规定实际的适用效果是扩张了《民法典》对个人信息界定的范围。

在司法实践中，法院通常引入场景理论对具体信息是否属于个人信息加以判断。例如，在“微信读书案”中，法院认定读书信息包含了可以指向该信息主体的网络身份标识的信息，即“从信息到个人”；读书信息，包括读书时长、最近阅读、书架、推荐书籍、读书想法等，能够反映阅读习惯、偏好等的，符合“从个人到信息”的特征，属于个人信息。[①]

3. 一般个人信息与敏感个人信息

个人信息区分为一般个人信息与敏感个人信息。《个人信息保护法》以定性加开放性列举的方式，将敏感个人信息分为三类：一是一旦泄露或者非法使用，容易导致自然人的人格尊严受到侵害的个人信息，例如生物识别、宗教信仰、特定身份和医疗健康等信息；二是一旦泄露或者非法使用，容易导致自然人人身、财产安全受到危害的个人信息，例如生物识别、行踪轨迹、金融账户等信息；三是不满 14 周岁未成年人的个人信息。相较于一般个人信息，敏感个人信息具有高敏感度、高风险性，一旦泄露就会对信息主体造成巨大伤害，因而需对敏感个人信息作出特别保护。《个人信息保护法》在“个人信息处理规则”一章中，专设一节对“敏感个人信息的处理规则”作出规定。敏感个人信息之外的其他个人信息，属于一般个人信息。

对敏感个人信息予以强化保护的意义在于：一是能够更好地保护自然人的合法权益。敏感个人信息与人格尊严密切相关，且敏感个人信息泄露或非法使用对人身权利的威胁具有高风险性，对财产权利的威胁具有直接性，因此法律要强化对此类信息的保护。此外，心智尚未成熟，缺乏足够的理解、判断、风险防范与自我保护能力的未成年人的权益更易受到侵害，也应为其提供特殊保护。二是有利于调和个人信息保护与利用的需求冲突，实现利益平衡。个人信息的合理利用给商业、社会治理等都带来了巨大效益，但若不考虑不同类型个人信息之上所承载的利益冲突，盲目统一个人信息利用规则以挖掘其价值，规则过于宽松就会降低对敏感个人信息的保护力度、危及权益保护，规则过于严苛则又会限制产业发展。因此，将敏感个人信息与一般个人信息加以区别，兼顾敏感个人信息的保护与一般个人信息的利用，就可以有的放矢地设计行为规范，兼顾多方利益。三是强调敏感个人信息的特殊性对于利益相关主体具有预警作用。这不仅可以警示个人信息主体在日常生活中对其敏感个人信息加强防备，还可以指导个人信息处理者进行合规管理，相应地，履行个人信息保护职责的部门也可以集中力量、精准高效地对侵害敏感个人信息的行为进行执法。

---

① 参见北京互联网法院民事判决书（2019）京 0491 民初 16142 号。

（三）个人信息的特征

1. 个人信息具有算法识别性

在互联网背景下的数字社会，以算法为核心、以网络平台为载体，其中的个人信息因此具有了可计算性，即算法识别性；而传统线下社会的信息是不可计算的，只能进行自然识别。具体来说，传统线下社会的信息传播方式主要是口口相传或通过纸张、书本等物理形式流传。例如，姓名、肖像等信息本身具有直接识别性，但行踪、购物偏好等日常生活信息，在传统线下社会无从也难以被自动识别；数字社会则不同，网络用户成为个人信息主体，其浏览网页所产生的痕迹、购物产生的个人偏好等信息经信息技术平台处理即可具有识别性。

2. 个人信息无法为个人所单独控制

他人获取并使用个人信息是其进行社会交往的必要前提，个人通常无法阻止这一过程。数据化的个人信息往往由处理者收集、存储并加以利用，因此处理者相较于个人享有事实上更强的控制力。因此，个人信息在客观上无法为个人所单独支配。同时，信息具有“公共品”的核心特征，即非竞争性和非排他性。一人对信息的使用不影响他人的使用，信息也不会随着使用而有所耗损，相反，信息可以同时被多人使用而互不排斥。将信息分享给更多的人几乎不会给正在使用该信息的人带来额外成本，而阻止他人获取并使用特定信息的成本却非常高昂。因此，个人信息在本质上具有公共性，不应当被个人所独占。

3. 个人信息的有限保护

并非所有的个人信息处理均要受到《个人信息保护法》的规制。个人信息保护解决的核心问题是个人与信息处理者之间的权力不平衡问题。如此等关系不存在，个人信息权益也将丧失其存在基础。《个人信息保护法》第 72 条第 1 款规定：“自然人因个人或者家庭事务处理个人信息的，不适用本法。”欧盟《一般数据保护条例》（GDPR）也规定：“本条例不适用于自然人为与职业或商业活动无关的纯粹私人或家庭活动对个人数据进行的处理。私人或家庭活动可能包括通信往来及持有地址，或在该等活动的背景下进行的社交和网络活动。”可见，法律对个人信息的保护范围仅限于信息处理者给个人利益带来威胁的特定情形，不具有普遍性。

（四）个人信息去标识化与匿名化

数据作为信息的载体，以其承载的信息是否具有可识别性为标准，可分为个人信息数据与非个人信息数据。个人信息数据一般由处理者通过处理个人信息的方式获取，可以三种形态存在：原始的、去标识化的以及匿名化的个人信息数据。

原始形态的个人信息数据，是指经过处理者处理的、能以电子或者其他方式记录的、与已识别或者可识别的自然人有关的各种信息，也即“实名制”的个人信息数据。

去标识化，是指对个人信息进行处理，使其在不借助额外信息的情况下无法识别特定自然人的过程。去标识化的个人信息数据虽然经过处理者的特殊处理，但依然保留了一定程度的可识别性。

匿名化，是指对个人信息进行处理，使其无法识别特定自然人且不能复原的过程。匿名化的个人信息数据已不再具有可识别性，其承载的信息已经不再是个人信息。

二、个人信息处理

（一）个人信息处理的概念

个人信息处理可以指任何一项或多项针对单一或多个个人信息进行的操作。《个人信息保护法》第 4 条第 2 款对个人信息的处理方式进行了不完全列举，包括个人信息的收集、存储、使用、加工、传输、提供、公开、删除等。

（二）个人信息处理行为的类型

1. 收集

收集是指个人信息处理者获取或取得自然人个人信息的行为，是个人信息处理的起点。收集的方式既包括直接收集，即信息处理者向自然人索取个人信息或自然人主动将其个人信息提供给信息处理者，或者计算机系统自动记录信息主体的使用痕迹；也包括间接收集，即从公开渠道或者从特定的信息处理者处获取个人信息。

2. 存储

存储原则上是个人信息被后续利用的前提。个人信息可以通过纸质方式或者电子方式被长期或短期存储。被存储的信息不限于所收集的原始信息，还包括经过加工处理的信息。个人信息处理者应当对个人信息分类管理存储。

3. 使用

处理个人信息的主要目的是使用。一般的个人信息处理者主要是基于商业目的使用个人信息，例如对用户进行“数据画像”而进行定向推送；而国家机关作为处理个人信息的特殊主体，其使用个人信息则是为了履行行政管理的职责或者提供公共服务。

4. 加工

加工是指对个人信息进行筛选、分类、整理、融合、分析、计算等的活动，加工可以释放信息中的潜在价值，因而通常是使用个人信息的前提。此外，个人信息的去标识化、匿名化等也需要通过对信息的加工来实现。

5. 传输

传输是指单一信息处理者在其内部进行自我传送的活动，例如本地数据与云端数据的交互传输或者是单一信息处理者内部不同部门之间的数据传送。

6. 提供

提供是指个人信息处理者将个人信息提供给其自身内部及信息主体以外的其他组织或个人的活动。提供个人信息时需告知信息主体且取得其单独同意。此外，《个人信息保护法》设专章对“个人信息跨境提供的规则”作出具体规定。

7. 公开

公开是指将个人信息向社会公众或不特定主体披露的情形。除了信息主体自愿主动公开其个人信息或国家机关为公共利益公开政府信息等合法公开个人信息的情形，个人信息处理者原则上不得公开其处理的个人信息，但取得个人单独同意的除外。

8. 删除

删除的目的是使个人信息不再可用，删除后处理者或其他人不可能取得、读取或使用个人信息。《个人信息保护法》规定，在出现“处理目的已实现、无法实现或者为实现处理目的不再必要”“个人信息处理者停止提供产品或者服务，或者保存期限已届满”“个人撤回同意”“个人信息处理者违反法律、行政法规或者违反约定处理个人信息”“法律、行政法规规定的其他情形”时，个人信息处理者应当主动删除个人信息，信息主体享有得向个人信息处理者主张的删除权。

除了物理毁坏存储的硬盘等直接删除方式，在难以删除时，个人信息处理者还可以通过停止存储和采取必要的安全保护措施之外的处理方式来替代删除，例如采取匿名化处理方式。

三、个人信息权益

(一) 个人信息权益概述

个人信息权益，是指个人基于个人信息所享有的实体性权利和利益，以及在个人信息处理活动中依法享有的保护此等权利和利益的程序性权利。实体性权利和利益包括宪法规定的人权、公民的人格尊严、通信自由和通信秘密、公民的人身和财产安全等基本权利，公法上的权利和利益，以及民法上的人格尊严和人格权益，特别是隐私权、名誉权、姓名权、肖像权等，具有综合性特征。程序性权利则是指在个人信息处理活动中个人享有的用以保护其实体性权益的权利，包括同意权、知情权、决定权、查阅权、复制权、转移权、更正权、补充权、删除权、个人信息处理规则说明权以及个人诉权。

（二）个人信息权益的内涵

个人信息权益所涵盖的个人权利主要体现在《个人信息保护法》的规定中，具体分为作为支配性权利的同意权、知情权与决定权，及相应的查阅权、复制权与转移权，以及作为救济性权利的更正权、补充权、删除权、个人信息处理规则说明权及个人诉权。

个人信息权益所涵盖的个人利益则可以分为个人的人格尊严、人身财产安全、通信自由和通信秘密三类。

1. 个人的人格尊严

我国《宪法》和《民法典》均规定人格尊严不受侵犯，受法律保护，个人信息处理也不得逾越人格尊严的底线，要在不限制个人信息自由流动和利用的前提下，规范个人信息处理活动。

个人信息权益中个人的人格尊严利益又可以细分为四个方面：一是个人在个人信息处理活动中要有“决定权”。这是因为个人信息处理技术可能通过仅使个人接收到有限的、定制化的信息，限制个人对世界的认知，进而妨碍个人自主选择、自由生活。二是要确保个人的“信息化形象”不被他人操控，即要保持个人信息化人格与其自身的一致性而不被扭曲。三是禁止信息处理者采用算法等大数据技术刻意地追求商业性歧视目的或以技术为载体再次表达社会中原有的隐性歧视。四是，要保护个人的私密信息不为他人所知或干预等利益，避免侵害个人隐私。

2. 个人的人身财产安全

作为社会交往的工具，个人信息本身没有社会危害性，但是，具有识别性的个人信息一旦被用于违法犯罪活动，就可能危及个人安全。例如，犯罪分子通过众多个人信息识别到特定主体，进而对其实施精准的网络攻击或诈骗等。

当个人信息被非法利用威胁个人人身财产安全时，个人信息实际上仅起到媒介作用，最终遭受侵害的仍是个人的其他人身或财产权益。但是，个人信息在保护个人的人身财产安全方面具有“闸口效应”，只要个人信息这一“闸口”能够得到良好的控制，个人遭受侵害的风险便会显著降低。因此，个人的人身财产安全可以类型化为一种个人信息所承载的利益。

3. 个人的通信自由和通信秘密

通信自由指人与人之间通过媒介进行信息交流与传递的自由，而通信秘密则指通信内容和其他通信信息不为其他人知悉或获取的权利。我国《宪法》规定公民的通信自由和通信秘密受法律的保护。在个人信息处理活动中，个人的通信自由与通信秘密也可能以多种形式遭受其他主体的非法侵害。例如，处理者以个人不同意处理其个人信息或者撤回同意为由拒绝提供通信服务，会构成对通信自由的侵害；手机 App 等互联网应用擅自收集用户通讯录、短信内容、通话记录等信息，会构成对通信秘密的侵害。因此，通信自由和通信秘密也属于个人信息权益所涵盖的利益。《个人信息保护法》第 9、51、56、59 条等条文，以及《数据安全法》《网络安全法》《深圳经济特区数据条例》等法律法规都对此作出了细致的规定，以防止个人信息泄露事件的发生。

（三）个人信息权益的基本特征

1. 个人信息权益的主体是自然人

个人信息的主体仅限于自然人，而不包括法人和非法人组织。虽然法人和非法人组织也享有一定的人格利益，例如名誉、商誉等，但与自然人不同，法人或者非法人组织作为一种组织，需要通过登记、公示等形式来参与民事活动，且现代社会出于交易安全和公众利益的考量也要求法人或者非法人组织原则上应当公开其相关信息。因而法人和非法人组织不享有个人信息权益，可通过商业秘密等其他手段保护其信息。

2. 个人信息权益是对人格权益的综合性保护

法律对自然人个人信息予以保护，本质上是保护个人信息上所附着的个人信息主体的人格权益，而制约处理者对于个人信息数据的财产权益。对此类人格权益的保护源于宪法上的基本权利、民法上的权益以及公法上的权益，对侵害此种权益行为的规制手段或此种侵权行为的责任承担方式也同时受到民法、刑法、行政法等多维度的规范，因而个人信息权益上所附着的人格权益也是一种受到综合性保护的权益。

3. 个人信息权益是对世性权益

个人信息权益是法律明确规定的法定权益，而非当事人可以自主约定的权益。与法定权益对应的是由宪法和法律等规定的具有法定性与强制性的义务，《个人信息保护法》第 2 条“自然人的个人信息受法律保护，任何组织、个人不得侵害自然人的个人信息权益”即是强制性的禁止性规定。个人信息权益因而是一种对世权，任何组织或者个人都不能侵犯，否则就会受到法律惩罚。

个人信息权益的对世性还体现为其是支配性的民事权益，通过这种支配实现自然人的自由意志，保护其人格尊严。但是这种支配是相对弱的支配，依据法律法规的特别规定，个人信息可以不经个人同意而被强制收集。

但与同具有对世性的物权等绝对权利不同，个人信息权益并不包含独占性和排他属性，这与著作权等知识产权有相似之处。自然人可以同意多个人收集和处理其个人信息，多个人同时处理内容相同的个人信息也互不排斥。

第二节　个人信息保护法治

一、我国个人信息保护法治的建立与完善过程

随着互联网等信息网络的普及与发展，经济社会对网络的依赖性不断增强，数据安全和个人信息保护问题日益突出，成为全球性问题。为应对个人信息收集和利用的风险，多个国家已确立了个人信息保护的规制体系。我国也十分重视个人信息保护，在 2021 年 8 月 20 日颁布《个人信息保护法》这一专门性法律之前，我国一直在不断地探索和完善个人信息保护法治。

我国个人信息保护的法治化实践最早可以追溯至 2000 年 12 月 28 日公布的《全国人民代表大会常务委员会关于维护互联网安全的决定》。该决定将信息安全视为互联网安全的重要内容，采取刑事制裁手段维护信息主体权利。2009 年《刑法修正案（七）》新增《刑法》第 253 条之一“出售、非法提供公民个人信息罪”和“非法获取公民个人信息罪”，由此个人信息成为一项受刑法保护的法益；于同年颁布的《侵权责任法》也规定了对隐私权的保护及网络经营者的网络侵权责任。2012 年通过的《全国人民代表大会常务委员会关于加强网络信息保护的决定》，明确规定“国家保护能够识别公民个人身份和涉及公民个人隐私的电子信息”，并对网络服务提供者和其他企业事业单位收集、使用公民个人电子信息的基本原则、规则以及违法行为的法律责任作出初步规定。2013 年，《消费者权益保护法》修正，新增了多条对消费者个人信息保护的规定。与此同时，涉及个人信息保护的行政法规、部门规章以及国家标准也逐渐出台：国务院发布了《征信业管理条例》，对征信行业的个人信息采集进行了详细规定；工业和信息化部发布了《电信和互联网用户个人信息保护规定》，规定了电信业务经营者、互联网信息服务提供者的个人信息收集、使用规范和安全保障措施；国家质量监督检验检疫总局、国家标准化管理委员会联合发布了我国首个个人信息保护国家标准——《信息安全技术　公共及商用服务信息系统个人信息保护指南》。2014 年，

最高人民法院也发布了《最高人民法院关于审理利用信息网络侵害人身权益民事纠纷案件适用法律若干问题的规定》这一司法解释，其中第 12 条对利用网络公开他人个人信息行为的侵权责任认定加以规定。

习近平总书记始终把关乎人民幸福感、安全感的个人信息保护放在心上。在 2014 年中央网络安全和信息化领导小组第一次会议上，习近平总书记提出“网络安全和信息化是一体之两翼”①，由此开启了新时代网络安全工作的崭新篇章。

2015 年，《刑法修正案（九）》对《刑法》第 253 条之一作出修改，将罪名重新表述为“侵犯公民个人信息罪”，并且取消了对犯罪主体的限定。2016 年，《网络安全法》作为我国第一部全面规范网络空间安全管理方面问题的基础性法律，以顶层设计的模式构建了我国网络安全的“四梁八柱”，并在其附则中首次明确了个人信息的概念。

2017 年，中央经济工作会议强调要着力解决网上虚假信息诈骗、倒卖个人信息等突出问题。在中央全面深化改革领导小组第三十五次会议上，习近平总书记明确提出：“强化安全技术保护，推动个人信息法律保护，确保信息安全和规范应用。”② 加强个人信息保护已经成为提高、保障和改善民生水平的重要内容。

2018 年颁布的《电子商务法》从调整网络商事交易关系的角度对个人信息的保护作出规定。2020 年，《民法典》出台并首次将自然人的个人信息作为一项人格权益予以保护。《民法典》第 111 条和第 1034～1039 条对个人信息及个人信息处理的概念、个人信息处理的一般规则及免责事由、个人信息与隐私权的关系等问题作出系统性规定。同年，作为我国个人信息保护国家标准体系基础的推荐性国家标准《信息安全技术　个人信息安全规范》进一步完善了其 2017 年版本，针对个人信息面临的安全问题，规范个人信息处理者在收集、使用、公开个人信息等信息处理中的行为，以遏制非法收集个人信息等乱象，平衡个人的合法权益和社会公共利益。2021 年 6 月通过的《数据安全法》从数据安全保护义务和数据开发利用的角度对个人信息保护作出了规定。

2021 年 8 月，《个人信息保护法》出台。这标志着我国个人信息保护立法体系进入新的阶段，为个人信息权益保护提供了全面的、体系化的法律依据。

二、个人信息保护现行法律制度概要

我国个人信息保护领域的专门性法律出台较晚，此前已有相当一部分个人信

---

① 习近平主持召开中央网络安全和信息化领导小组第一次会议强调　总体布局统筹各方创新发展　努力把我国建设成为网络强国　李克强刘云山出席．人民日报，2014-02-28（1）.

② 习近平主持召开中央全面深化改革领导小组第三十五次会议强调　认真谋划深入抓好各项改革试点　积极推广成功经验带动面上改革　李克强刘云山张高丽出席．人民日报，2017-05-24（1）.

息保护制度规范散见于部门立法、行政法规、部门规章及规范性文件、地方性法规、司法解释以及国家标准中。《个人信息保护法》出台后，统合了上述碎片化的制度规范，体系化规范个人信息保护。

1.《个人信息保护法》的体系

作为保护个人信息的基本法律，《个人信息保护法》共分为 8 章：第一章“总则”明确立法目的、适用范围、个人信息等概念以及个人信息保护的基本原则；第二章“个人信息处理规则”，规定以“告知—同意”为核心规则，并对敏感个人信息的处理规则作出更为严格的限制，此外还对作为特殊主体的国家机关应如何处理个人信息作出特别规定；第三章“个人信息跨境提供的规则”，明确向境外提供个人信息的前提条件，对“告知—同意”规则作出更为严格的要求，并规定境外的组织、个人损害我国个人信息权益或者采取歧视性禁止或限制等不合理措施的，我国也可以采取相应的措施；第四至六章分别明确个人在个人信息处理活动中的权利、个人信息处理者的义务以及履行个人信息保护职责的部门的具体职责；第七章“法律责任”，明确违法处理个人信息应承担的民事、行政乃至刑事责任，且对国家机关不履行个人信息保护义务所应承担的行政系统内部的责任加以明确；第八章“附则”进一步明确本法适用范围以及相关用语的含义。

由于“宜粗不宜细”的立法传统和全国人民代表大会审议方式的约束，《个人信息保护法》虽有上述多章节的规定，但也不是面面俱到的，在具体场景下的细化落实还需要依赖其他法律、法规、规章、规范性文件、司法解释，乃至国家标准。

2.《个人信息保护法》与宪法

宪法是国家的根本法，具有最高的法律效力。《个人信息保护法》以宪法为立法依据，但在《个人信息保护法》的制定过程中，草案一次审议稿和二次审议稿均没有对立法依据进行专门规定。在第三次审议会议上，全国人民代表大会宪法和法律委员会才指出：“有的常委委员和社会公众、专家提出，我国宪法规定，国家尊重和保障人权；公民的人格尊严不受侵犯；公民的通信自由和通信秘密受法律保护。制定实施本法对于保障公民的人格尊严和其他权益具有重要意义，建议在草案二次审议稿第一条中增加规定‘根据宪法’制定本法。宪法和法律委员会经研究，赞同上述意见，建议予以采纳。”有鉴于此，个人信息保护的宪法基础是国家所负有的保护义务。

3.《个人信息保护法》与《民法典》

《民法典》第 111 条和第 1034 条中规定“自然人的个人信息受法律保护”，人格权编设专章对“隐私权和个人信息保护”作出规定，明确个人信息受到民法保护，为个人信息保护专门立法提供了正当性基础及法律依据。《个人信息保护法》沿袭《民法典》对“个人信息”的定位，以“个人信息权益”为客体进行保护，但仅是《个人信息保护法》中涉及的个人信息的私法规则，与《民法典》构成特别法与一般法的关系，《民法典》为其提供兜底保护、查缺补漏的功能。而在个人信息保护领域中，《个人信息保护法》并非《民法典》的下位单行法或特别法，而是具备领域基本法独立价值的、与《民法典》交叉并存的基本法，二者并行不悖、相互协调补充。举例而言，《民法典》第 111 条及其他各编的规定侧重于从民事权益保护的角度进行规范，而《个人信息保护法》不仅关涉民事权益，还关涉行政法层面以及国际法上的权益；但针对《个人信息保护法》中概括性指出的“侵权责任”，《民法典》中具体化了对侵害个人信息权益的民事责任的承担方式。二者也有相互对应的规定，例如，《个人信息保护法》第 13 条是关于处理个人信息合法性基础的规定，规定处理个人信息应取得个人的同意以及无须取得同意的六种情形。这就与《民法典》第 1035 条第 1 款第 1 项关于处理个人信息应符合的条件之一“征得同意”相对应，且明确了其中无须征得同意的“但书”部分所对应的情形。

4.《个人信息保护法》与刑法

在个人信息保护的法治进程中，刑法走在了前列。在《个人信息保护法》出台之前，由于民事等立法的缺失与滞后，刑法对于个人信息的保护思路是建立在隐私权保护模式基础上的，在保护策略上强调“先刑后民”，在罪名适用上逐步强化了侵犯公民个人信息罪的地位。但随着隐私权与个人信息权益的区分与理清，以及立法的日益完善与健全，上述思路与策略已经不再可行，而应当“民先刑后”“民紧刑松”，将刑法保护作为最后一道防线。《个人信息保护法》也依循了此种进路，在第七章“法律责任”的最后一条才规定“构成犯罪的，依法追究刑事责任”。《个人信息保护法》中的一些禁止性规定同《刑法》中相应的罪名与刑罚存在对应关系，例如，《个人信息保护法》第 10 条规定了禁止的个人信息处理行为，结合该法第 71 条，如有违反并构成犯罪时，则应参考适用《刑法》第 111 条“为境外窃取、刺探、收买、非法提供国家秘密、情报罪”的刑罚规定。

5.《个人信息保护法》与《网络安全法》、《数据安全法》等法律

《个人信息保护法》与《网络安全法》、《数据安全法》同为网络法律领域的法律，《网络安全法》中的网络运营者、《数据安全法》中的数据处理者，在互联网空间中也可以是《个人信息保护法》中的个人信息处理者，这些法律均可适用在个人信息保护领域。因而，《网络安全法》、《数据安全法》与《个人信息保护法》的诸多条文均可参考适用。例如，《个人信息保护法》第 36 条“境内存储与向境外提供进行安全评估规则”就与《网络安全法》第 37 条“关键信息基础设施出境评估”及《数据安全法》第 31 条“重要数据出境管理”的规定一脉相承。

6.《个人信息保护法》与行政法规

根据《立法法》的规定，行政法规可以规定为执行法律的规定所需的事项以及国务院行政管理职权的事项。在《个人信息保护法》出台前，为应对保护个人信息的需求，已有相当数量的行政法规对行政机关履行职责及行政相对人的权利作出相关规定。《个人信息保护法》专设一节“国家机关处理个人信息的特别规定”，专设一章对“履行个人信息保护职责的部门”的职责作出规定，但其第34条规定，国家机关履行“法定职责”时“应当依照法律、行政法规规定的权限、程序进行”，这就意味着《个人信息保护法》通过授权立法的方式，将部分职责在法律保留的原则下授予行政法规。截至目前，虽然尚未有依据《个人信息保护法》而制定的行政法规，但在具体场景中《个人信息保护法》与现存行政法规存在交叉重叠的现象。

以上述《个人信息保护法》第34条关于国家机关处理个人信息的规则为例，行政机关为履行法定职责处理个人信息无须取得个人同意，但是这并不意味着行政机关的公开在程序上必然无须取得个人同意，行政机关在公开个人信息时依旧需要参考适用《政府信息公开条例》第15条，除非已获个人同意或为重大公共利益，否则不得将涉及个人隐私的信息公开。例如在征信业场景下，《个人信息保护法》中规定个人的知情权和决定权的第44条也对行政法规进行了授权，且规定为“法律、行政法规另有规定的除外”，这可以视为对处于同一位阶的法律采取特别法优于一般法的进路，而对处于下位法的行政法规，在其不违反法律的情况下，也优先适用，因而在征信业场景下涉及个人知情权和决定权时可以优先适用《征信业管理条例》第14～15条规定的征信机构采集个人信息的规则。此外，在实施《个人信息保护法》第63条规定的履行个人信息保护职责的部门可以采取的诸如现场检查、查封、扣押等具体措施时，可以参考适用《行政强制法》中有关行政机关实施行政强制措施应遵守的规定、实施查封扣押应遵循的程序。

7.《个人信息保护法》与部门规章、其他规范性文件

在个人信息保护领域，《个人信息保护法》作为原则性立法，也有赖于个人信息保护主管部门等国家监管机构的执行，相应地，为执行法律事项而制定的部门规章及规范性文件也成为《个人信息保护法》落地的依托。

国家互联网信息办公室作为网信执法的主要部门，根据《个人信息保护法》等法律、行政法规制定了作为部门规章的《网信部门行政执法程序规定》。该规定通过明确立案、调查取证、审核、决定、送达、执行等多环节的具体程序要求，完善回避制度，听证制度和当事人的陈述、申辩制度，明确法制审核制度、重大处罚案件集体讨论决定制度，规定行政处罚的执行和监督，从而规范了网信

部门行政执法程序。该规定的出台对于规范各级网信部门行政执法行为、具体落实《个人信息保护法》具有重要意义。

例如,《个人信息保护法》第 24 条关于"利用个人信息进行自动化决策"的规定,可以参考国家市场监督管理总局制定的部门规章《网络交易监督管理办法》的第 16 条"网络交易经营者未经消费者同意或者请求,不得向其发送商业性信息。网络交易经营者发送商业性信息时,应当明示其真实身份和联系方式,并向消费者提供显著、简便、免费的拒绝继续接收的方式。消费者明确表示拒绝的,应当立即停止发送,不得更换名义后再次发送";也可以参考作为部门规章的《互联网信息服务算法推荐管理规定》的多条规定,例如其第 10 条"算法推荐服务提供者应当加强用户模型和用户标签管理,完善记入用户模型的兴趣点规则和用户标签管理规则,不得将违法和不良信息关键词记入用户兴趣点或者作为用户标签并据以推送信息";此外,还可以参考国家互联网信息办公室、工业和信息化部、公安部、国家市场监督管理总局制定的规范性文件——《App 违法违规收集使用个人信息行为认定方法》中的规定:"以下行为可被认定为'未经用户同意收集使用个人信息'……6. 利用用户个人信息和算法定向推送信息,未提供非定向推送信息的选项。"

8.《个人信息保护法》与地方性法规

地方性法规作为中国特色社会主义法律体系的重要组成部分,在国家立法前,可以充分发挥地方主动性,先行先试,为国家立法提供样本经验,发挥立法试验田的作用;在国家立法后,又在贯彻落实法律、行政法规和国家政策中发挥作用。在我国,相关地市制定的数据条例等地方性法规与作为专门性法律的《个人信息保护法》的关系也是如此。

2021 年 7 月 6 日,结合深圳经济特区实际所制定的《深圳经济特区数据条例》公布,为《个人信息保护法》提供了样本经验。例如《深圳经济特区数据条例》第 37 条关于公共管理和服务机构收集数据应当符合的要求的规定就可以为《个人信息保护法》第 34 条关于依法处理与不得超出履行法定职责所必需的范围和限度的规定所参考。而在《个人信息保护法》生效后,《上海市数据条例》《重庆市数据条例》《苏州市数据条例》等地方性法规纷纷出台,对《个人信息保护法》加以细化落实有重要意义。

9.《个人信息保护法》与国家标准

在个人信息保护领域,为应对个人信息安全风险,在《个人信息保护法》出台之前,我国已经制定了诸多相关国家标准,为《个人信息保护法》提供了参考。以《信息安全技术　个人信息安全规范》为例,《个人信息保护法》第 14 条关于同意的实质与形式及重新同意的规定,就可以参考其"5.4 收集个人信息时的授权同意”；第 15 条有关撤回同意的规定，可以参考其“8.4 个人信息主体撤回授权同意”中有关对个人信息处理者的具体要求；第 28 条有关敏感个人信息的处理规则的规定，可以参考“3.2 个人敏感信息”的定义及判定方法和类型参考附录。

《个人信息保护法》第 62 条明确规定国家网信部门统筹协调有关部门依据该法推进“制定个人信息保护具体规则、标准”“针对小型个人信息处理者、处理敏感个人信息以及人脸识别、人工智能等新技术、新应用，制定专门的个人信息保护规则、标准”等一系列个人信息保护标准制定工作，可见《个人信息保护法》对于制定支撑其落地的标准之重视。在此之后，一系列国家标准雨后春笋般地出台，细化了《个人信息保护法》的要求，助力法律的贯彻实施。

10.《个人信息保护法》与司法解释

由于法律的滞后性与立法技术的局限性，最高人民法院、最高人民检察院往往会作出针对具体法律条文的属于审判、检察工作中具体应用法律问题的解释。在《个人信息保护法》出台前，基于相关的司法实践，与个人信息保护相关的司法解释就已存在，且集中在民事与刑事领域。这些司法解释在与《个人信息保护法》不冲突的前提下，依旧有效。

例如，《个人信息保护法》第 26 条关于公共场所图像采集、个人身份识别的规定，可以参考《最高人民法院关于审理使用人脸识别技术处理个人信息相关民事案件适用法律若干问题的规定》的第 2～5 条和第 10 条。《个人信息保护法》第 27 条关于处理已公开的个人信息的规定，可以参考《最高人民法院关于审理利用信息网络侵害人身权益民事纠纷案件适用法律若干问题的规定》第 9 条有关网络用户或者网络服务提供者发布信息侵权的规定。而《个人信息保护法》第 71 条规定的“违反本法规定……构成犯罪的，依法追究刑事责任”，不仅可以参考适用刑法的具体罪名，还可以依据《最高人民法院、最高人民检察院关于办理侵犯公民个人信息刑事案件适用法律若干问题的解释》的第 2 条认定是否“违反国家有关规定”，依据第 5 条、第 6 条认定是否属于“情节严重”，以及依据第 7 条适用“单位犯罪”的刑罚。

随着《个人信息保护法》的颁布实施与司法实践的丰富，日后也会有更多相关的司法解释被用以解决该法实施过程中所遇到的具体问题。

三、作为领域法的个人信息保护法及其法学

随着经济社会和科技的迅速发展，人类社会新兴的重大领域出现的各种法学现象愈加呈现出复杂性、集合性、交叉性和开放性的特征，其调整的社会关系不再具有单一性，或者难以按照当前的部门法学的标准将其划入既有的法律部门，

或者无法仅在一个或几个法律部门内部解决这些领域中的重大社会问题。同时，随着我国各重点领域改革进入攻坚期和深水区，2014 年党的十八届四中全会通过的《中共中央关于全面推进依法治国若干重大问题的决定》也指出要“加强重点领域立法”，此“领域”也与“领域法”或“领域法学”的构想不谋而合，体现出一种更为融通开放的立法进路。相较于传统的部门法，领域法是以问题为导向，以特定经济社会领域与法律有关的全部现象为研究对象，融经济学、政治学和社会学等学科的多种研究范式于一体的新型法学学科体系、学术体系和话语体系。但二者系同构而又互补，同属中国特色新型现代法学研究体系。领域法是在传统部门法基础上的补充和升华，是对传统部门法之间交叉、新兴领域的回应。

作为我国现行网络法律中唯一一部直接表明“根据宪法”制定的法律，《个人信息保护法》不仅是个人信息保护领域的基本法，也是整个网络法律体系的基本法，同时也是与民法、刑法等基本法具有并存地位的基本法律。《个人信息保护法》涉及的法律关系更为多元化：主体多元，包括用户、平台等；多元主体之间的行为、利益关系也是相互依存的，纠纷往往也涉及多元法律关系。纵观《个人信息保护法》与其他法律、行政法规、部门规章、地方性法规以及国家标准的横向适用关系，可以看出，《个人信息保护法》的调整方法横跨了不同的法律部门，关涉科技、商业和国际政治等不同领域，具有鲜明的跨学科特色；在法律责任机制的建构方面，《个人信息保护法》也采用了多种法律责任的协同路径，有民法与消费者权益保护法框架下的损害赔偿责任，也有违反个人信息处理合规要求的行政责任乃至刑事责任。可见，不能由单一的或几个部门法简单叠加而完成国家保护个人信息的任务，不能简单地将个人信息保护法归入某个单一部门法，也不宜将其另设为单独的部门法，而是应将其作为领域法加以对待，在领域法的理念下综合运用多个部门法对个人信息予以全面综合的保护。

综合个人信息保护法治的实践基础，个人信息保护法学已经逐步形成了专门的知识概念，如个人信息、个人信息处理者、自动化决策、去标识化、匿名化等，学界也提出了诸如个人信息场景化保护等区别于其他法学学科的特殊理论。个人信息保护法学围绕其特殊客体——个人信息处理者以自动化方式处理的个人信息展开，由概念、范畴、原理组成知识体系，个人信息保护法学成立独立的法学学科已成为学界共识。

作为领域法的个人信息保护法学，以“两头强化，三方平衡”理论作为个人信息保护与利用法治的基础理论。“两头强化”是指建立“个人敏感隐私信息”的概念，在个人敏感隐私信息与个人一般信息区分的基础之上，通过强化对个人敏感隐私信息的保护和对个人一般信息的利用，调和个人信息保护与利用的需求冲突，实现利益平衡；“三方平衡”是指个人对个人信息保护的利益（核心是人格自由和人格尊严利益）、信息业者对个人信息利用的利益（核心是通过经营活动获取经济利益）和国家管理社会的公共利益之间的平衡。

四、个人信息保护法的立法目的

依据《个人信息保护法》第 1 条的规定，该法的立法目的主要包括保护个人信息权益、规范个人信息处理活动及促进个人信息的合理利用三个方面。

作为首部保护个人信息的综合性立法，保护个人信息权益是该法的基本目的。我国的个人信息保护立法，在保护个人信息权益的基本目的得以实现的情况下，为个人信息的合理利用确定了范围、方法等，进而促进个人信息的合理利用。规范个人信息处理活动是实现保护个人信息权益和促进个人信息合理利用双重目的的手段和方法。《个人信息保护法》通过规定个人信息处理的原则和基本规则、相关主体的权利和义务、个人信息跨境流动规则、履行个人信息保护职责的部门、法律责任等方面来规范个人信息处理者的个人信息处理活动，实现对个人信息权益的保护和处理者合理利用个人信息的双重目的。

第三节　个人信息处理的原则

《个人信息保护法》第 5～9 条分别规定了个人信息处理的五项基本原则。其中合法、正当、必要和诚信原则为总体原则，发挥统领作用；目的原则以个人信息处理的目的为核心，对于处理个人信息的限度提出了全面要求；公开、透明原则以处理者告知义务的履行来维护个人主体的知情利益与公共利益的平衡；质量原则旨在保证个人信息的准确性、完整性和时效性，是在个人信息处理活动中保护个人信息权益、实现个人信息经济价值和社会管理价值的基本前提；责任原则在综合考量负责与安全的基础上，进一步加强了我国个人信息处理活动的规范化。

一、合法、正当、必要和诚信原则

《个人信息保护法》第 5 条规定："处理个人信息应当遵循合法、正当、必要和诚信原则，不得通过误导、欺诈、胁迫等方式处理个人信息。"本条确定了个人信息处理的合法、正当、必要和诚信原则。《民法典》第 1035 条也作出了类似要求，"处理个人信息的，应当遵循合法、正当、必要原则，不得过度处理"。在比较法上，欧盟《一般数据保护条例》也规定了个人数据应以合法、公平和透明的方式处理。合法、正当、必要和诚信原则是个人信息处理的总体原则。

“合法”是指处理者需遵循法律法规的规定，具有规范指引的功能。具体而言，“合法”包括两个方面的内容：第一，处理者在处理个人信息时，需具备法律法规规定的合法性基础。《个人信息保护法》第13条规定了处理个人信息的合法性基础，同时第29条对于处理敏感个人信息的情形作出了更为严格的规定。第二，处理者在处理个人信息时必须履行法律法规为其设定的义务。《个人信息保护法》及相关的法律法规为处理者设置了广泛的个人信息保护义务，以及特殊主体的特别义务。如《个人信息保护法》第58条对提供重要互联网平台服务、用户数量巨大、业务类型复杂的处理者设置了“守门人”的特别义务。特殊主体需在履行一般个人信息保护义务的基础上，按照法定的要求履行特别义务。

“正当”包括目的的正当和手段的正当，要求处理者处理个人信息的目的及手段均符合正向价值判断标准。是否有利于增进个人利益或社会公共利益，而非损害他人权益、破坏公共秩序是目的正当与否的评价标准。例如，出于诈骗目的向他人出售或提供公民个人信息，不仅目的不正当，还可能构成《刑法》第253条之一规定的“侵犯公民个人信息罪”。手段正当要求处理者处理个人信息所采用的方式方法应当符合社会公众的一般期待以及公序良俗的要求。例如，部分经营者利用消费者的个人数据画像而锁定部分消费群体实施价格歧视、价格混淆等策略，使部分消费者受到不合理的差别待遇，此种情况即属于手段不正当。

“必要”是指处理者处理个人信息时不应当超过可以实现处理目的的最低限度及最小范围。必要原则在《网络安全法》第41条及《民法典》第1035条中均有所体现。必要原则与目的原则存在密切关联，必要原则要求个人信息的收集范围和处理方式应当仅以实现相应的信息服务功能和业务目的为必要。

“诚信”不仅是《民法典》的重要原则，也是处理者处理个人信息时应当遵循的价值要求。诚信原则要求处理者对个人抱有基本的善意，尊重个人的合理信赖。诚信原则贯穿于个人信息处理的各环节之中。诚信原则要求处理者在处理个人信息时应当体现出对个人及公众合理信赖的尊重。例如，属于《个人信息保护法》第58条规定的“守门人”应当定期发布个人信息保护社会责任报告，接受社会监督。同时，诚信原则还要求处理者应当尽到性质上类似于“附随义务”的通知、删除等个人信息保护义务。

二、目的原则

《个人信息保护法》第6条规定：“处理个人信息应当具有明确、合理的目的，并应当与处理目的直接相关，采取对个人权益影响最小的方式。收集个人信息，应当限于实现处理目的的最小范围，不得过度收集个人信息。”该条文规定了个人信息处理的目的原则。在比较法上，经济合作与发展组织《隐私保护和跨境个人数据流动指南》（《OECD 指南》）第 9 条规定：“个人数据收集的目的应当在收集时确定，随后的使用限制在实现该目的的必要范围内，或者用于实现其他与该目的不冲突的目的和每次更改时确定的目的。”欧盟《一般数据保护条例》第 5 条 b 项和 c 项分别规定了目的限制原则与数据最小化原则：前者指处理者应当为特定、明确和合法的目的收集个人数据，并且个人数据的后续处理不得违反此等目的；后者指处理者处理个人数据应当充分、相关并且限于为实现该个人数据处理目的所需的最小限度内。《个人信息保护法》第 6 条规定的目的原则同时涵盖前述目的限制原则和数据最小化原则，属于正当、必要原则的具体化。目的原则包含以下几个要求：

第一，处理个人信息应当具有明确目的。

《信息安全技术　个人信息安全规范》规定了“目的明确原则”，处理个人信息应当“具有明确、清晰、具体的个人信息处理目的”。拥有明确的处理目的是个人信息处理的基本前提。若处理目的不明确，对目的的描述也应当具有清晰的指向性。在实践中，处理者作出的“为了公共利益”“为了提升用户体验度”“为了改善产品质量”“为了保障交易安全”等过于宽泛、抽象的目的表述，会导致个人信息的收集范围过大、使用场景过多，从而使个人信息处理的正当原则被虚置架空。个人信息处理目的应尽可能地特定、明确，目的表述应尽可能地提供足够的细节。但目的不一定限于一个，处理者可以隐含、模糊及高度抽象的方式同时设定多个特定、明确的个人信息处理目的。实践中可能出现处理目的需要变更的情形，《个人信息保护法》第 14 条第 2 款规定，个人信息的处理目的发生变更的，需重新取得个人主体的同意。

第二，处理个人信息应当具有合理目的。

合理目的是在合法、正当原则之下对处理目的的进一步具体化要求。一般而言，处理个人信息的合法基础为个人主体的同意，但是，出于保护个人信息主体的生命财产等重大利益的目的却难以获得同意的，也通常被认为处理个人信息具有合理目的。例如，符合《个人信息保护法》第 13 条规定的“为应对突发公共卫生事件，或者紧急情况下为保护自然人的生命健康和财产安全所必需”的情形的，无须个人主体同意。另外，当需要履行法定义务或个人主体作为一方当事人的约定义务时，处理者也无须取得个人同意。

无论是《民法典》第 1036 条，还是《个人信息保护法》第 13 条均规定了为维护公共利益合理使用个人信息为无须获取个人同意的情形。另外，私主体为执行涉及公共利益领域的任务，或行使国家机关授予的职责，可以正当地进行个人信息处理，如个人信息处理者为了使政府更好地进行宏观的科学决策、具体的行政监管和个案调查，可以依法报送个人信息。“公共利益”没有严格的学术定义，但是欧盟《一般数据保护条例》对公共利益进行了大致的分类，包括：(1) 科学或历史研究、统计；(2) 医疗健康、公共卫生事项；(3) 保存和披露公共存档资料；(4) 国际法义务；(5) 人道主义；(6) 选举。

除此之外，处理个人信息的合理目的还要求不给个人带来过重的负担或过高的风险。例如，处理者基于为个人主体提供个性化服务的目的而使用自动化决策方式向其进行信息推送，虽然该处理手段易使个人主体收到的信息类型受到限制，但是相应的风险可通过为个人提供便捷的拒绝方式得以控制，因而该目的整体上也具有合理性。

第三，处理个人信息应当与处理目的直接相关。

处理个人信息应当与处理目的直接相关是对处理者使用个人信息的限制，要求手段和目的的统一。对于处理手段与处理目的是否直接相关，还需要在具体场景中进行判断。例如，我国《个人金融信息保护技术规范》对“直接关联”要求作出了明确规定：“收集个人金融信息的目的应与实现和优化金融产品或服务、防范金融产品或服务的风险有直接关联。直接关联是指无该个人金融信息参与无法实现前述目的。”此处的直接关联要求属于最小必要原则的一部分，也体现出了个人金融信息的最小化要求。

处理者超出原有处理目的对个人信息作出后续处理的，后续处理行为应当被视为与原有处理行为相独立的另一处理行为，或被视为处理目的的变更。日本《个人信息保护法》进一步规定：个人信息处理者变更利用目的的，不得超出一定合理的范围，变更后的目的应与变更前的目的具有相当关联性。

第四，处理个人信息应当采取对个人权益影响最小的方式，并限于实现处理目的的最小范围，不得过度收集个人信息。

目的原则要求处理者采取的处理手段是实现其处理目的的唯一手段，或者是在能够实现此等目的的多个手段中对个人权益侵害最小的手段，且其促进的个人利益或者公共利益应当与被侵害的权益成比例。《信息安全技术　个人信息安全规范》第 5.2 条对最小必要原则作出了规定：收集的个人信息的类型应与实现产品或服务的业务功能有直接关联；自动采集个人信息的频率应是实现产品或服务的业务功能所必需的最低频率；间接获取个人信息的数量应是实现产品或服务的业务功能所必需的最少数量。各地也在对最小必要原则进行积极探索，例如《深圳经济特区数据条例》在此基础上进一步对最小必要原则进行了列举：“(一) 处理个人数据的种类、范围应当与处理目的有直接关联，不处理该个人数据则处理目的无法实现；(二) 处理个人数据的数量应当为实现处理目的所必需的最少数量；(三) 处理个人数据的频率应当为实现处理目的所必需的最低频率；(四) 个人数据存储期限应当为实现处理目的所必需的最短时间，超出存储期限的，应当对个人数据予以删除或者匿名化，法律、法规另有规定或者经自然人同意的除外；（五）建立最小授权的访问控制策略，使被授权访问个人数据的人员仅能访问完成职责所需的最少个人数据，且仅具备完成职责所需的最少数据处理权限。”

三、公开、透明原则

《个人信息保护法》第 7 条规定：“处理个人信息应当遵循公开、透明原则，公开个人信息处理规则，明示处理的目的、方式和范围。”该条文规定了个人信息处理的公开、透明原则。为了强化个人在个人信息处理活动中的主体地位，保护个人对其个人信息以公平、公正的方式被处理的合理信赖，处理者应当对有关个人信息处理与利用的一般政策、事项等予以公开，个人也有权知悉本人的个人信息处理的一般情况。公开、透明原则对于保护个人信息权益、促进个人信息合理利用具有重要意义。处理者落实公开、透明原则是对个人主体知情权的保障，也是个人主体行使决定权的前提。在缺乏有效告知及充分信息的情况下，无法期待主体作出有效同意，也无法授权处理者处理其个人信息，这就会导致处理行为缺乏合法性。另外，无论处理者的处理是否基于个人主体的同意，都应当以公开、透明为处理原则并保障个人在信息处理活动中享有各项基本权益。个人在个人信息处理活动中享有的同意（或拒绝）、知情、查阅、复制、转移、更正、补充、删除、请求解释说明等权利之行使，都依赖于个人对处理活动相关事项的知情。公开、透明原则的具体要求如下：

第一，处理者需真实、完整、准确地对个人信息处理活动相关的重要事项予以全面披露。

公开、透明原则要求处理者对个人信息处理活动相关的重要事项予以全面披露，并贯穿于处理活动的各个环节，从而促进个人对个人信息处理活动相关事项的知情与理解。为实现此目的，法律为处理者设定了一系列作为义务，其中最为重要的就是处理者的告知义务。《个人信息保护法》第 17 条、第 18 条第 2 款、第 22 条、第 23 条、第 24 条、第 30 条、第 35 条、第 39 条、第 57 条等都对处理者的告知义务作出了系统性规定，其中不仅包括一般告知义务，还包括处理敏感个人信息、处理者合并分立、通过自动化决策方式作出对个人权益有重大影响的决定、个人信息处理者向境外提供个人信息等情况下的特别告知义务。

在实践中，告知义务的履行方式一般分为两种：一种方式为个人信息处理者一对一地向个人信息主体进行告知，此种方式主要用于有必要以人工方式收集个人信息的场景。另一种方式为个人信息处理者统一制定个人信息处理规则，统一对个人信息主体履行告知义务，最典型的为各种应用软件中的用户协议或隐私政策。《信息安全技术　个人信息安全规范》对个人信息保护政策的内容提出了详细要求，包括应当披露的信息处理者的基本信息、收集使用的目的、可能存在的安全风险等内容。同时，《信息安全技术　个人信息安全规范》也对告知的形式作出了具体化规定，其内容包括：内容应清晰易懂，符合通用的语言习惯；个人信息保护政策应公开发布且易于访问；等等。在黄某诉腾讯科技（深圳）有限公司等隐私权、个人信息权益网络侵权责任纠纷案中，法院认为知情同意的质量可以用信息处理者告知信息主体的"透明度"来衡量，即一般理性用户在具体场景下，对信息处理主体处理特定信息的目的、方式和范围知晓的清晰程度，以及作出意愿表示的自主、具体、明确程度。被告未以合理"透明度"告知原告并获得原告的同意，侵害了原告的个人信息权益。①

值得注意的是，法律同时规定了处理者不需要履行告知义务的例外情形。例如，《个人信息保护法》第 18 条第 1 款规定："个人信息处理者处理个人信息，有法律、行政法规规定应当保密或者不需要告知的情形的，可以不向个人告知前条第一款规定的事项。"第 35 条规定："国家机关为履行法定职责处理个人信息，应当依照本法规定履行告知义务；有本法第十八条第一款规定的情形，或者告知将妨碍国家机关履行法定职责的除外。"原因在于，个人对个人信息处理活动相关事项知情的利益应当与实现此等利益的成本以及公共利益相平衡。此种价值考量在比较法上亦有例证，例如欧盟《一般数据保护条例》"前言"部分第 62 条规定："以下情况下不必强制履行上述提供信息的义务：数据主体已持有信息的，法律明确规定个人数据的记录或披露的，向数据主体提供上述信息被证明不可能做到或可能需要的工作与提供本身不成比例的，为公共利益进行档案管理、从事科学或历史研究或统计目的进行的处理行为尤是如此。"

第二，处理者的告知义务应当随着处理活动的变化而不断更新。

《个人信息保护法》第 14 条第 2 款规定："个人信息的处理目的、处理方式和处理的个人信息种类发生变更的，应当重新取得个人同意。"《信息安全技术　个人信息安全规范》不仅对需要处理者告知的事项进行了列举，同时也规定当所载事项发生变化时，应及时更新个人信息保护政策并重新告知个人信息主体。重新获取个人同意的前提是充分的告知。在公开、透明原则之下，告知义务的履行是否充分还存在时效性要求。由于个人信息处理是一个持续的过程，处理者的告知义务的内容及履行方式应当随着处理活动的变化而不断更新。

处理者只有根据个人信息处理活动的进展情况，结合个人获取并理解信息的能力、自身履行告知义务的成本以及社会公共利益的要求，合理确定告知义务的内容和履行方式，才能充分实现个人信息处理的公开、透明。

① 参见北京互联网法院民事判决书（2019）京 0491 民初 16142 号。

四、质量原则

《个人信息保护法》第 8 条规定：“处理个人信息应当保证个人信息的质量，避免因个人信息不准确、不完整对个人权益造成不利影响。”该条文规定了个人信息处理的质量原则。个人信息的质量，指个人信息的准确性、完整性和时效性情况。《个人信息保护法》中规定的准确性及完整性要求中已包含了对时效性的要求。质量原则旨在避免个人信息权益在个人信息处理活动中因个人信息不准确、不完整或不具有时效性而遭受侵害，同时为发展数字经济以及运用大数据提升国家治理现代化水平提供基础保障。在比较法上，欧盟《一般数据保护条例》第 5 条第 1 款 d 项规定，个人数据应准确且在必要的情形下保持不断更新，应采取一切合理行为以使就实现数据处理目的而言不准确的个人数据及时被删除或者修正（“准确性”）。

作为个人信息处理的基本原则，质量原则包含个人信息处理的准确性及完整性两项要求，同时质量原则与《个人信息保护法》第 46 条及第 47 条规定的个人主体的更正、补充、删除权息息相关。

质量原则具有以下几个方面的重要意义：

第一，是保护个人信息权益的必然要求。

在保证个人信息质量的前提下处理个人信息，是保护个人的个人信息权益不受侵害的必然要求。个人信息的核心要素是可识别性，而处理者利用个人信息识别特定个人的过程，就是针对该特定个人构建其信息化形象的过程。如处理者依据的个人信息不准确、不完整或者不具有时效性，则作为个人人格外在标识的信息化形象可能与个人的客观真实情况不相符，由此可能损害信息时代个人“自知”与“他知”的一致性，导致其个人信息权益在个人信息处理活动中遭受侵害。个人信息的质量可能受到多重因素的影响，而时间是其中一个重要因素。随着时间的推移，大部分个人信息会失去一部分基本用途。在此等情况下，旧的个人信息可能会损害新收集的个人信息的准确性、完整性和时效性，这就需要处理者不断地更新其处理的个人信息并淘汰无用的个人信息。

第二，保障了个人主体在信息处理活动中的相关程序性权利。

《个人信息保护法》第 46 条和第 47 条规定了个人在个人信息处理活动中享有更正权、补充权和删除权。当个人行使此等权利时，处理者应当根据个人的请求对个人信息的质量予以核实，并及时履行相应的法律义务。例如，当个人的信用卡被他人非法利用并导致个人姓名被列入银行不良信用记录时，该不良记录不能反映个人的真实信用情况，银行应当主动地或者根据个人的请求将该不良记录更正或删除。

第三，是信息处理者对数据信息进行有效处理的前提。

个人信息的质量是发掘和释放其潜在价值的重要影响因素之一。在数字经济时代，数据是企业的核心竞争力。如果企业收集的个人信息在质量上存在问题，企业通过处理此等个人信息得到的数据反而会成为自身的负担，难以发挥其基础资源作用和创新引擎作用。因此，数据质量管理应成为企业持续、例行的工作，企业数据质量管理水平会直接影响数据应用的效果和数字化转型的成效。不准确、不完整的信息会导致个人信息处理者对数据分析的结论产生错误，从而影响数据处理的整个链条，进而影响到数据库的价值。因此，确保数据的准确性和完整性是对数据可用性的基础性要求，也是使数据产生价值的前提条件。个人信息处理者应当确保个人信息的准确性，即个人信息应当真实、可靠，能够与信息主体的事实情况一一对应，不应出现错误或偏差，在正常情况下应被及时更新，出现错误或偏差时应能得到及时更正。个人信息的完整性即个人信息应当全面、无遗漏，能够全面地反映信息主体的状况和特征。由于个人信息的质量不存在明确的统一标准，因此个人信息处理者应当根据具体的场景分析、确认具体的必要保障措施，从采集范围、适用目的等方面综合评估，确定具体措施能否保障个人信息的准确性及完整性。

第四，是加快建设数字经济、数字社会、数字政府的关键一环。

就数字社会、数字政府的建设而言，国家机关利用收集得到的个人信息实行“循数决策”“循数管理”，可以使决策更加科学化，使社会治理实现精准化。这一发展目标的实现同样离不开个人信息的准确性、完整性和时效性。同时，国家机关处理个人信息所得的数据资源蕴含着巨大的经济价值和社会管理价值。国家机关应当将其控制的数据资源依法依规向社会有序开放，促进数据要素的全社会流动和开发利用，提高作为公共资源的数据的利用效率，释放政府数据红利。在此过程中，数据质量是公共数据价值实现的关键。目前已有部分地方立法对数据质量管理制度作出了探索，例如《深圳经济特区数据条例》第 39 条的规定。

五、责任原则

《个人信息保护法》第 9 条规定：“个人信息处理者应当对其个人信息处理活动负责，并采取必要措施保障所处理的个人信息的安全。”该条文规定了个人信息处理的责任原则。在此之前，《民法典》第 1038 条以及《网络安全法》第 42 条均规定了处理者确保个人信息安全的义务，《个人信息保护法》第 9 条在继承前述规定的基础上，综合考量负责与安全两方面的内容，将其总结提炼为一项具有中国特色的基本原则。在比较法上，欧盟《一般数据保护条例》第5条第1款f项规定，个人数据应以能够确保个人数据安全的方式而被处理，包括使用适当的技术性或组织性措施以防止未经授权的或者非法的处理、意外遗失、灭失或损毁（“完整性和保密性”）。其第5条第2款规定：“控制者应该遵守本条第1款的规定，并能够证明之（‘问责制’）。”《个人信息保护法》第9条作为原则性条款，其价值理念贯穿于《个人信息保护法》的多项具体规范之中。

责任原则具体包括以下几个方面的内容：

第一，处理者应当对其个人信息处理活动的规范化负责。

近年来，我国逐渐通过民法、刑法和专门立法，构建起个人信息权益全链条保护的法律屏障。2020年十三届全国人大三次会议审议通过的《民法典》，在前期法律规定的基础上，对民事领域的个人信息保护问题作了系统规定。2009年、2015年通过的刑法修正案，设立侵犯公民个人信息罪，强化个人信息的刑法保护。在网络专门立法中，2012年通过的《全国人民代表大会常务委员会关于加强网络信息保护的决定》，明确保护能够识别公民个人身份和涉及公民个人隐私的电子信息。2016年制定的《网络安全法》，进一步完善了个人信息保护规则。《个人信息保护法》更细化完善了个人信息保护原则和个人信息处理规则，依法规范国家机关处理个人信息的活动，赋予个人信息主体多项权利，强化个人信息处理者义务，健全个人信息保护工作机制，设置严格的法律责任，个人信息保护水平得到了全面提升。

法律法规对个人信息处理活动的规范化提出了各个方面的要求，处理者应当是贯彻执行此等要求的第一责任人，这充分体现了“谁处理，谁负责”的原则性要求。两个以上的处理者共同处理个人信息的，应当约定各自的权利和义务并对各自的处理活动负责；处理者委托他人处理个人信息的，还应当与受托人约定《个人信息保护法》第21条第1款所规定的相关事项，并对受托人的个人信息处理活动进行监督；特殊处理者，如提供重要互联网平台服务、用户数量巨大、业务类型复杂的处理者应当对其平台内产品或者服务提供者的个人信息处理活动承担特别责任；国家机关处理个人信息应当确保其处理活动符合法律、行政法规的规定，不超出履行法定职责所必需的范围和限度。

第二，保障个人信息的安全是处理者在个人信息处理活动中应当重点负责的内容。

个人信息的安全包括个人信息的秘密性、完整性与可用性等方面的安全。处理者的个人信息处理活动若存在安全隐患，将导致个人的人格尊严、人身和财产安全以及通信秘密等利益遭受严重威胁。在庞某某诉中国东方航空股份有限公司、北京趣拿信息技术有限公司隐私权纠纷案中，原告的姓名、手机号、行程安排（包括航班起落时间、地点及航班信息）等个人信息泄露，导致原告收到声称涉案航班因飞机故障取消并要求其改签的诈骗短信，致使其最终受到巨大的经济损失。[①] 处理者应当采取技术措施和其他必要措施，确保其收集、存储的个人信息的安全，防止个人信息泄露、篡改和丢失。

保障个人信息安全的措施，具体规定于《个人信息保护法》第五章“个人信息处理者的义务”中，包括物理措施、技术措施和管理措施。物理措施包括对存储介质、传送路径等物理安全的保障措施；技术措施包括设置安全漏洞识别程序、设置病毒入侵防范程序等；管理措施包括制定内部管理制度和操作规程，对个人信息实行分类管理，采取相应的加密、去标识化等安全技术措施，合理确定个人信息处理的操作权限，并定期对从业人员进行安全教育和培训，制定并组织实施个人信息安全事件应急预案，等等。《个人信息保护法》第 57 条还规定了发生个人信息泄露、篡改、丢失后，处理者的补救、通知及减损义务。

第三，处理者应当对其违法处理个人信息的行为承担相应的法律责任。《个人信息保护法》第七章规定，处理者违法处理个人信息的责任包括民事责任、行政责任和刑事责任。处理者处理个人信息侵害个人信息权益造成损害的，个人往往难以证明处理者存在过错，也难以证明其损失的具体数额。故此，《个人信息保护法》第 69 条规定了处理者的过错推定责任和个人财产损失的计算方法。为了提高法律的威慑力，《个人信息保护法》第 70 条对个人信息保护公益诉讼作出了规定。《个人信息保护法》第 66 条还规定了处理者违法处理个人信息的行政责任，其中的高额罚款对于遏制大规模侵害个人信息行为的发生具有重要作用。明确处理者的个人信息安全保障义务，并以法律责任的方式将责任落到实处，有利于信息主体的损害赔偿及追责，是对信息主体个人信息权益的根本性保障。

六、原则的适用

新时代中国网络法治建设理念要坚持以人民为中心。个人信息处理的各项原则，要把体现人民利益、反映人民愿望、维护人民权益、增进人民福祉落实到网络法治建设的各方面，立足中国互联网发展实践，处理好发展和安全、自由和秩序、开放和自主、管理和服务的关系，运用法治思维和法治方式解决制约互联网发展的问题。

《个人信息保护法》确立了个人信息处理的合法、正当、必要和诚信原则，目的原则，公开、透明原则，质量原则和责任原则，为实现维护个人信息安全的

---

① 参见北京市第一中级人民法院民事判决书（2017）京 01 民终 509 号。

目标提供了重要的制度保障。在五项基本原则中，合法、正当、必要和诚信原则是个人信息处理的总体原则；目的原则，公开、透明原则，质量原则和责任原则是针对个人信息处理某个特定方面的原则。五项基本原则所蕴含的制度价值彼此间相互关联，因而在实践中可能发生基本原则的综合适用问题，其中既包括总体原则与方面原则的综合适用，也包括方面原则与方面原则的综合适用。例如，处理者通过欺诈、胁迫等方式处理非必要个人信息的，既违反了目的原则，也违反了总体原则中的合法原则；处理者接纳外部人员对个人信息保护情况进行监督，既是对责任原则的贯彻落实，也是对总体原则中诚信原则的遵循；处理者在未明示个人信息处理规则的情况下将个人信息用于处理目的之外的其他用途，同时违反了个人信息处理的目的原则和公开、透明原则；处理者在个人信息处理活动中主动建立个人信息质量管理机制，并根据个人的请求对个人信息的质量进行核实，避免对个人的合法权益造成损害，是质量原则和责任原则的共同要求。

思考题

1. 试述个人信息的概念。
2. 简述我国个人信息保护法的体系。
3. 简述我国个人信息处理的基本原则。
4. 试述个人信息保护法学作为“领域法学”。

文献阅读资料

1. 王锡锌．个人信息国家保护义务及展开．中国法学，2021（1）.
2. 张文显．构建智能社会的法律秩序．东方法学，2020（5）.
3. 张新宝．从隐私到个人信息：利益再衡量的理论与制度安排．中国法学，2015（3）.
4. 张新宝．个人信息收集：告知同意原则适用的限制．比较法研究，2019（6）.
5. 张新宝．论个人信息权益的构造．中外法学，2021（5）.

第二章 个人信息处理规则

第一节 个人信息处理规则概述

一、个人信息处理的合法性基础

《个人信息保护法》第 13 条规定，处理个人信息应具备合法性基础。个人信息处理的合法性基础既是《个人信息保护法》第 5 条规定的合法原则的具体化[①]，也是处理个人信息需要遵守的基本规定。个人信息处理的合法性基础可以分为两类：(1) 取得个人的同意，即符合“告知—同意”规则；(2) 法定许可，即《个人信息保护法》第 13 条规定的除“取得个人的同意”之外的其他合法性基础。个人信息处理的合法性基础以“告知—同意”规则为原则，以法定许可为例外。

(一) 取得个人的同意

原则上，个人信息处理均应获得信息主体的同意方能获得合法性基础。基于“告知—同意”规则的特殊地位，《个人信息保护法》第 14～18 条对同意规则与告知规则予以细化。

(二) 法定许可

个人信息之上承载的权益不仅包括个人信息权益，也包括受法律保护的公共利益。基于公共利益的考量，《个人信息保护法》规定了 6 种“告知—同意”规则之外的其他获得合法性基础的方式。

其一，《个人信息保护法》第 13 条第 1 款第 2 项规定了“为订立、履行个人作为一方当事人的合同所必需，或者按照依法制定的劳动规章制度和依法签订的

---

① 张新宝．个人信息处理的基本原则．中国法律评论，2021 (5)：19.

集体合同实施人力资源管理所必需”的情形。“为订立、履行个人作为一方当事人的合同所必需”的情形，是指信息主体与个人信息处理者是合同的缔约双方，同时个人信息处理者必须处理该信息主体的某些个人信息才能与之缔结合同或履行已经生效的合同，例如，按照电子商务合同的约定配送货物而处理个人的收货地址、联系方式。[①] 个人信息处理是否为订立、履行合同所必需，对这一问题需要结合合同目的加以判断，例如，当为实现合同目的存在着个人信息处理之外的方式，且此种方式对信息主体的法益侵害更小时，个人信息处理就无法获得合法性基础。[②]“按照依法制定的劳动规章制度和依法签订的集体合同实施人力资源管理所必需”的典型情形是，用人单位为员工缴纳“五险一金”并因此需要对员工的个人信息加以收集。这类法定许可的规范目的是适度提高人力资源管理的效率，但此种效率追求不应损害劳动者的合法权益。为了确保人力资源管理的效率价值与个人信息权益能够在个人信息处理过程中被一体考虑，同时确保用人单位不会滥用这一法定许可事由，作为处理目的的“实施人力资源管理”应当以劳动规章制度和依法签订的集体合同为规范依据。

其二，《个人信息保护法》第 13 条第 1 款第 3 项规定了“为履行法定职责或者法定义务所必需”的情形。法定职责包括法定职权和法定责任，是指立法机关、行政机关以及司法机关等公权力机关依据法律法规的规定而享有的职权以及必须履行的义务。基于法定职责的行使目的处理个人信息不需要取得个人的同意。例如，刑事侦查奉行侦查不公开原则，刑事侦查过程中的个人信息处理在多数情况下无法取得信息主体同意，必须借助“为履行法定职责所必需”才能获得合法性基础。[③] 法定义务则是指个人信息处理者依据法律法规而负有的义务，其义务主体是普通的民事主体。例如，用人单位根据《社会保险法》《劳动合同法》《劳动法》《工伤保险条例》等法律法规为职工投保工伤保险而必须收集职工的个人信息，此种情形便属于为履行法定义务所必需。

其三，《个人信息保护法》第 13 条第 1 款第 4 项规定了“为应对突发公共卫生事件，或者紧急情况下为保护自然人的生命健康和财产安全所必需”的情形。《突发公共卫生事件应急条例》第 2 条规定：“本条例所称突发公共卫生事件（以下简称突发事件），是指突然发生，造成或者可能造成社会公众健康严重损害的

---

① 参见《信息安全技术　个人信息处理中告知和同意的实施指南》（GB/T 42574—2023）第 6.2.1 条“订立、履行合同所必需”。

② Christopher Kuner，Lee A. Bygrave，Christopher Docksey ed. The EU General Data Protection Regulation (GDPR)：A Commentary. [S. l.]：Oxford University Press，2020：331.

③ 王仲羊．侦查中个人信息知情同意制度的引入与调适．中国人民公安大学学报（社会科学版），2023（1）：102.

重大传染病疫情、群体性不明原因疾病、重大食物和职业中毒以及其他严重影响公众健康的事件。”以流行病防控为例，防控工作中的一项重要任务是识别确诊患者的活动轨迹及其密切接触者，即对社会成员进行接触追踪，此种数字追踪技术不可避免地需要处理个人信息。在此类情形中，若强求取得个人同意，将贻误疫情防控的时机，损害国民的生命健康安全，个人信息处理者因此有权直接进行个人信息处理。在“紧急情况下为保护自然人的生命健康和财产安全所必需”的情形下，个人信息处理亦可以获得合法性基础。对这一合法性基础的理解需要从三个方面把握：首先，该合法性基础将自然人的生命健康和财产安全置于个人信息权益的优位上。在个案中，对个人信息处理的合法性判断还需要以具体的生命健康权益、财产权益与个人信息权益的法益衡量为基础。其次，受保护的利益不局限于信息主体的生命健康和财产安全，信息主体之外的自然人的生命健康和财产安全亦可为个人信息处理提供合法性基础。最后，相较于“紧急情况下为保护自然人的生命健康和财产安全所必需”，“为应对突发公共卫生事件”更具有明确的法定判断标准，应当优先作为合法性基础加以适用。

其四，《个人信息保护法》第 13 条第 1 款第 5 项规定了“为公共利益实施新闻报道、舆论监督等行为，在合理的范围内处理个人信息”的情形。新闻报道、舆论监督对于推进社会主义民主、形成良善的社会风俗至关重要，在此类情形中，个人信息权益需要适度地让步于上述公共利益。例如，对腐败行为的揭露无须获得腐败者的同意，新闻媒体可以出于新闻报道、舆论监督目的进行个人信息处理。

其五，《个人信息保护法》第 13 条第 1 款第 6 项规定了“依照本法规定在合理的范围内处理个人自行公开或者其他已经合法公开的个人信息”的情形。相比其他法定许可，这一法定许可缺乏明确的利益保护目的，因此需要与其他合法性基础重叠适用。《个人信息保护法》第 27 条专门对已公开个人信息的处理规则予以细化。

其六，《个人信息保护法》第 13 条第 1 款第 7 项规定了“法律、行政法规规定的其他情形”。这是个人信息处理法定许可的兜底条款，旨在确保宽泛的公共利益考量可以与个人信息权益保护实现动态平衡，并赋予行政执法机构、法院一定的执法裁量权与司法裁量权。

个人信息处理的法定许可需要在个案的基础上进行利益衡量。法定许可是取得个人同意的例外情形，其法理基础在于为了公共利益适度限缩个人信息权益。[①] 因此，对法定许可的适用需要在个案和利益衡量的基础上进行。当个人信

---

① 张硕．论个人信息处理中的优位利益豁免规则．行政法学研究，2023（2）.

息处理不具有社会公益，同时侵害个人信息权益时，法定许可便无法提供合法性基础。

二、“告知—同意”规则

《个人信息保护法》第 13 条第 1 款第 1 项规定，个人信息处理者要“取得个人的同意”方可处理个人信息。这是“告知—同意”规则作为个人信息处理合法性基础的总括性规定。“告知—同意”规则由告知规则与同意规则组成，两类规则主要通过《个人信息保护法》第 14～18 条予以细化。

（一）“告知—同意”规则的历史渊源

“告知—同意”规则在个人信息保护领域有较长的历史，至今仍是全球主流个人信息保护立法的核心。从历史渊源的角度看，关于“告知—同意”规则在全球个人信息保护立法中的产生至少存在以下几种学说：其一，医疗领域起源说。该说认为，个人信息保护领域的“告知—同意”规则起源于医疗领域的患者知情同意原则。[①] 我国《民法典》第 1219 条中规定，“需要实施手术、特殊检查、特殊治疗的，医务人员应当及时向患者具体说明医疗风险、替代医疗方案等情况，并取得其明确同意”，此乃知情同意原则在医疗领域的体现。其二，公平信息实践起源说，即个人信息保护领域的“告知—同意”规则起源于美国的公平信息实践。20 世纪 70 年代，为应对个人信息自动化处理愈加普遍的现实，美国政府组建“关于个人数据自动系统的建议小组”，发布了一份《公平信息实践准则报告》，确立了公平信息实践的最早版本，并将告知同意作为处理个人信息的基本原则。此后，美国、欧盟及国际组织在个人信息保护领域的规范性文件都以公平信息实践为蓝本，并普遍纳入了“告知—同意”规则。[②] 其三，德国立法确立说。该说将个人信息保护领域的“告知—同意”规则追溯至其在实证法中确立的最早时点，即德国黑森州的《数据保护法》出台的 1970 年。这部法律也是全球个人信息保护领域最早的立法尝试。

不论将个人信息保护领域的“告知—同意”规则的历史渊源定位于医疗领域的法律实践、公平信息实践，还是德国黑森州的《数据保护法》，都足以体现“告知—同意”规则在个人信息保护领域的历史地位。至今，“告知—同意”规则仍然是全球个人信息保护立法中普遍采用的核心制度。

---

① 孙莹．个人信息保护法条文解读与适用要点．北京：法律出版社，2021：47．

② 丁晓东．论个人信息法律保护的思想渊源与基本原理：基于“公平信息实践”的分析．现代法学，2019（3）：97－103．

(二)“告知—同意”规则的性质[①]

我国《个人信息保护法》中的“告知—同意”规则既有自身的特色，也与美国法、欧盟法中的告知同意实践存在着共性，以下将分别予以介绍。

1. 我国“告知—同意”规则的性质

《个人信息保护法》中的“告知—同意”规则是多维的制度工具：其一，《个人信息保护法》将个人信息保护视为基本权利[②]，并将“告知—同意”规则视为处理个人信息的合法性基础之一。据此，我国现行立法下的“告知—同意”规则具备合规要求的属性，个人信息处理者据此证明自身对基本权利的尊重。[③] 其二，“告知—同意”规则具备一定的消费者合同的特征。虽然《个人信息保护法》对告知同意的形式与内容作出了诸多限定，但信息主体与个人信息处理者仍然有一定的协商空间。这与消费者合同具有较强的相似性。值得注意的是，《个人信息保护法（草案一次审议稿）》第 14 条曾规定，“处理个人信息的同意，应当由个人在充分知情的前提下，自愿、明确作出意思表示”，但草案二次审议稿很快就删除了“意思表示”。这表明，我国的立法者清晰地觉察到了告知同意制度与传统合同之间的区别。据此，公私法融合的消费者合同相较传统合同更加契合“告知—同意”规则的属性。其三，在具体实践层面，告知同意所依托的文本有可能作为个人信息处理者的自我声明，从而便于履行个人信息保护职责的部门据之采取行政执法措施。此外，告知同意所依托的文本还有可能作为个人信息处理者进行自我规制的章程、作为传达声誉的媒介，以及作为强化信息主体个人信息保护意识的工具。

我国《个人信息保护法》并非欧盟或美国相关法律的翻版，而是具有鲜明的中国特色和价值取向，且以回应我国人民与现实社会的实际需求为出发点和落脚点。相比于美国法与欧盟法，中国法对“告知—同意”规则的定性不仅具有相同点，更凸显着差异。为准确理解中国法中“告知—同意”规则在比较法谱系中的定位，并进一步对“告知—同意”规则的法律性质进行具有中国特色的诠释与发展，以下将对美国法和欧盟法中的告知同意实践予以介绍。

2. 美国：声明或合同

在美国司法实践中，个人信息保护领域的告知同意在有限的案例中得到了合

---

① 丁晓东．隐私政策的多维解读：告知同意性质的反思与制度重构．现代法学，2023（1）.

② 王锡锌．个人信息国家保护义务及展开．中国法学，2021（1）；彭錞．宪法视角下的个人信息保护：性质厘清、强度设定与机制协调．法治现代化研究，2022（4）.

③ 韩旭至．个人信息保护中告知同意的困境与出路：兼论《个人信息保护法（草案）》相关条款．经贸法律评论，2021（1）.

同法的救济。对于以点击协议（clickwrap agreement）等形式引起用户显著关注的隐私政策，美国法院将其视为合同。根据美国法院的主流看法，用户在这类协议中有机会浏览隐私政策，因此可以将其视为合同。在其他情形中，告知同意被视为企业的单方声明。例如，原告以合同违约为由向法院起诉被告违反隐私政策的行为，此类主张多因无法满足损害要件而被法院驳回。在多数情形下，法院认为隐私政策并不会被消费者所阅读，也不会让消费者对隐私政策的内容产生依赖，因此隐私政策并不能被认定为合同。① 整体而言，美国监管机构将告知同意规则所基于的文本（隐私政策）作为行政执法的依据：美国联邦贸易委员会将企业的隐私政策认定为企业的自我声明，并在企业违反其自我声明的情况下对企业采取执法行动。联邦贸易委员会的此种执法行动对于美国企业的个人信息保护实践具有深远的影响。

3. 欧盟：基本权利合规措施与消费者合同

《欧盟基本权利宪章》第 8 条第 1 款规定："每个人都有权保护与其有关的个人数据。"《一般数据保护条例》第 1 条第 2 款规定："本条例保护自然人的基本权利和自由，特别是其个人数据被保护的权利。"在上述规范背景下，欧盟整体将设置隐私政策与获得告知同意视为公法基本权利的合规措施。首先，《一般数据保护条例》将告知同意作为个人信息处理的合法性基础，并且对告知同意的方式、内容都予以限定。据此，告知同意并非企业意思自治的范畴，不具有合同或声明的法律特征。其次，《一般数据保护条例》中的告知同意并非侵权法上的免责事由或违法阻却事由。企业即使获得用户的明确同意，也可能因为违反目的限制数据最小化等原则而被认定违法。② 最后，对于企业违反"告知—同意"规则的行为主要通过行政执法予以制裁。对于信息主体而言，其有权向数据监管机构或法院提起申诉或诉讼，但此类申诉或诉讼都是依据基本权利的合规要求而提起的，并非依据信息处理者违反合同而提起的。③

欧盟的隐私政策也具有一定的消费者合同特征。虽然欧盟坚持个人信息保护的基本权利特征，并且引入了"目的限制""数据最小化"等原则，但个人与信息处理者仍有一定的协商空间。并且，欧盟也在很多地方借鉴了消费者保护法的规则：《一般数据保护条例》"重述"第 42 条直接引用了《1993 年关于消费者合

---

① Daniel J. Solove，Woodrow Hartzog. The FTC and the New Common Law for Privacy. Columbia Law Review，2011，114（3）：595－597.

② 张新宝．个人信息收集：告知同意原则适用的限制．比较法研究，2019（6）；刘权．论个人信息处理的合法、正当、必要原则．法学家，2021（5）；武腾．最小必要原则在平台处理个人信息实践中的适用．法学研究，2021（6）.

③ Paul M. Schwartz，Karl-Nikolaus Peifer. Transatlantic Data Privacy Law. The Georgetown Law Journal，2017，106（1）：138－146.

同中不公平条款的理事会指令》，指出任何未经单独协商的合同条款，如果"导致合同双方的权利和义务发生重大不平衡，损害消费者利益"，那么都是不公平的。

（三）告知规则

1. 告知的时间

原则上，个人信息处理者必须在处理个人信息前向信息主体进行告知，由此，"告知—同意"规则方能发挥其合法性基础的制度功用，维护信息主体的自决利益。基于同样的原因，根据《个人信息保护法》第 14 条第 2 款，"个人信息的处理目的、处理方式和处理的个人信息种类发生变更的，应当重新取得个人同意"。实践中，个人信息处理者在获得信息主体同意后擅自变更告知事项的情形已屡见不鲜，上述条款即旨在遏制此类违法行为。

告知的时间点存在例外。《个人信息保护法》第 18 条第 2 款规定："紧急情况下为保护自然人的生命健康和财产安全无法及时向个人告知的，个人信息处理者应当在紧急情况消除后及时告知。"该款旨在以利益衡量的方式优先维护自然人的生命健康、财产安全，适度限制个人信息权益。基于上述例外规定的利益衡量性质，其具体的适用应由法院在个案的基础上进行判断。

2. 告知的形式

根据《个人信息保护法》第 17 条，个人信息处理者在处理个人信息前，应当以显著方式、清晰易懂的语言真实、准确、完整地向个人告知一系列信息。"告知—同意"规则的目的在于实现信息主体对其个人信息自决性的人格利益，为此，告知应当充分地考虑到信息主体摄取信息、理解信息并作出决策的能力。具言之，"以显著方式、清晰易懂的语言"包含了对告知形式的界面要求和语言风格要求，告知需要考虑到一般大众的阅读能力，并以操作简便、视觉显著的方式呈现告知内容；"真实、准确、完整"则对告知内容的质量予以明确，以便信息主体对个人信息处理的操作有充分的了解，并作出真实的、与其意愿一致的同意决定。在具体操作层面，告知需要结合产品或服务的业务功能特点，选择适当的告知形式或使用组合的告知形式。例如，通过"一般告知"全面阐述个人信息处理规则，通过"增强告知"帮助个人理解个人信息处理规则中的关键内容或与特定业务功能处理目的相关的个人信息处理规则，通过"即时提示"强化个人对收集个人信息的目的的理解、方便个人获取有价值的信息。①

---

① 参见《信息安全技术 个人信息处理中告知和同意的实施指南》（GB/T 42574—2023）第 8.1 条"告知的方式"。

根据《个人信息保护法》第 17 条第 3 款，“处理规则应当公开，并且便于查阅和保存”。此处的“个人信息处理规则”是指“隐私政策”一类的规则，是由个人信息处理者为自身制定并作为其内部管理准则的文件。此类文件常常也被作为告知同意的载体。通过向信息主体提供公开的、便于查阅和保存的处理规则，个人可以随时对处理规则予以审视和评估，并根据自身偏好的变化作出撤回同意、行使信息主体权利，乃至寻求行政执法或司法救济的个人信息决策。

3. 告知的事项

为使个人信息处理获得合法性基础，个人信息处理者应当向信息主体告知以下事项：

其一，《个人信息保护法》第 17 条第 1 款第 1 项规定的“个人信息处理者的名称或者姓名和联系方式”。个人信息处理者的身份是信息主体同意与否的核心考量因素，个人信息保护声誉较好的个人信息处理者更有可能获得信息主体的信赖。同时，信息主体的权利行使也要求信息主体知悉个人信息处理者的名称、姓名、联系方式。

其二，《个人信息保护法》第 17 条第 1 款第 2 项规定的“个人信息的处理目的、处理方式”。其中，处理目的是诸告知事项的核心。信息主体只有知悉个人信息处理的目的，才能判断告知内容中的处理方式是否是对个人信息权益损害最小的方式、个人信息种类是否为处理目的所必需、保存期限是否是与处理目的相称的最短期限。信息主体真实有效的同意因此建立在处理目的告知之上。基于此，对处理目的的告知需要满足“真实、准确、完整”的要求，避免“提升服务质量”一类的宽泛表述。处理方式的告知应当涵盖个人信息处理的全流程，包括个人信息的收集、存储、使用、加工、传输等。

其三，《个人信息保护法》第 17 条第 1 款第 2 项规定的“处理的个人信息种类、保存期限”。所处理个人信息的种类不同，个人信息权益所面临的风险也有所不同，例如，敏感个人信息的泄露就会对信息主体的人格尊严造成特别的损害。为确保信息主体对其个人信息权益所面临的风险形成客观的认识，个人信息处理者应当对个人信息种类予以具体列明，列明方式应与个人信息处理的具体场景匹配。例如，在人脸识别的场景中，告知的个人信息种类应当使用“人脸识别信息”的表述，而非宽泛的“生物识别信息”。保存期限的长度同样会影响到个人信息权益面临的风险程度。保存期限越长，出现泄露或非法使用的可能性就越大，其告知因此也需要满足“真实、准确、完整”的要求。①

其四，《个人信息保护法》第 17 条第 1 款第 3 项规定的“个人行使本法规定

① 程啸．论个人信息处理者的告知义务．上海政法学院学报（法治论丛），2021（5）：76.

权利的方式和程序”。《个人信息保护法》赋予信息主体的权利包括知情权、决定权、查阅权、复制权、异议权、更正权、删除权、可携带权等，这些权利应当被充分告知。此外，权利行使的程序，包括联系个人信息处理者的方式、向行政机关投诉和举报的方式、向法院提起诉讼的方式均应以便于理解的方式向信息主体告知。

其五，《个人信息保护法》第 17 条第 1 款第 4 项规定的“法律、行政法规规定应当告知的其他事项”。告知的目的在于实现信息主体自决性的人格利益，使其个人信息的流动符合其偏好与预期。场景不同，信息主体为实现上述利益所需要的告知事项也存在差异。通过《个人信息保护法》下位立法的完善，告知的事项可以根据个人信息处理的场景实现扩充，辅助个人作出真实、有效的同意。

根据《个人信息保护法》第 17 条第 2 款，上述告知事项发生变更的，个人信息处理者应当将变更部分告知信息主体。这一要求是为了保护信息主体对自身个人信息所受处理的知情权。值得强调的是，根据变更及告知事项的不同，该款所规定的告知义务具有不同的性质。结合《个人信息保护法》第 14 条第 2 款，只有个人信息的处理目的、处理方式和处理的个人信息种类发生变更的，才需要重新获得信息主体的同意。在上述情形中，个人信息处理者的告知是作为个人信息处理合法性基础的“告知—同意”规则的组成部分；相反，当告知事项的变更不涉及处理目的、处理方式和处理的个人信息种类时，《个人信息保护法》第 17 条第 2 款中的告知义务仅仅是个人信息处理获得合法性基础后的管理性义务。将重新获得同意的情形局限在关键告知事项的变更上，这就说明这一规范设计的目的在于防止信息主体的信息过载，促使信息主体将有限的注意力集中在少数高度影响个人信息权益的事项之上，并审慎地作出决策。

告知的事项在法定情形下可以克减。根据《个人信息保护法》第 18 条第 1 款，“个人信息处理者处理个人信息，有法律、行政法规规定应当保密或者不需要告知的情形的，可以不向个人告知前条第一款规定的事项”，该款旨在平衡个人信息权益和其他法律上的权利与利益。相关法律、行政法规对于告知义务的影响应当以最小化为原则。

（四）同意规则

“告知—同意”规则中的同意是指信息主体自愿、明确地对其个人信息所受处理所作出的授权行为。《个人信息保护法》第 14～16 条集中规定了同意规则，对同意的形式、撤回同意、同意与提供产品或服务的关系予以明确。

1. 同意的形式

《个人信息保护法》第 14 条对有效同意的一般形式、有效同意的特殊形式、重新同意作出了一般性的规定。

根据《个人信息保护法》第 14 条第 1 款，有效同意的一般形式是“由个人在充分知情的前提下自愿、明确作出”。该款表明同意以明示为原则，预选方框、不作为等默示行为一般不构成同意。[①] 有效的同意依照个人信息处理的场景不同可呈现为不同的视觉形态和交互模式。例如，个人通过交互式界面作出主动勾选，个人通过开启可收集个人信息的应用程序接口（API）、权限、传感器开关表示意愿，个人通过纸质或电子的书面声明、签字确认表示意愿，等等。[②]

有效同意的特殊形式则包括单独同意与书面同意。《个人信息保护法》第 14 条第 1 款同时规定，“法律、行政法规规定处理个人信息应当取得个人单独同意或者书面同意的，从其规定”。其中，单独同意是信息主体针对特定个人信息处理活动作出的明确具体的同意。单独同意的告知内容与取得同意的方式需与其他处理活动相区分。适用此种同意的法定情形包括：向其他个人信息处理者提供个人信息（第 23 条），公开个人信息（第 25 条），将在公共场所通过图像采集或个人身份识别设备收集的个人图像、身份识别信息用于维护公共安全之外的目的（第 26 条），处理敏感个人信息（第 29 条），向境外提供个人信息（第 39 条）。这些都是个人信息权益面临较高风险的场景。在操作层面，单独同意需要以增强的告知为基础，在告知的内容、视觉呈现、交互形式方面应与一般的告知区分开来。书面同意则是指以书面形式作出的同意。此种同意形式有助于信息主体更加审慎地作出决策，书面留存也有助于争议解决。《个人信息保护法》第 29 条特别规定了“法律、行政法规规定处理敏感个人信息应当取得书面同意的，从其规定”。在操作层面，个人信息处理者需以纸质或数字电文等有形地表现所载内容，并由个人通过主动签名、签章等形式取得个人同意。[③]

《个人信息保护法》第 14 条第 2 款规定了应当重新获得个人同意的情形，即“个人信息的处理目的、处理方式和处理的个人信息种类发生变更”。在此类情形下，个人信息处理的核心事项发生了变更，并已经突破了信息主体对其个人信息所受处理的预期。因此，个人信息处理者需要重新通过告知同意来获取个人信息处理的合法性基础。

2. 撤回同意

《个人信息保护法》第 15 条第 1 款规定：“基于个人同意处理个人信息的，

---

① 《App 违法违规收集使用个人信息行为认定方法》中明确将“以默认选择同意隐私政策等非明示方式征求用户同意”的行为，认定为“未经用户同意收集使用个人信息”。

② 参见《信息安全技术　个人信息处理中告知和同意的实施指南》（GB/T 42574　2023）第 9.1.1 条“明示同意”。

③ 参见《信息安全技术　个人信息处理中告知和同意的实施指南》（GB/T 42574—2023）第 9.4 条“书面同意的实施”。

个人有权撤回其同意……”第2款规定：“个人撤回同意，不影响撤回前基于个人同意已进行的个人信息处理活动的效力。”

撤回同意是指信息主体对自己已经作出的“同意信息处理者对其个人信息进行处理”的授权予以取消。对于信息主体的撤回同意应作如下理解：其一，撤回同意不同于《民法典》中规定的对意思表示的撤回。对意思表示的撤回发生于意思表示到达相对人之前，撤回的意思表示不产生效力。相比之下，撤回同意在同意已经到达个人信息处理者后仍可行使。其二，个人信息权益包含了自决性的人格利益，为确保人格利益能够保持圆满状态，撤回同意不受除斥期间的限制。其三，根据《个人信息保护法》第15条第2款的规定，撤回同意不具有溯及力。一般的财产性交易在合同无效、被撤销的情形下往往可以通过“返还财产”或“赔偿损失”的方式恢复原状，然而，对人格利益许可使用的撤销难以通过上述方式使人格利益恢复原状，个人信息权益中包含的人格利益亦然。个人信息处理一旦发生，其效果往往具有个人信息处理者所不能控制的涟漪效应，强调撤回同意不具有溯及力因此也有助于将个人信息处理者的守法成本限制在可控的范围内。①

3. 同意与提供产品或服务

《个人信息保护法》第16条规定，“个人信息处理者不得以个人不同意处理其个人信息或者撤回同意为由，拒绝提供产品或者服务；处理个人信息属于提供产品或者服务所必需的除外”。

实践当中，产品或服务的提供者常常以不提供相应产品或服务相要挟，通过市场力量变相强制获取个人信息，本条便旨在对此种行为加以控制。当然，一些产品或服务的提供本身就以个人信息的处理为必要，例如，个人云服务本身就以个人信息的线上存储为服务内容。在此类情形下，产品或服务的提供者有权以欠缺个人信息为由拒绝提供商品或服务。需要强调的是，个人信息处理者以提供产品或者服务为由获取个人信息的，应仅限于实现此种产品或者服务提供所需的最小限度。这是目的原则的要求。

三、有关个人信息处理者的一般规定

《个人信息保护法》第20～23条围绕个人信息处理者展开，涉及多方参与的个人信息处理、个人信息处理者的变更，及有关个人信息处理者事项的单独同意。

（一）多方参与的个人信息处理

在信息技术发展与商业组织形式持续分化的当代，一组个人信息的处理可能

① 万方．个人信息处理中的“同意”与“同意撤回”．中国法学，2021（1）．

会涉及多方参与者，这些参与者以合作的方式共同参与到个人信息的处理当中。复数的参与者不仅加剧了个人信息权益所面临的风险，还产生了个人信息保护的可问责性难题。《个人信息保护法》第 20 条与第 21 条便旨在通过明确个人信息处理中各参与者之间的法律关系、各参与者与信息主体之间的法律关系来确保个人信息权益的保护水平。参与个人信息处理的复数主体之间存在着两类法律关系：共同处理，即《个人信息保护法》第 20 条规定的"两个以上的个人信息处理者共同决定个人信息的处理目的和处理方式"之情形；委托处理，即《个人信息保护法》第 21 条规定的"个人信息处理者委托处理个人信息"之情形。以下将对两类法律关系的法律效果分别予以介绍。

1. 共同处理

在外部关系上，《个人信息保护法》第 20 条第 2 款规定："个人信息处理者共同处理个人信息，侵害个人信息权益造成损害的，应当依法承担连带责任。"这是共同处理者承担侵权损害赔偿责任的一般规定。其中，"依法"用语的方法论意义通常在于表明条文为参引性规范。有学者据此认为，个人信息处理者共同处理个人信息侵害个人信息权益的，应当参引适用《民法典》有关多数人侵权责任的规定。[①] 亦有学者认为，"依法"之表述"在性质上仍属于独立的请求权基础，包含完整的构成要件与法律效果。如果将其参引《民法典》多数人侵权责任的规定，将面临规范目的无法融洽、构成要件适用困难等难题"[②]。

在内部关系上，《个人信息保护法》第 20 条第 1 款规定："两个以上的个人信息处理者共同决定个人信息的处理目的和处理方式的，应当约定各自的权利和义务。但是，该约定不影响个人向其中任何一个个人信息处理者要求行使本法规定的权利。"一方面，个人信息处理者之间的约定符合合同的相对性原理，不具有对抗信息主体的效力；另一方面，此类约定缔结具有义务性，个人信息处理者不能依其意思拒绝缔约，因此此类约定与一般的合同存在差异。个人信息处理者之间有关权利义务的约定不影响信息主体依照《个人信息保护法》行使权利，这些权利不仅包括第四章中规定的"个人在个人信息处理活动中的权利"，也包括在个人信息泄露、篡改、丢失情形下获得个人信息处理者通知等实体性与程序性权利。

2. 委托处理

《个人信息保护法》第 21 条主要对个人信息处理者与受托人之间的法律关系予以明确。

---

① 程啸．论个人信息共同处理者的民事责任．法学家，2021（6）：27－28.

② 刘琬乔．论共同处理个人信息的侵权损害赔偿责任．财经法学，2022（5）：107.

《个人信息保护法》第 21 条第 1 款规定："个人信息处理者委托处理个人信息的，应当与受托人约定委托处理的目的、期限、处理方式、个人信息的种类、保护措施以及双方的权利和义务等，并对受托人的个人信息处理活动进行监督。"对该款的适用存在以下要点：其一，相较于共同处理中个人信息处理者之间约定彼此权利义务的合同，《个人信息保护法》对个人信息处理者与受托人之间的委托合同的规定更加严格，不仅赋予此种缔约行为义务性，还对委托合同必须包含的条款予以明确。其二，个人信息处理者对于受托人处理活动的监督应不以委托合同约定的事项为限，也包括《个人信息保护法》第 59 条施加给受托人的安全保障义务与对个人信息处理者的协助义务。

《个人信息保护法》第 21 条第 2 款规定："受托人应当按照约定处理个人信息，不得超出约定的处理目的、处理方式等处理个人信息；委托合同不生效、无效、被撤销或者终止的，受托人应当将个人信息返还个人信息处理者或者予以删除，不得保留。"委托合同的当事人按照委托合同行事，符合契约严守的一般原理，但该款特别强调受托人按照约定的处理目的与处理方式进行个人信息处理。这一表述的内在逻辑与实践重要性在于：处理目的与处理方式是个人信息处理者才有权决定的事项，一旦受托人对此类事项施加了实质影响，其法律地位也就从受托人转化为个人信息处理者。此外，在委托合同不生效、无效、被撤销或者终止时，受托人对于个人信息的继续保留已经超出个人信息处理者的委托范围。在此情形下，受托人也会转化为个人信息处理者，其对个人信息的保留行为亦属于违法的个人信息处理。

《个人信息保护法》第 21 条第 3 款规定："未经个人信息处理者同意，受托人不得转委托他人处理个人信息。"一般认为，委托代理关系体现出较强的信任关系，委托人通常基于对受托人本人的信任而委托其处理事务，因此，受托人的转委托需要经过委托人的同意。在个人信息委托处理的场景下，委托处理也有可能产生更高的安全风险，因此，本款限制转委托。值得强调的是，在经个人信息处理者同意，受托人转委托的情形中，个人信息处理者监督义务的对象也包括转受托人及其处理行为。

《个人信息保护法》并未对委托处理关系中受托人与信息主体之间的权利义务关系予以明确规定。不同于个人信息处理者与信息主体之间的关系，受托人与信息主体之间并没有直接的权利义务关系。将信息主体提出权利主张的对象限定为个人信息处理者，其功能在于防止个人信息处理者通过个人信息处理外包的方式逃避或者减轻其对信息主体的义务，确保个人信息处理的可问责性。需要注意的是，由委托合同确立的受托人如果在实际过程中对处理目的或处理方式施加了影响，那么其法律地位也就转化为个人信息处理者。因此，在侵权情形中，委托人与受托人的责任承担需要根据不同场景中受托人的实际角色，结合侵权法的基本原理进行分析。

（二）个人信息处理者变更

《个人信息保护法》第 22 条规定：“个人信息处理者因合并、分立、解散、被宣告破产等原因需要转移个人信息的，应当向个人告知接收方的名称或者姓名和联系方式。接收方应当继续履行个人信息处理者的义务。接收方变更原先的处理目的、处理方式的，应当依照本法规定重新取得个人同意。”本条旨在明确个人信息处理者变更情形下的个人信息处理规则。个人信息处理者通常具有法人地位，其合并、分立、解散、被宣告破产会导致法律人格变更乃至消灭。与一般的有形财产和无形财产不同，虽然个人信息之上承载着财产性利益，该财产性利益却尚未被我国立法确立为物权的客体。基于此，在法人合并、分立、解散、被宣告破产情形下，财产权利的更变规则并不能直接适用于个人信息。

首先，“个人信息处理者因合并、分立、解散、被宣告破产等原因需要转移个人信息的，应当向个人告知接收方的名称或者姓名和联系方式”。其中，对“需要转移”的理解应当与合并、分立、解散、被宣告破产情形下各类财产性权利的变更规则相结合。例如，《民法典》第 67 条规定：“法人合并的，其权利和义务由合并后的法人享有和承担。法人分立的，其权利和义务由分立后的法人享有连带债权，承担连带债务，但是债权人和债务人另有约定的除外。”个人信息的合法转移也应以上述条件之满足为必要。在此情形下，向个人告知接收方的名称或者姓名和联系方式是为了确保个人有能力向新的个人信息处理者主张《个人信息保护法》赋予的各项权利。

其次，“接收方应当继续履行个人信息处理者的义务”。随着个人信息的转移，接收方具有了个人信息处理者的地位，就应当按照作为合法性基础之约定或法定目的处理个人信息，满足信息主体的各项权利请求，并承担个人信息的安全保障义务。

最后，“接收方变更原先的处理目的、处理方式的，应当依照本法规定重新取得个人同意”。在合并、分立、解散、被宣告破产情形下，个人信息处理者虽然发生变更，但在实际的业务、组织机构层面仍然与原先的实体具有连续性。基于此，除非处理目的、处理方式发生变更，否则向信息主体重新获取同意对于个人信息权益的保护并无较大的实益。因此，仅在处理目的、处理方式变更的情况下，接收方需要重新获得信息主体的同意。

（三）对外提供个人信息

《个人信息保护法》第 23 条规定：“个人信息处理者向其他个人信息处理者提供其处理的个人信息的，应当向个人告知接收方的名称或者姓名、联系方式、处理目的、处理方式和个人信息的种类，并取得个人的单独同意。接收方应当在上述处理目的、处理方式和个人信息的种类等范围内处理个人信息。接收方变更原先的处理目的、处理方式的，应当依照本法规定重新取得个人同意。”该条旨在对个人信息处理者对外提供个人信息的情形加以约束。对该条的理解需要从“提供”的内涵、提供方的“告知—同意”规则、接收方的“告知—同意”规则三个方面展开。

首先，对该条中的“提供”应作如下理解：从文义上看，该条所说的个人信息提供限于个人信息处理者与个人信息处理者之间。这意味着提供方与接收方都有能力影响个人信息处理的目的与方式，且作为两个独立的法律实体同时存在。据此，该条不适用于下述两种情形：其一，在受托处理个人信息情形下，个人信息处理者向受托方传输个人信息；其二，个人信息处理者因合并、分立、解散、被宣告破产等原因需要转移个人信息。

其次，提供方的“告知—同意”规则。在对外提供个人信息情形下，提供方需要向个人告知的内容包括接收方的名称或者姓名、联系方式、处理目的、处理方式和个人信息的种类，这些信息与作为合法性基础的“告知—同意”规则要求的告知事项基本重合。与一般的“告知—同意”规则不同的是，对外提供个人信息情形下的同意规则是单独同意，相应的告知因此需要采取加强形态的方式。具体而言，告知的事项需要与接收方的个人信息处理直接相关，不能与先前的告知事项相混淆；在告知文本的设计上则应当具备鲜明、突出的设计效果，以提示信息主体此项个人信息对外提供所可能具有的特别风险。

最后，接收方的“告知—同意”规则。“接收方变更原先的处理目的、处理方式的，应当依照本法规定重新取得个人同意”，换言之，当处理目的与处理方式发生变更时，赋予原先个人信息处理合法性的告知同意就难以继续发挥效力，接收方此时需要重新通过“告知—同意”规则获得个人信息处理的合法性基础。本条款具有提示性条款的作用。

四、自动化决策

《个人信息保护法》第 24 条对个人信息处理者利用个人信息进行自动化决策情形下的个人信息处理规则予以明确。以第 24 条为中心，本部分将对自动化决策的定义，自动化决策的一般规则、特殊规则，对个人权益有重大影响的情形分别论述。

（一）自动化决策的概念与风险挑战

根据《个人信息保护法》第 73 条第 2 项，自动化决策是指“通过计算机程序自动分析、评估个人的行为习惯、兴趣爱好或者经济、健康、信用状况等，并进行决策的活动”。在当下的技术与商业场景中，此种自动化决策集中体现为算法的运用。例如，在网约车的场景下，算法可以为乘客派送不同的司机，设置不同的线路；在资讯分发的场景下，算法可以为不同用户推荐不同的视频、新闻与广告；在搜索场景下，算法可以为每个用户呈现不同的搜索结果；在电商场景下，算法可以结合用户的搜索、浏览、购买等记录，为用户推荐符合其偏好的商品。法律对以算法决策为代表的自动化决策加以控制的理据包括以下方面：

其一，自动化决策可能挑战人类决策的知情权与自主性。通常认为，个人对其生活的自我决定对其人格的健全与完整至关重要，自动化决策则将决策的主体从人转变为计算机程序，并通过缺乏透明度的决策规则（如算法），使个人难以知晓相应决策对自身的实际效果。

其二，自动化决策可能威胁个体的隐私和自由。自动化决策往往以个人信息的收集为基础，由此产生的个人信息汇聚、比对等大大增加了个人信息权益面临的风险。同时，以个人信息为基础的自动化决策又向个人定向“投喂”符合其偏好的信息，剥夺个人获取多样化信息的可能性，长此以往将使个人困于“信息茧房”，从而威胁个体自由。

其三，自动化决策可能会导致歧视与偏见。以算法为基底的自动化决策在设计的过程中往往会渗透设计者的歧视与偏见，而算法自身的不透明特征又使得此种歧视与偏见具有隐蔽性，这对社会平等的危害较日常可见的歧视与偏见行为更甚。

（二）自动化决策的一般规则

《个人信息保护法》第 24 条第 1 款规定：“个人信息处理者利用个人信息进行自动化决策，应当保证决策的透明度和结果公平、公正，不得对个人在交易价格等交易条件上实行不合理的差别待遇。”这是自动化决策的一般规则。为理解上述规则，需要明确“透明度”与“结果公平、公正”的内涵。

1. 透明度

“透明度”是指自动化决策所基于的规则及其实际决策过程能够为信息主体或监管机构所理解。对于透明度要求，需要分别从解释论与实现方式的角度加以探讨。

从解释论的角度看，此处的“透明度”是《个人信息保护法》第 7 条中的“公开、透明原则”在自动化决策场景中的细化。透明度要求，一方面是个人信息处理者的客观义务，另一方面也是信息主体的主观权利。后者的规范依据是《个人信息保护法》第 48 条，即：“个人有权要求个人信息处理者对其个人信息处理规则进行解释说明。”

但自动化决策的完全透明难以实现。为实现透明度要求，个人信息处理者应当以增进信息主体信任为目标，以此承担义务、回应信息主体的权利请求。以基于算法的自动化决策为例，算法解释的实现需要在系统解释（解释算法的逻辑、意义、预期后果和一般功能）与个案解释（解释算法对个案的影响）、事前解释与事后解释、人工解释与机器解释之间选择。对于上述繁杂的选择，个人信息处理者应当结合具体情形，以实现与个人主体之间的信任关系为目标选择具体的算法解释方式，而非强求算法的绝对可解释性。[①]

2. 结果公平、公正

《个人信息保护法》并没有明确给出“结果公平、公正”的确切内涵，但可以将这一表述与“不得对个人在交易价格等交易条件上实行不合理的差别待遇”结合起来分析，后者不仅仅是立法者为回应算法“杀熟”[②] 等社会乱象而纳入的专门规定，也是对何为“结果公平、公正”的例示性规定。“结果公平、公正”允许对个人的差别待遇，但此种差别待遇应在合理的范围内。然而，差别待遇的“合理”仍是一个裁量性的概念，需要法院和行政监管机构在利益衡量的基础上进行个案判断。“结果公平、公正”同样具有客观义务与主观权利的双层保障机制：一方面，履行个人信息保护职责的部门可以行使其行政执法权，对结果不公平、不公正的自动化决策施加行政责任；另一方面，个人可以在前述透明度要求的辅助下行使其限制处理权或拒绝处理权，防止潜在的不公平、不公正决策对其个人信息权益造成损害。

（三）自动化决策的特殊规则

《个人信息保护法》第 24 条第 2 款规定：“通过自动化决策方式向个人进行信息推送、商业营销，应当同时提供不针对其个人特征的选项，或者向个人提供便捷的拒绝方式。”对信息推送、商业营销场景中的自动化决策进行专门规定的意义在于：此类场景在社会生活中极其普遍，并持续助长“信息茧房”现象，减损消费者福利，引发全社会的忧虑与无助情绪。通过自动化决策进行的信息推送、商业营销在本质上仍是需要获得合法性基础的个人信息处理，本款的目的便在于对作为合法性基础的“告知—同意”规则予以操作层面的限定，恢复信息主体对个人信息自决性的人格利益。在操作层面上，“不针对个人特征的自动化决策”与“拒绝自动化决策”的选项是一种增强告知，对前者的呈现是对告知行为

---

① 丁晓东．基于信任的自动化决策：算法解释权的原理反思与制度重构．中国法学，2022（1）：115－117.

② 指对于同样的商品或服务，老客户看到的价格反而比新客户看到的价格要高出许多的现象。

的额外约束，对后者的呈现则旨在辅助用户作出拒绝同意的决定。

（四）对个人权益有重大影响的情形

《个人信息保护法》第 24 条第 3 款规定："通过自动化决策方式作出对个人权益有重大影响的决定，个人有权要求个人信息处理者予以说明，并有权拒绝个人信息处理者仅通过自动化决策的方式作出决定。""对个人权益有重大影响"涵盖的情形不仅包括对信息主体法律地位与法律权利产生的影响，也包括与法律影响相近似的事实影响；不仅包括现在对信息主体的影响，也包括未来可能对信息主体产生的影响。在此类情形下，第 24 条第 3 款赋予信息主体两项权利：

其一，要求个人信息处理者对自动化决策予以说明的权利。这一权利旨在让信息主体对其个人信息面临的风险产生客观认识，并据此行使其各项自主权利。

其二，拒绝个人信息处理者仅通过自动化决策的方式作出决定的权利，即"完全自动化决策拒绝权"。这一权利是信息主体的拒绝权在自动化决策场景中的体现。其中，"仅通过自动化决策的方式"是指个人信息处理者在自动化决策的过程中未对决策的内容作出任何的评估和调整，排除了将自动化决策作为决策支持或辅助的情形；"决定"则指会对信息主体产生法律影响的行为，此种决定不仅包括已经作出的决定，也包括尚未作出的决定。[①] 对于满足上述条件的决定，信息主体可以在自动化决策的整个流程中主张完全自动化决策拒绝权，相应的自动化决策便失去了合法性。

五、个人信息公开的一般禁止

根据《个人信息保护法》第 25 条，"个人信息处理者不得公开其处理的个人信息，取得个人单独同意的除外"，这是个人信息处理过程中有关个人信息公开的一般禁止。公开是个人信息处理的形式之一，对本条的分析因此需要结合个人信息处理的合法性基础。

在"告知—同意"规则作为个人信息处理的合法性基础时，《个人信息保护法》第 25 条是有关告知同意事项的默认规则。现实中的"告知—同意"规则往往具有不完备性，个人信息处理者与信息主体之间常常并未就个人信息的公开事宜达成明示的告知同意。在上述情形中，第 25 条对个人信息公开的一般禁止在本质上是对信息主体偏好的预设，目的在于弥补告知同意的不完备性。同时，基于第 25 条默认规则的地位，信息主体当然可以通过单独同意来明示表达其对个

---

① 王苑．完全自动化决策拒绝权之正当性及其实现路径：以《个人信息保护法》第 24 条第 3 款为中心．法学家，2022（5）：81－83.

人信息公开的个人偏好，否决第 25 条的错误预设。

第 25 条不适用于法定同意作为个人信息处理合法性基础的情形。在法定同意情形中，公开是否具有合法性取决于公开目的是否与法定许可所依托的利益保护目的相称。例如，人民法院有权公开被纳入“失信被执行人名单”人员的个人信息，其合法性基础在于“为履行法定职责或者法定义务所必需”。此种公开无须获得信息主体的单独同意，否则将与法定同意背后的公共利益考量产生冲突。

六、在公共场所安装图像采集、个人身份识别设备的处理规则

《个人信息保护法》第 26 条规定：“在公共场所安装图像采集、个人身份识别设备，应当为维护公共安全所必需，遵守国家有关规定，并设置显著的提示标识。所收集的个人图像、身份识别信息只能用于维护公共安全的目的，不得用于其他目的；取得个人单独同意的除外。”该条旨在通过专门规定，回应社会生活中引发广泛忧虑的在公共场所处理个人生物识别信息[①]的情况。随着图像采集、个人身份识别设备的使用成本持续降低、适用场景不断泛化，这些设备对个人信息权益的潜在风险超过维护公共安全所需的情形已屡见不鲜。基于此，此类个人信息处理需要以维护公共安全为目的，且在满足目的原则时方属合法。“遵守国家有关规定”属于参引性规范，表明在公共场所安装图像采集、个人身份识别设备情形下的个人信息处理规则还被包含于其他规范性文件当中，例如 2021 年 7 月颁布的《最高人民法院关于审理使用人脸识别技术处理个人信息相关民事案件适用法律若干问题的规定》。上述情形中的个人信息处理还应设置显著的提示标识，以方便信息主体采取对应行动，主动影响相关设备所能处理的个人信息范围。

七、已公开个人信息的处理规则

《个人信息保护法》第 27 条规定：“个人信息处理者可以在合理的范围内处理个人自行公开或者其他已经合法公开的个人信息；个人明确拒绝的除外。个人信息处理者处理已公开的个人信息，对个人权益有重大影响的，应当依照本法规定取得个人同意。”该条确立了已公开个人信息的处理规则，尤其是明确了对已公开个人信息处理的一般允许规则。本部分将首先明确已公开个人信息处理的合法性基础，其次对“公开”“合理的范围”予以解释，最后对两种阻断合法性的

---

① 个人生物识别信息指面部特征、指纹、虹膜、声音、步态等可识别自然人的生理特性与行为特征的信息。

例外情形予以展开。

（一）已公开个人信息处理的合法性基础

“个人信息处理者可以在合理的范围内处理个人自行公开或者其他已经合法公开的个人信息”，此类个人信息处理具有多重的合法性基础：《个人信息保护法》第 13 条第 1 款第 6 项是已公开个人信息处理的直接合法性基础；同时，基于个人自行公开或合法强制公开的处理分别以推定同意、与强制公开具有一致目的为合法性基础。

《个人信息保护法》第 13 条第 1 款第 6 项“依照本法规定在合理的范围内处理个人自行公开或者其他已经合法公开的个人信息”构成了已公开个人信息处理的直接合法性基础。相比其他法定许可对利益保护目的（如保护他人的生命健康和财产利益，以及保护公共卫生安全、新闻和舆论自由等公共利益）的明确限定，基于个人信息已公开而产生的合法性基础缺乏明确的利益保护目的。考虑到在法定许可情形下，对合法性基础的审查需要进行利益衡量，对第 13 条第 1 款第 6 项的适用还需要结合其他合法性基础，以明确与个人信息权益进行衡量的公共利益。

“告知—同意”规则构成了对个人自行公开的个人信息进行处理的合法性基础。在自行公开个人信息的情形中，信息主体往往能够预见到其个人信息会受到潜在个人信息处理者的处理。基于此种可预期性，对个人自行公开的个人信息的处理获得了推定的同意。① 换言之，通过对“告知—同意”规则的有限扩张，个人信息处理者不再需要获取信息主体的明示同意，当然，推定同意受到个人意愿的约束，个人因此有权通过明确拒绝的方式推翻推定同意。

已经合法公开的个人信息的处理，其合法性基础来源于与公开行为相一致的利益保护目的。具体而言，“已经合法公开的个人信息”与个人自行公开的个人信息相并列，从体系解释的角度看，前者应被解释为依法强制公开的情形，公开的合法性基础则是第 13 条第 1 款第 6 项之外的法定许可。对于此类已经依法强制公开的个人信息，后续的处理仍然需要符合法定许可所基于的利益保护目的，否则，公开的合法性基础就无法为已公开个人信息的处理继续提供合法性支持。

（二）已公开个人信息的认定标准

在明确了合法性基础后，对于《个人信息保护法》第 27 条的适用还需要考虑已公开个人信息的范围。在个人自行公开与合法强制公开的情形中，已公开个人信息的范围有所不同。

---

① 张薇薇．公开个人信息处理的默认规则：基于《个人信息保护法》第 27 条第 1 分句．法律科学，2023（3）：66－67．

在个人自行公开的情形中，对已公开个人信息的认定需要结合个人信息处理的场景加以判断。如前所述，个人自行公开个人信息的处理以推定同意为合法性基础，此种推定同意在本质上是法律对个人意愿的预设或推断。同理，对已公开个人信息的范围的厘定也需要以对个人意愿的推断为方法。在社会生活当中，信息主体对其个人信息公开的意愿往往与场景密切关联。例如，用户通常不愿意第三方主体将其自愿公开在某一社交平台的个人信息置于其他社交平台上。换言之，随着场景的转变，个人对已公开个人信息的认识会发生变化，能够通过推定同意合法处理的个人信息的范围也随之变化。在司法适用过程中，对已公开个人信息的场景化判断需要法官采取一般大众的视角，辨识社会生活中被广泛接受的信息流动规范，而非采取形式化的判断方式。

在合法强制公开的情形中，对已公开个人信息的认定则相对容易，即属于在事实上已经被合法强制公开的个人信息的范围。

（三）合理范围的认定标准

对于已公开的个人信息，个人信息处理者应当在合理的范围内处理。在《个人信息保护法》的规范体系中，合理范围的要求是目的特定原则在已公开个人信息处理领域的规则细化，对合理范围的认定也需要结合目的特定原则加以判断。目的特定原则要求个人信息处理应当和处理目的直接相关，并采取对个人权益影响最小的方式。在个人自行公开与合法强制公开情形下，个人信息处理的目的存在差异，个人信息处理的合理范围也因此存在差异。

在个人自行公开的情形下，对个人信息处理的合理范围的判断与对已公开个人信息的判断一样需要结合场景。在不同的场景中，个人对其已公开个人信息所受处理的预期存在差别，相应的司法判断也与对已公开个人信息的判断一样需要采取一般大众的视角，辨识社会生活中被广泛接受的信息流动规范。

在合法强制公开的情形下，对个人信息处理的合理范围的判断则需要结合法定许可所基于的利益保护目的。例如，对裁判文书中个人信息的公开可以“为公共利益实施新闻报道、舆论监督等行为，在合理的范围内处理个人信息”作为合法性基础，相应的利益保护目的就是为了公共利益的舆论监督。对裁判文书中已公开个人信息的处理因此也需要满足舆论监督的利益保护目的才能获得合法性，而个人信息处理的合理范围也就是以实现这一利益保护目的为必要的处理行为。[①] 相反，超出上述处理目的，例如利用裁判文书中已公开的个人信息对个人进行失信惩戒，便超出了个人信息处理的合理范围。

---

① 张新宝，昌雨莎．已公开裁判文书中个人信息的保护与合理利用．华东政法大学学报，2022（3）：15－16.

（四）阻断合法性的例外情形

《个人信息保护法》第 27 条设置了“个人明确拒绝”和“对个人权益有重大影响”两项例外情形，作为已公开个人信息处理的合法性阻断事由。

其一，作为合法性阻断事由的“个人明确拒绝”。在个人自行公开的情形下，信息主体可以通过明确拒绝的方式来推翻推定同意，以维护其个人的偏好与意愿。在合法强制公开的情形下，信息主体也可以通过明确拒绝来阻断个人信息处理的合法性，但这一拒绝权的行使条件较为苛刻：首先，当对合法强制公开的个人信息的处理符合强制公开的利益保护目的（因此具有合法性基础），而且处理的方式与实现上述利益保护目的直接相关且对个人权益损害最小（因此是在合理范围内处理）时，此种个人信息处理原则上就属合法。然而，此种情形中个人信息权益受到的侵害有可能仍然大于上述个人信息处理所欲保护的公共利益，此时，个人才能通过明确拒绝阻断个人信息处理的合法性。其次，当对合法强制公开的个人信息的处理不符合强制公开的利益保护目的，或处理范围超出实现此目的的最小限度时，相应的处理行为便属于非法处理，作为合法性阻断事由的个人明确拒绝也因此无从适用。

其二，作为合法性阻断事由的“对个人权益有重大影响”。从我国立法来看，“重大”往往是表征利益衡量发生转折的立法术语，对“重大”的认定即判断在何种情形下应当优先保护个人权益而禁止未经同意的处理活动。[①] 当个人信息权益面临较大风险，例如已公开个人信息属于敏感个人信息时，应当通过“对个人权益有重大影响”阻断相关个人信息处理的合法性。同时，信息主体对此类个人信息处理的同意应适用《个人信息保护法》有关取得个人同意的一般与特殊规定，后者包括单独同意与书面同意。

第二节　敏感个人信息处理规则

一、敏感个人信息的概念界定

《个人信息保护法》根据敏感性的不同，将个人信息分为敏感个人信息与一般个人信息，针对不同的类别设置了不同的处理规则。对于敏感个人信息的处理

---

① 宁园．“个人信息已公开”作为合法处理事由的法理基础和规则适用．环球法律评论，2022（2）：83.

必须遵循更为严格的处理规则。敏感个人信息是一旦泄露或者非法使用，容易导致自然人的人格尊严受到侵害或者人身、财产安全受到危害的个人信息。《个人信息保护法》第 28 条列举了生物识别、宗教信仰、特定身份、医疗健康、金融账户、行踪轨迹以及不满 14 周岁未成年人的个人信息共七类敏感个人信息，并用“等”字为其他的个人信息被归入敏感个人信息留出了空间。

（一）敏感个人信息的定义

敏感个人信息的核心要素在于“敏感性”。“敏感”一词从个体层面的理解和从社会层面的理解不同。个体层面的敏感与个人的感受或关切有关，具有很大的个体差异性。比如，有人认为自己的考试成绩具有高度敏感性，有些人则不然；有些明星认为年龄、身高、体重具有高度敏感性，但大部分人并不如此认为。因此，仅从主观角度理解敏感，可能会导致法的不确定性，因而在比较法上，例如欧盟的《一般数据保护条例》中采纳了“特殊类型个人数据”的概念，以规避“敏感”一词的主观不确定性及含糊性。从个人角度对敏感的理解，对于确定某类信息是否是敏感个人信息具有一定的参考和指导意义，尤其是已经被纳入敏感个人信息保护的几类个人信息，个别人可能并不认为其“敏感”，比如有人喜欢在社交网站晒工资收入（工资收入一般可为金融账户信息所囊括），就该特定人而言，工资收入信息在客观上就不存在敏感性。

社会层面的敏感与社会一般认知的重大利益有关，是社会多数人的共同心理，在很大程度上也与一国的政治、经济、文化等社会状况息息相关，比如英国人对工资情况大多三缄其口，而瑞典则一直以来都有公开工资收入的传统。此外中国法上列举的敏感个人信息范畴与欧盟《一般数据保护条例》第 9 条规定的特殊类型个人数据也并不相同①，这也反映出不同国家不同区域的公众对敏感在心理认知上的差异。

在立法时，立法者对敏感个人信息进行特殊规定，主要是考虑到此类信息一旦泄露或者非法使用，极易导致自然人的人格尊严受到侵害或者人身、财产安全受到危害，因此，对处理敏感个人信息的活动应当作出更加严格的限制。② 这一考虑是从风险角度进行阐释的，主要规范了风险的对象及风险的概率两个维度。风险的对象包括人格尊严及人身、财产安全，“人格尊严及人身、财产安全”的范围远大于隐私权的范围，基本包含了与个人信息有关的具体人格权及一般人格权的范畴，甚至包括财产危害的内容；风险的概率为容易导致，“容易导致”是

---

① 《一般数据保护条例》第 9 条规定的特殊类型个人数据包含了种族、政治观点、宗教或哲学信仰、工会成员资格、基因数据、生物数据、健康、性生活或性取向等。

② 杨合庆．中华人民共和国个人信息保护法释义．北京：法律出版社，2022：94.

指产生风险的概率极高，这是与一般个人信息进行对比的结果。

（二）法律具体列举的六类典型敏感个人信息

结合我国实际及有关法律法规规定，我国立法列举了生物识别、宗教信仰、特定身份、医疗健康、金融账户、行踪轨迹以及不满14周岁未成年人的个人信息共七类敏感个人信息。由于不满14周岁的未成年人的个人信息是以主体的身份和年龄为标准判断的，和前六类依据信息性质作为敏感个人信息的信息显著不同，故对其单独讨论。以下六类敏感个人信息，是立法认可的一旦泄露或者非法使用，容易导致自然人的人格尊严受到侵害或者人身、财产安全受到危害的个人信息。

1. 生物识别信息

生物识别信息，也称“个人生物特征”“个人生物识别信息”，是指关于自然人的身体、生理或行为特征的信息，包括人脸、指纹、声纹、掌纹、基因、虹膜、耳郭等信息。生物识别信息具有唯一性，难以或无法改变，通过这些信息能识别到特定自然人。比如指纹信息，不仅人和人之间的指纹信息完全不同，即便同一个人的不同手指的指纹也迥然有异。此外，根据《最高人民法院关于审理使用人脸识别技术处理个人信息相关民事案件适用法律若干问题的规定》第1条第3款，人脸信息属于《民法典》第1034条规定的生物识别信息，生物识别信息属于敏感个人信息，因此物业公司收集业主人脸信息，即是处理敏感个人信息的行为。无论是指纹，还是人脸等生物识别信息，都具有不可替代性，都能识别到具体的自然人，一旦被伪造用于违法犯罪活动，势必会给信息主体的人身、财产安全造成损害。

2. 宗教信仰信息

所谓宗教信仰信息，是指个人是否信仰宗教，以及信仰何种宗教、信仰的程度如何等个人信息。我国《宪法》第36条保障公民宗教信仰自由。任何国家机关、社会团体和个人不得强制公民信仰宗教或者不信仰宗教，不得歧视信仰宗教的公民和不信仰宗教的公民。国家保护正常的宗教活动，任何人不得利用宗教进行破坏社会秩序、损害公民身体健康、妨碍国家教育制度的活动。宗教团体和宗教事务不受外国势力的支配。宗教信仰信息属于敏感个人信息，此类信息的泄露和非法使用容易引起宗教上的仇视、对个人的偏见和不公平的对待，尤其是在那些有着宗教不宽容历史的国家或地区。①

3. 特定身份信息

特定身份信息是指对个人人格尊严和社会评价有重大影响的身份信息，特别

① 程啸．个人信息保护法理解与适用．北京：中国法制出版社，2021：262.

是那些可能导致社会歧视的身份信息。[①] 特定身份信息是在《个人信息保护法》的正式稿中被加进来的，最初并未在《个人信息保护法（草案）》中被规定。其含义非常广泛，既包括身份证、军官证、护照、驾驶证等，还包括职业身份，同时也可能包含种族身份、民族身份。因此，后续司法解释对特定身份信息内涵和外延的界定非常重要。

4. 医疗健康信息

医疗健康信息在各国的个人信息保护法律规范中，都被认为是敏感或特殊类型的个人信息。其范围也非常广泛，既包括个人的就诊记录、用药记录、病史、身体症状等在医疗活动中产生的信息，还包括体重、心率、身高、肺活量等衡量个人健康状况的信息。个人的身体健康状况，直接关系到个人的人格尊严、人身财产安全。比如，艾滋病病毒（HIV）感染者或乙型肝炎患者，很可能在就业等社会活动中面临被歧视的风险；患者患有某些罕见癌症的医疗信息，一旦被不法分子非法利用或滥用，很可能导致财产诈骗。

5. 金融账户信息

金融账户信息既包括银行账户、证券账户、支付宝账户等，还包括账户密码、支付口令、交易记录等。此类信息与个人的财产安全息息相关，一旦被不法分子收集和利用，极易导致财产损失，因此《个人信息保护法》在草案时期就一直将该类信息规定为敏感个人信息。

6. 行踪轨迹信息

行踪轨迹信息，包括个人所处地理位置、活动地点和活动轨迹等信息。[②] 例如，明星的航班信息被法院认定系行踪轨迹信息。但是，理论上人们对于行踪轨迹信息的内涵和外延有较大争议，比如：地理位置要精确到何种程度，省、市还是明确的经纬度？是否包含出行时间、出行方式等？行踪轨迹信息是否包含手机位置信息？目前这些问题并无定论，还需有关机关的进一步解释。

二、敏感个人信息的要素判断

除上述六种明确被列举为敏感个人信息的信息之外，敏感个人信息和非敏感个人信息之间还存在互相转化的可能。一方面，处理个人信息的目的与信息的敏感性密切相关。如获取车辆信息是为了确定其行踪轨迹，相较于获取该信息是为了推销保险，二者目的不同，信息主体对该信息是否敏感的感受也就存在明显不

① 杨合庆．中华人民共和国个人信息保护法释义．北京：法律出版社，2022：86.

② 杨合庆．中华人民共和国个人信息保护法释义．北京：法律出版社，2022：86.

同。因此，单就车辆信息本身，很难评判其到底是属于敏感个人信息还是一般个人信息。另一方面，信息处理的场景也会影响对敏感性的判断。同一信息在不同的场景中，可能落入不同的分类之中。另外，有些个人信息单独看是不敏感的，但是一旦结合其他信息就具有了身份识别性，从而变得“敏感”。姓名、性别、工作单位等信息都是人们社会交往活动中最重要的媒介信息，单独看并不敏感，但这些信息一旦与详细的地址信息结合起来，就有可能是敏感的。因此，判断某类信息是否属于敏感个人信息，应当有一定的归入和择出标准。

对敏感性的判断，必须结合场景要素进行综合判定，这已经形成基本共识。[①] 场景中需要考虑的变量可以被归纳为五个要素：信息主体、信息处理者、第三方主体、信息性质、处理目的。

（1）信息主体。信息主体的年龄、身份甚至性别会影响个人信息的敏感性，比如是否是未成年人、是否有犯罪记录、是否是女性等。其中，未成年人个人信息以及特定身份信息已经为《个人信息保护法》第 28 条第 1 款所列举。

（2）信息处理者。一是信息处理者的规模会导致信息由非敏感变为敏感，二是信息处理者掌握的技术可能会使信息由非敏感变成敏感。

（3）第三方主体。第三方主体往往是敏感个人信息的接收方，其与信息处理者或信息主体的关系可能会影响信息的敏感度，比如信息处理者的委托处理方相较信息主体指定的信息接收方一般而言更具敏感性。但有些场景中可能并不存在第三方主体，比如收集信息。

（4）信息性质。尽管必须承认有些信息可能与信息主体的人格尊严和人身、财产安全关系更为密切，但需特殊考虑的信息类型应尽量限缩，且信息性质不应当成为单独的考量因素。

（5）处理目的。首先，目的原则作为个人信息保护的“帝王原则”，也是处理敏感个人信息的必要前提（《个人信息保护法》第 28 条第 2 款）；其次，处理目的是否合法、正当、必要，是个人信息保护影响评估的重要内容。换言之，若处理目的不合法、不正当、不必要，对信息主体的风险就会显著升高，个人信息在该情形下也可能具有高度的敏感性。

未来根据《个人信息保护法》第 62 条第 2 项的授权，国家网信部门在制定敏感个人信息相关保护细则和标准时，可以考虑结合上述要素和社会发展情况对敏感个人信息的类型进行归入和择出的动态调整。

---

① 王利明．敏感个人信息保护的基本问题：以《民法典》和《个人信息保护法》的解释为背景．当代法学，2022（1）：6-8；宁园．敏感个人信息的法律基准与范畴界定：以《个人信息保护法》第 28 条第 1 款为中心．比较法研究，2021（5）：41；张勇．敏感个人信息的公私法一体化保护．东方法学，2022（1）：69.

三、处理敏感个人信息的条件

由于敏感个人信息对个人的人格尊严和人身、财产安全有重大影响，因此，对其处理应当更加严格。个人信息处理者处理敏感个人信息，必须具备两个前提条件：一是要具有特定的目的和充分的必要性，二是应当采取严格保护措施。

（一）特定目的和充分必要性

《个人信息保护法》第 6 条规定了目的特定原则和最小必要原则："处理个人信息应当具有明确、合理的目的，并应当与处理目的直接相关，采取对个人权益影响最小的方式。收集个人信息，应当限于实现处理目的的最小范围，不得过度收集个人信息。"所谓的特定目的和充分必要性，实际上是对目的特定原则和最小必要原则在敏感个人信息处理中的具体化。对于敏感个人信息的处理，除遵循目的特定原则和最小必要原则外，还应当遵循非必要不处理原则，《个人信息保护法》第 28 条第 2 款中用了"只有"二字对此进行强调。

（二）严格保护措施

《个人信息保护法》第 9 条规定了安全原则，要求个人信息处理者"采取必要措施保障所处理的个人信息的安全"，而对于敏感个人信息的处理，必须遵循严格保护措施，也就是说，应当比一般个人信息的处理更严格、更安全。首先，应当在制度、技术、管理和应急等方面采取更严格的措施（《个人信息保护法》第 51 条）。其次，应当按照《个人信息保护法》第 55 条和第 56 条的要求，对敏感个人信息的处理进行个人信息保护影响评估，并对处理情况进行记录，判断和评估处理目的、处理方式等是否合法、正当、必要，所采取的保护措施是否合法、有效并与风险程度相适应。

四、处理敏感个人信息的特殊要求

（一）单独同意与书面同意

处理敏感个人信息比处理一般个人信息具有更高的风险性，因此对于敏感个人信息的处理，会比一般个人信息的处理有更高的要求。根据《个人信息保护法》第 13 条第 1 款第 1 项的要求，个人信息处理者在"取得个人的同意"的情形下可以处理个人信息，但是对于敏感个人信息，则必须取得单独同意，在特殊情况下须取得书面同意。

所谓的单独同意，结合《个人信息保护法》第 14 条的规定，应当在个人充分知情的前提下自愿、明确作出。同时，针对该条规定的信息的收集、存储、使用、加工、传输、提供、公开、删除等处理，都必须单独获得同意，避免与一般个人信息的处理所获得的同意混淆。换言之，一揽子同意针对敏感个人信息是无效的。2023 年 5 月 23 日出台的国家推荐性标准《信息安全技术 个人信息处理中告知和同意的实施指南》中认为，单独同意是一种增强的同意方式，在实施上有一些特别的要点，包括“形成需执行单独同意的清单”“需通过增强告知的方式”“需选择明示同意的方式”“选择易于展示、便于操作的具体实施方案”等。

所谓的书面同意，是指在法律法规有特殊规定的情形下，获得信息主体的敏感个人信息必须经过书面同意，个人信息处理者需以纸质或数字电文等有形地表现所载内容，并由个人通过主动签名、签章等形式取得个人同意。[①] 比如《征信业管理条例》第 18 条规定，向征信机构查询个人信息的，应当取得信息主体本人的书面同意并约定用途。

（二）告知的特殊性

“告知—同意”规则是个人信息处理的基本规则之一。处理敏感个人信息的告知与处理一般个人信息的告知的不同之处在于：除《个人信息保护法》第 17 条第 1 款规定的需要告知的事项外，还需要另外向信息主体告知处理敏感个人信息的必要性以及对个人权益的影响。

处理必要性在处理行为开始之前就应当已经明确，因为如果没有处理的必要性，就不符合《个人信息保护法》第 28 条第 2 款规定的处理的前提条件；对个人权益的影响，则涉及事前的个人信息保护影响评估，即该处理者处理敏感个人信息是否具备条件，会否对个人信息产生不合理的严重影响，影响评估的结果如何，等等。告知上述事项，也是为了确保个人能充分知晓处理敏感个人信息的风险性，并在此基础上作出审慎的同意决定。

五、未成年人个人信息的保护

未成年人个人信息是否属于敏感个人信息在理论上存在一定的争议。比较法上，欧盟《一般数据保护条例》中的儿童个人信息不属于特殊类型个人数据。根据我国《个人信息保护法》的规定，不满 14 周岁的未成年人的所有个人信息都

---

① 参见《信息安全技术 个人信息处理中告知和同意的实施指南》(GB/T 42574—2023) 第 9.4 条“书面同意的实施”。

属于敏感个人信息，其范围远远大于 14 周岁以上的其他未成年人及成年人的敏感个人信息的范畴。也就是说，不仅不满 14 周岁的未成年人的人脸、声音、行踪轨迹等属于敏感个人信息，就连不满 14 周岁的未成年人的姓名、性别、年龄、身高等都属于敏感个人信息。

（一）需特殊保护的未成年人的年龄的确定

除了《个人信息保护法》第 31 条对处理未成年人信息的原则性规定，未成年人个人信息保护还涉及三部法律法规：《未成年人保护法》《未成年人网络保护条例（征求意见稿）》《儿童个人信息网络保护规定》。根据《未成年人保护法》的规定，未满 18 周岁的公民是未成年人，但上述法律文件均将 14 周岁作为强制需要监护人同意的分界线：《个人信息保护法》第 31 条第 1 款规定，个人信息处理者处理不满 14 周岁未成年人个人信息的，应当取得未成年人的父母或者其他监护人的同意。《未成年人保护法》第 72 条第 1 款第二句也规定："处理不满十四周岁未成年人个人信息的，应当征得未成年人的父母或者其他监护人同意，但法律、行政法规另有规定的除外。"《未成年人网络保护条例（征求意见稿）》第 35 条规定，个人信息处理者基于个人同意处理不满 14 周岁未成年人个人信息的，应当取得未成年人的监护人同意。《儿童个人信息网络保护规定》第 2 条规定："本规定所称儿童，是指不满十四周岁的未成年人。"对于未成年人个人信息保护的年龄的设定，各个国家和地区的立法有所不同，如：《联合国儿童权利公约》规定的儿童是指未满 18 周岁的未成年人；美国《儿童网络隐私保护法》要求的是 13 周岁以下的儿童的个人信息的处理必须获得家长或其他监护人的同意；而欧盟《一般数据保护条例》将儿童界定为不满 16 周岁的未成年人，并赋予成员国自己划定监护人同意的年龄标准的权力，因此欧盟各国对年龄标准划分不一，比如德国、西班牙划定 14 岁，而荷兰划定 16 岁。

我国《儿童个人信息网络保护规定》确认 14 周岁以下作为儿童的年龄，主要是考虑到未成年人触网年龄趋低、新生代"互联网原住民"等特点，为了确保监管措施的针对性、有效性，在保护未成年人个人信息方面，对被保护群体作进一步细分。对于一定年龄以上的未成年人来说，其互联网认知水平和操作水平已经不亚于成年人，适用一般的个人信息保护规则就能够满足实际需要，因此，以 14 周岁为界线，主要保护不满 14 周岁的未成年人。但对于应当将 13 周岁、14 周岁还是 16 周岁作为需要监护人同意的分界线，各国立法的论证均不够充分。比如在美国自《儿童网络隐私保护法》出台以来，对年龄的质疑从未中断，许多学者认为放弃对 13 周岁以上 18 周岁以下的青少年群体的网络隐私保护是不合理的，因为处在叛逆期的青少年常常无法认清自身行为的后果，会在社交媒体上过度暴露自己的隐私信息，他们同样需要监护人的保护。同时，并不排除随着社会观念的变化和未成年人使用网络情况的发展，未来需特殊保护的未成年人的年龄也可能随之改变。

（二）未成年人父母或者其他监护人的同意

《个人信息保护法》确立了处理不满 14 周岁的未成年人个人信息应取得监护人同意的规则，这一规定也是国际社会通行的处理未成年人个人信息的规则。亲权及监护权源于对未成年人的特殊照顾和保护的需要，由于儿童的脆弱性，其无法理性且成熟地作出自己的决定，所以儿童的权利应当受到一定的限制，其不能拥有与成人完全相同的权利，立法需要限制其自主性来保护他们。因此，监护人作为未成年人的代理人行使其对未成年人个人信息的控制权，这也是目前立法规定在未成年人个人信息收集、处理前需要获得监护人同意的理论根源。

但是如何取得监护人的可验证的同意，《个人信息保护法》并未进一步明确。《儿童个人信息网络保护规定》第 9 条要求网络运营者收集、使用、转移、披露儿童个人信息的，应当以显著、清晰的方式告知儿童监护人，并应当征得儿童监护人的同意。同时，既然《个人信息保护法》将不满 14 周岁的未成年人个人信息视为敏感个人信息予以保护，那么敏感个人信息的处理规则自然应当同时适用于处理不满 14 周岁的未成年人个人信息，也就是说，监护人的同意必须是单独同意，或是法律、行政法规要求下的书面同意。《信息安全技术　个人信息处理中告知和同意的实施指南》中对取得监护人同意的方式方法作出了一定的规定："如产品或服务的目标人群为不满 14 周岁的未成年人的，可采取未成年人不易绕过的方式引导未成年人向其监护人转达相关告知内容，并取得监护人的单独同意"。"例如，要求提供未成年人监护人的联系方式，或设置需要由未成年人监护人作出单独同意的步骤，通常属于不易绕过的方式。"①

（三）未成年人个人信息处理规则

不满 14 周岁的未成年人个人信息的处理规则，应当与其他的个人信息处理规则有所不同。在《个人信息保护法》出台前，国家互联网信息办公室就已经制定了《儿童个人信息网络保护规定》，该规定专门针对未成年人的个人信息处理，共计 29 条，包括网络运营者处理未成年人个人信息时应当告知的具体事项，网络运营者在收集、存储、使用、转移、披露儿童个人信息过程中的具体义务，以及儿童或者其监护人所享有的相应的权利，等等。

---

① 参见《信息安全技术　个人信息处理中告知和同意的实施指南》（GB/T 42574—2023）第 9.3.5 条"处理敏感个人信息"。

需要注意的是，未成年人个人信息保护除了监护人同意这一方式，信息处理者应该为监护人提供一整套便捷易用的工具，如密码保护、阻止/允许列表、年龄验证及信息过滤等，帮助监护人为儿童（特别是年幼的儿童）创造安全的网络环境。

第三节　国家机关处理个人信息特别规则

一、概述

（一）“综合立法”模式

进入信息时代，基于监管治理和公共服务的需要，国家机关海量、深度地收集、分析和使用个人信息，由此成为重要的个人信息处理者，其现实影响甚至远超大型平台。“国家机关是个人信息最大的处理者和持有者，只有规范好了国家机关的个人信息处理行为和保障其安全，才能真正保护好个人信息。”① 纵观全球个人信息保护法律制度，对于国家机关或者说公权机关的个人信息处理活动，存在两种规制模式：一种是“综合立法”模式，即一部统一的个人信息保护法同时适用于私人主体和公权主体，典型的如欧盟《一般数据保护条例》、韩国《个人信息保护法》等。另一种是“分散立法”模式，典型的如美国 1974 年《隐私法案》仅适用于联邦政府，不适用于私人主体，后者分领域适用专门的隐私保护立法，包括电信、金融、征信、健康、教育等领域。②

在上述两种模式之间，我国《个人信息保护法》最终选择了“综合立法”模式，但考虑到两种处理者之间确实存在差异，故在第二章第三节明确“国家机关处理个人信息的特别规定”，并于第 33 条规定：“国家机关处理个人信息的活动，适用本法；本节有特别规定的，适用本节规定。”可见，同私人主体一样，国家机关也是《个人信息保护法》的规制对象，除了两种例外情形，适用与私人主体相同的个人信息保护法规则：一种例外情形是《个人信息保护法》明确规定只适用于私人主体的个人信息处理者的情形，例如《个人信息保护法》第 58 条针对的是“提供重要互联网平台服务、用户数量巨大、业务类型复杂的个人信息处理

---

① 朱宁宁．国家机关如何管好个人信息　法律不能回避：专家建议进一步明确国家机关共享个人信息规则．法治日报，2020－11－24（6）．

② 高飞．中华人民共和国个人信息保护法解读．北京：中国法制出版社，2022：115－116．

者”，不包括国家机关。[①] 另一种例外情形是《个人信息保护法》第二章第三节明文确立的特别规定，这是本节介绍的重点。

（二）国家机关的界定

根据《个人信息保护法》第 33 条和第 37 条，个人信息保护领域的国家机关包括两类：一是“国家机关”；二是“准国家机关”，即“法律、法规授权的具有管理公共事务职能的组织”。

何谓“国家机关”?《个人信息保护法》并未详细界定，但对其内涵可参照先前立法来理解。在过往民事与刑事法律适用实践中，“国家机关”是指“国家为实现其政治统治职能和管理职能而设立的国家机构的总称”，具体包括立法、行政、军事、监察、审判、检察机关等，也包括党的机关、人民政协机关、民主党派机关等。

根据《个人信息保护法》第 37 条，“准国家机关”是指“法律、法规授权的具有管理公共事务职能的组织”，通常简称为“法律、法规授权组织”。此类组织在严格意义上并不属于国家机关，但在现实中行使公权力。根据《行政处罚法》《行政许可法》《行政强制法》等法律的规定，此类组织在法定授权范围内，有权以自己的名义实施行政处罚、行政许可、行政强制等行政行为，并且因此作为行政主体并成为行政复议、行政诉讼的适格被复议人、被告。早在 2008 年，《政府信息公开条例》第 36 条就将法律、法规授权组织纳入政府信息公开法制框架，规定其承担与行政机关相同的信息公开义务。因此，《个人信息保护法》延续传统，将此类“准国家机关”也一并纳入适用对象范围。

二、国家机关处理个人信息的合法性基础

《个人信息保护法》第 34 条规定：“国家机关为履行法定职责处理个人信息，应当依照法律、行政法规规定的权限、程序进行，不得超出履行法定职责所必需的范围和限度。”通常认为，这是对国家机关处理个人信息合法性基础的特别规定。但关于这是否就是唯一的合法性基础，学界存在两种不同看法。

一种看法认为，国家机关处理个人信息只能基于履行法定职责所必需，理由是：第一，“法无授权不可为”是国家机关行使公权力的基本要求，不应以个人是否同意作为基础，否则就会出现“公共目标”与“个人意志”的错位，甚至对个人构成公法上的不对称权力优势，使“个人同意”的真实性、自主性大打折

① 张新宝．《中华人民共和国个人信息保护法》释义．北京：人民出版社，2021：266.

扣；第二，国家机关为应对突发事件而处理个人信息，或在合理的范围内处理个人自行公开或者其他已经合法公开的个人信息，依然是基于法定职责，可以视为法定职责的具体表现，并不构成独立的合法性基础。[①]

另一种看法则认为，国家机关处理个人信息除了法定职责，还具有多重合法性基础，理由如下：第一，从文义解释的角度看，《个人信息保护法》第 34 条仅仅是规定如果国家机关选择以履行法定职责作为处理个人信息的合法性基础，那就一定要严守法定职责的边界，而不是说只能以履行法定职责作为合法性基础。第二，从体系解释的角度看，《民法典》第 1036 条允许在信息主体同意的范围内处理个人信息、合理处理已经公开的个人信息、为维护公共利益或信息主体合法权益合理处理个人信息。作为个人信息处理者的国家机关可以而且应当适用《民法典》规定的这些合法性基础。同时，《个人信息保护法》第 13 条规定了依法履职之外的六项个人信息处理合法性基础，鉴于《个人信息保护法》第 33 条规定“国家机关处理个人信息的活动，适用本法”，故国家机关处理个人信息亦可适用《个人信息保护法》第 13 条。第三，国家机关具有多元合法性基础，并不违反“法无授权不可为”的基本公法原则，也不会造成对个人的不对称权力优势。因为多元合法性基础本身都是法律所明文规定的，不存在法外或违法情形，法定职责之外的合法性基础具体适用也都有严格限定，除非滥用，否则不会导致个人处于被压制的状态。第四，国家机关处理个人信息除法定职责外的其他合法性基础并不能被“压缩”进法定职责，例如，并不是每个国家机关都依法享有应对突发事件的权力，但仍旧可以依法基于应对突发事件所必需来处理个人信息。第五，参与《个人信息保护法》制定工作的相关人员也认为：除法定职责外，国家机关根据《个人信息保护法》第 13 条规定的其他合法性基础，也可以处理个人信息。[②]

据此，在多元合法性基础的视野下，结合《个人信息保护法》第 13 条和第 34 条，国家机关处理个人信息的合法性基础在理论上包括七项。其中，“为公共利益实施新闻报道、舆论监督”而合理处理个人信息不适用于国家机关，因为在我国，新闻报道活动采许可制的管理模式，无论线下或线上，都有国家机关参与新闻报道。比如大量线下纸媒实际上就是机关报，例如《北京日报》《解放日报》等；线上亦是如此，如人民网、中央广播电视总台、政务发布平台等。这些主体并不能依据《个人信息保护法》第 13 条第 1 款第 5 项规定的“新闻报道”来处理个人信息，而应以第 13 条第 1 款第 3 项规定的履行法定职责为合法性基础，因其法定职责就是新闻报道。而舆论监督的主体是人民，且无须事前许可；国家机关并非舆论监督的主体，而是对象，不能基于舆论监督的需要处理个人信息。

---

① 王锡锌．行政机关处理个人信息活动的合法性分析框架．比较法研究，2022（3）：96－97.

② 杨合庆．中华人民共和国个人信息保护法释义．北京：法律出版社，2022：94－95.

故国家机关处理个人信息具有以下六种合法性基础。

（一）为履行法定职责所必需

关于何谓“法定职责”，理论界争议的焦点在于这里的“法”之范围是否仅限于法律、行政法规。有学者认为答案是肯定的，理由是：第一，根据“法律保留”原则，由于个人信息权益是在《民法典》《个人信息保护法》等法律层面设定的，限制这项权益的“法定职责”的规范依据，应当与设定该权益的规范处在“同一”法律位阶。第二，《个人信息保护法》第 34 条规定：“国家机关为履行法定职责处理个人信息，应当依照法律、行政法规规定的权限、程序进行，不得超出履行法定职责所必需的范围和限度。”这里，“应当依照法律、行政法规规定的权限、程序进行”，可以理解为《个人信息保护法》通过授权，将“法定职责”扩展到包括法律、行政法规规定的职责之范围。第三，坚持“法定”必须由法律、行政法规来定，有助于抑制现实中行政机关自我赋权的冲动，防止其通过自我赋权扩张职权职责，过度处理个人信息，避免《个人信息保护法》第 34 条所规定的“不得超出履行法定职责所必需的范围和限度”被架空。[①] 与此相对，也有学者主张“法定职责中的‘法’是广义的法，既包括全国人大及其常委会颁布的法律，也包括行政法规、地方性法规、部门规章和地方政府规章等规范性法律文件”[②]。

基于如下理由，后一种观点，即“法定”的广义说，更为合理：第一，《个人信息保护法》第 37 条将“法律、法规授权的具有管理公共事务职能的组织”视同国家机关，意味着法定职责不限于法律或行政法规授权，至少还包括地方性法规授权。第二，现实中，规章甚至规章以下规范性文件对国家机关的授权极为常见，若预先排除，将严重阻碍正常的公务。例如《行政许可法》第 15 条中规定：“尚未制定法律、行政法规和地方性法规的，因行政管理的需要，确需立即实施行政许可的，省、自治区、直辖市人民政府规章可以设定临时性的行政许可。”行政机关在实施规章授权设定的行政许可过程中，若不能依据法定职责获取行政许可申请者的信息，会给行政管理造成极大的障碍，也会使《个人信息保护法》第 1 条规定的“促进个人信息合理利用”之目的落空。第三，对法定职责之“法”作广义解释，使之包括规章及规章以下的规范性文件，并不必然架空法定职责之约束，因为即便下位规范违背上位法授权，也可通过行政复议或行政诉讼的附带审查来确认国家机关越权处理个人信息。第四，《个人信息保护法》第

① 王锡锌．行政机关处理个人信息活动的合法性分析框架．比较法研究，2022（3）：98－99；龙卫球．中华人民共和国个人信息保护法释义．北京：中国法制出版社，2021：162.

② 程啸．个人信息保护法理解与适用．北京：中国法制出版社，2021：132.

34 条中“应当依照法律、行政法规规定的权限、程序进行”之表述，不应被理解为把“法定”的范围限于法律、行政法规，而是在强调履行法定职责不能沦为处理个人信息的空泛借口，而应是真实的依法履职。因此，《个人信息保护法》第 13 条第 1 款第 3 项和第 34 条中的“法定职责”应理解为公开、有效、不违反上位法的任何法规范授予国家机关的职责。

关于何谓“所必需”，根据《个人信息保护法》第 5 条、第 6 条规定的必要原则和目的限定要求，应采用比例原则展开分析，具体包括：第一，适当性分析，即考察处理个人信息是否与履行法定职责直接相关，是否有助于法定职责的落实。比如为了履行疫情防控的法定职责，各地疾控机构有权收集公民姓名、身份证号、联系电话、健康情况、地理位置及行踪等个人信息，因为这些信息与疫情防控直接相关。但一些地方还收集既往病历、作息时间等与疫情防控并无直接关联的个人信息，就属于违法过度收集。第二，必要性分析，即考察法定职责是否可以通过特定个人信息处理活动以外的、能同等实现法定职责的目的但对个人权益影响更小的非处理手段或者其他处理方式来履行，如有则不应进行特定个人信息处理。简言之，凡是履行法定职责能够不处理或少处理个人信息的，就应当不处理或少处理。第三，相称性分析，又称狭义比例原则分析，即考察国家机关处理个人信息对履行法定职责的收益和对个人信息权益的干预之间是否平衡。例如，我国《宪法》第 40 条严格限定处理通信信息仅能为了追查刑事犯罪和维护国家安全，正是因为通信信息具有极强的人身属性，与人格尊严紧密关联，只有基于极其重大的公共利益才能合法干预。

（二）取得个人的同意

国家机关与个人之间存在天然的权力不平等关系，个人的同意很难讲是真正自愿的。但这并不意味着同意就被彻底排除出公权机关处理个人信息的合法性基础，因为我国国家机关与公民个人之间并非任何时候都存在不平等关系，典型的如国家机关与公民个人之间发生民事法律关系时，例如国家机关向公民个人购买服务时，双方就是平等关系。因此，有必要给国家机关依据同意处理个人信息留出空间，尽管此种情形是较为罕见的。值得注意的是，为了避免国家机关借助自身的权力优势，以获取信息主体同意之名，行规避法定职责之实，在国家机关使用同意作为处理个人信息的合法性依据时，应确保同意是真实、自愿、不受胁迫而作出的。参考《个人信息保护法》第 16 条规定的“个人信息处理者不得以个人不同意处理其个人信息或者撤回同意为由，拒绝提供产品或者服务”，可将具体判断标准确定为：只有在个人不同意或撤回同意完全不影响获得国家机关的给付，也不会招致国家机关的不利对待时，该同意才是有效的。

（三）为订立、履行合同或实施人力资源管理所必需

国家机关作为平等民事主体在与自然人签订民事合同时，比如民政局向个人采购办公用品，就需要获得供货人的账户信息以支付账款。此时，由于处理个人信息是履行合同所必需的，故可不以同意作为处理个人信息的合法性基础，而援引《个人信息保护法》第 13 条第 1 款第 2 项的“为订立、履行个人作为一方当事人的合同所必需”作为依据。同理，国家机关在因管理需要处理其工作人员的个人信息时，也可以《个人信息保护法》第 13 条第 1 款第 2 项的“按照依法制定的劳动规章制度和依法签订的集体合同实施人力资源管理所必需”作为合法性基础，无须征得同意。

（四）为应对突发公共卫生事件或者紧急情况下保护自然人人身财产安全所必需

《传染病防治法》第 18 条规定，各级疾病预防控制机构履行收集、分析和报告传染病监测信息的职责；《突发事件应对法》第 38 条第 1 款规定，“县级以上人民政府及其有关部门、专业机构应当通过多种途径收集突发事件信息”；《安全生产法》第 79 条规定，国务院应急管理部门牵头建立全国统一的生产安全事故应急救援信息系统，推行网上安全信息采集；《网络安全法》第 57 条规定，因网络安全事件，发生突发事件或者生产安全事故的，应当依照《突发事件应对法》《安全生产法》等有关法律、行政法规的规定处置。上述规定授权特定国家机关为应对突发公共卫生事件或其他紧急事件而处理个人信息，此时国家机关应以依法履职而非应急必需作为处理个人信息的合法性依据。某国家机关未经上述法律、法规授权，不具有应急的法定职责，亦未经信息主体同意的，原则上就不得基于防疫需要来处理个人信息；但此时，该国家机关可以援引《个人信息保护法》第 13 条第 1 款第 4 项来处理个人信息。此等处理行为由于不具有法律、法规的明文授权，根据行政应急性原则，须在事后接受审查，确认属于应急所必需的，方能免责；若被判定为不能免责，则应承担国家赔偿责任；即便免责，根据《民法典》第 182 条第 2 款，仍应给予适当补偿。[①]

（五）合理处理已自愿或合法公开的个人信息

《个人信息保护法》第 27 条规定：“个人信息处理者可以在合理的范围内处理个人自行公开或者其他已经合法公开的个人信息；个人明确拒绝的除外。个人信息处理者处理已公开的个人信息，对个人权益有重大影响的，应当依照本法规

---

① 彭錞．再论行政应急性原则：内涵、证立与展开．中国法学，2021（6）：76－78.

定取得个人同意。”上述规定对国家机关同样适用，但须明确以下四点适用条件：第一，公开是指对世公开，而非有限范围内的披露，比如国家机关不能以个人信息已公布于公司内网作为处理该个人信息的合法性依据。第二，公开必须出于自愿或依法为之，否则不得处理。这要求国家机关在处理公开的个人信息前，承担合理的注意义务去查明、确认该公开确实基于个人自愿或合法。第三，对公开信息的处理必须是合理的。对国家机关而言，这里的“合理”是指其处理个人信息追求的公共目标与处理对个人信息权益造成的干预成比例。第四，在信息主体明确拒绝时，国家机关不得处理公开的个人信息；对信息主体个人权益有重大影响的个人信息，原则上不得处理，实在需要处理的应当转而寻求《个人信息保护法》第 13 条第 1 款第 1 项规定的同意作为合法性基础。

（六）法律、行政法规规定的其他情形

根据《个人信息保护法》第 13 条第 1 款第 7 项，法律、行政法规有特别规定的，国家机关也可处理个人信息。需强调的是，此项规定不能与依法履职相混同，即“法律、行政法规规定的其他情形”不能是国家机关的职责，否则可径直适用《个人信息保护法》第 13 条第 1 款第 3 项。例如《个人信息保护法》第 72 条第 2 款规定：“法律对各级人民政府及其有关部门组织实施的统计、档案管理活动中的个人信息处理有规定的，适用其规定。”这里的法律规定就是指我国《统计法》第 2 条和《档案法》第 8 条、第 9 条。有关国家机关据此处理个人信息，其合法性基础是履行法定职责，而非“法律、行政法规规定的其他情形”。

三、国家机关处理个人信息的告知义务

《个人信息保护法》第 35 条规定：“国家机关为履行法定职责处理个人信息，应当依照本法规定履行告知义务；有本法第十八条第一款规定的情形，或者告知将妨碍国家机关履行法定职责的除外。”《个人信息保护法》第 18 条第 1 款规定：“个人信息处理者处理个人信息，有法律、行政法规规定应当保密或者不需要告知的情形的，可以不向个人告知……”结合上文所揭示的国家机关处理个人信息的多元合法性基础，可以将国家机关处理个人信息的告知义务归纳如下：

第一，“告知＋同意”。在基于信息主体同意而处理个人信息时，国家机关处理个人信息应当适用“告知—同意”规则。第二，“告知＋无须同意”。鉴于《个人信息保护法》第 35 条规定国家机关在依法履职处理个人信息时原则上应告知当事人，国家机关在根据“法律、行政法规规定的其他情形”这一合法性基础处理个人信息时，原则上也应事前告知。而在合意性更强的订立、履行合同和人事

管理所必需的合法性基础上，国家机关原则上同样应事前告知。第三，“无须告知＋无须同意”。根据《个人信息保护法》第18条第2款规定的“紧急情况下为保护自然人的生命健康和财产安全无法及时向个人告知的，个人信息处理者应当在紧急情况消除后及时告知”，尽管国家机关在应急处理个人信息时原则上无须事前告知，但应事后告知。“告知将妨碍国家机关履行法定职责”中的“妨碍”应理解为将使法定职责之目的落空，比如公安机关不能仅以告知犯罪嫌疑人其所掌握的犯罪信息会增加一些手续或成本就认定“妨碍国家机关履行法定职责”而不履行告知义务，否则该告知义务有被轻易规避之虞。

四、国家机关处理的个人信息跨境流动规则

《个人信息保护法》第36条规定：“国家机关处理的个人信息应当在中华人民共和国境内存储；确需向境外提供的，应当进行安全评估。安全评估可以要求有关部门提供支持与协助。”该条确立了国家机关处理的个人信息境内存储义务和跨境提供规则。

（一）国家机关处理的个人信息境内存储义务

对于《个人信息保护法》第36条规定的“国家机关处理的个人信息应当在中华人民共和国境内存储”，应当参照该法第40条规定的“在中华人民共和国境内收集和产生的个人信息存储在境内”来理解。这是因为在境外收集和产生的个人信息只是经我国中转，在我国国家机关未作任何变动或加工处理的情形下，要求境内存储不仅没有实际意义，反而会使我国成为“数据跨境黑洞”。因此，只有国家机关处理的在我国境内收集和产生的个人信息，才需要在境内存储。

关于何谓“境内存储”，可以从“向境外提供”来反向推知。对于《个人信息保护法》第36条中的个人信息向境外提供应作如下理解：第一，在物理空间意义上，个人信息存储介质位于我国境外；第二，在虚拟空间意义上，位于我国境内的个人信息存储介质上的个人信息被境外组织或个人读取，公开渠道读取的除外。之所以有此例外，是因为网络无国界，国家机关公开的个人信息，比如裁判文书网公开的当事人姓名，境外组织和个人也能查阅。从事实意义上讲，个人信息此时的确出境了，但此类公开个人信息的行为，应由《政府信息公开条例》和《个人信息保护法》第25条、第55条来规范，不能与个人信息出境混同，否则会抹杀公开与出境两者之间的区别。据此，“境内存储”的含义是：第一，在物理空间意义上，个人信息存储介质位于我国境内；第二，在虚拟空间意义上，位于我国境内的个人信息存储介质上的个人信息不被境外组织或个人读取，公开

渠道读取的除外。《个人信息保护法》第 36 条第一句要求国家机关处理的个人信息原则上同时处于这两种状态。

（二）国家机关处理的个人信息跨境提供规则

从理论上讲，国家机关处理的个人信息有三种跨境通道：除《个人信息保护法》第 36 条第二句规定的安全评估出境外，还包括物理载体出境和国际合作出境。通过物理载体出境，包括掌握个人信息的国家机关工作人员出境和载有个人信息的笔记、信函、硬盘、服务器等存储介质出境等。根据《个人信息保护法》第 4 条，个人信息不必然以电子方式记录，口耳相传或分享纸条、笔记、信件、存储设备等也可实现个人信息出境。此时难以，也不宜适用《个人信息保护法》第 36 条来管控，而只能依据《保守国家秘密法》第 30 条、第 37 条，国家机关任用、聘用的境外人员需要知悉国家秘密的，须经审批并签订保密协议，且涉密人员出境受到限制；或根据《保守国家秘密法》第 25 条禁止国家秘密载体未经批准出境，以及根据《出境入境边防检查条例》第 29 条对出境的涉密介质进行检查、收缴。《个人信息保护法》第 38 条第 2 款规定："中华人民共和国缔结或者参加的国际条约、协定对向中华人民共和国境外提供个人信息的条件等有规定的，可以按照其规定执行。"根据该款规定，此类个人信息出境，无须按照《个人信息保护法》第 36 条进行安全评估。

需要说明的是，《个人信息保护法》第 38 条第 1 款第 2～4 项并不能作为国家机关个人信息出境的通路，否则会使第 40 条关于关键信息基础设施运营者个人信息出境的特别规定失去意义。第 40 条最后一句"法律、行政法规和国家网信部门规定的可以不进行安全评估的，从其规定"，不能转介至第 38 条第 1 款第 2～4 项，否则将掏空《个人信息保护法》对关键信息基础设施运营者（包括国家机关）个人信息出境所设置的更严格的要求。同时，个人单独同意也不能作为国家机关个人信息出境的通路，其原因在于，国家机关处理的个人信息出境同时会涉及私益和公益，不能单凭个人处断，即便个人单独同意，此类个人信息出境也要通过安全评估。

国家机关处理的个人信息通过安全评估通道出境，与《个人信息保护法》第 40 条规定的安全评估出境有所不同。后者要求："关键信息基础设施运营者和处理个人信息达到国家网信部门规定数量的个人信息处理者，应当将在中华人民共和国境内收集和产生的个人信息存储在境内。确需向境外提供的，应当通过国家网信部门组织的安全评估；法律、行政法规和国家网信部门规定可以不进行安全评估的，从其规定。"国家机关自行开展个人信息出境安全评估后，就已经满足《个人信息保护法》第 36 条之要求，无须再向网信部门申请监管评估，否则就会导致全国人大常委会要通过北京市网信办向国家网信办申报个人信息出境安全评估这种不符合我国行政科层体制的现象。这也正是为什么《个人信息保护法》第36条中没有在“安全评估”之前加上“国家网信部门组织”的定语的原因。因此，第36条实际上构成第40条的特别规定。当然，国家机关在自行开展个人信息出境安全评估时，可以参照于2022年9月生效的《数据出境安全评估办法》，该办法适用于“关键信息基础设施运营者和处理个人信息达到国家网信部门规定数量的个人信息处理者”，具体要求重点评估以下事项：“（一）数据出境和境外接收方处理数据的目的、范围、方式等的合法性、正当性、必要性；（二）出境数据的规模、范围、种类、敏感程度，数据出境可能对国家安全、公共利益、个人或者组织合法权益带来的风险；（三）境外接收方承诺承担的责任义务，以及履行责任义务的管理和技术措施、能力等能否保障出境数据的安全；（四）数据出境中和出境后遭到篡改、破坏、泄露、丢失、转移或者被非法获取、非法利用等的风险，个人信息权益维护的渠道是否通畅等；（五）与境外接收方拟订立的数据出境相关合同或者其他具有法律效力的文件等（以下统称法律文件）是否充分约定了数据安全保护责任义务；（六）其他可能影响数据出境安全的事项。”

国家机关在开展安全评估时，“可以要求有关部门提供支持与协助”，目的在于补强国家机关自行评估的专业知识和能力，避免监管评估缺位带来的个人信息出境风险。因此，尽管《个人信息保护法》第36条中的表述是“可以要求”，但非网信部门的国家机关原则上都应当要求支持与协助，且被要求机关应当提供支持与协助。“有关部门”一般指网信部门，但不限于国家网信部门，基于降低行政成本的考虑，较低级别的国家机关自行开展安全评估不必通过所在地省级网信部门向国家网信部门要求支持与协助，例如一个街道办事处的少量个人信息出境就无须国家网信部门介入。但为了保证国家机关自行评估的中立性、实效性，建议未来出台专门办法，规定省级以下国家机关应向上一级网信部门要求支持与协助，通过“下助一级”避免同级协助“走过场”；省级及省级以上国家机关则应向国家网信部门要求支持与协助。经安全评估认定个人信息出境可能影响国家安全、损害公共利益，或者难以有效保障个人信息安全的，不得出境。

思考题

1. 普通民事主体之间可以在不侵犯隐私权的前提下获取与利用个人信息，为何个人信息处理者处理个人信息，却需要合法性基础？

2. 告知同意是个人信息保护中最重要的制度，也是受到学术批评最多的制度之一。有很多学者认为，普通用户很少有兴趣、时间和专业知识阅读与理解隐私政策，用户的同意往往也是被迫同意，如何看待这种观点？

3. 某物业公司强制要求进出小区的用户录入其人脸信息，声称其系统与公安机关关联，用于小区安防。人脸信息如果是敏感个人信息，如何获得单独同意？物业公司未获得单独同意就采集人脸信息的行为违反了什么规定？

4. 国家机关与私人主体在个人信息处理规则方面有何异同？

文献阅读资料

1. 王利明．敏感个人信息保护的基本问题：以《民法典》和《个人信息保护法》的解释为背景．当代法学，2022（1）.

2. 张新宝．个人信息处理的基本原则．中国法律评论，2021（5）.

3. 张新宝．个人信息收集：告知同意原则适用的限制．比较法研究，2019（6）.

4. 王锡锌．行政机关处理个人信息活动的合法性分析框架．比较法研究，2022（3）.

5. 王锡锌，彭錞．个人信息保护法律体系的宪法基础．清华法学，2021（3）.

6. 丁晓东．论个人信息法律保护的思想渊源与基本原理：基于“公平信息实践”的分析．现代法学，2019（3）.

7. 丁晓东．隐私政策的多维解读：告知同意性质的反思与制度重构．现代法学，2023（1）.

8. 彭錞．论国家机关处理的个人信息跨境流动制度：以《个人信息保护法》第36条为切入点．华东政法大学学报，2022（1）.

9. 彭錞．论国家机关处理个人信息的合法性基础．比较法研究，2022（1）.

10. 王苑．敏感个人信息的概念界定与要素判断：以《个人信息保护法》第28条为中心．环球法律评论，2022（2）.

11. 王苑．中国未成年人网络个人信息保护的立法进路：对“监护人或家长同意”机制的反思．西安交通大学学报（社会科学版），2019（6）.

12. Neil Richards，Woodrow Hartzog. The Pathologies of Digital Consent. Washington University Law Review，2019，96（6）.

13. Paul M. Schwartz，Karl-Nikolaus Peifer. Transatlantic Data Privacy Law. The Georgetown Law Journal，2017，106（1）.

14. Daniel J. Solove. Introduction：Privacy Self-Management and the Consent Dilemma. Harvard Law Review，2013，126（7）.

15. Jack M. Balkin. Information Fiduciaries and the First Amendment. U. C. Davis Law Review，2016，49（4）.

第三章 个人信息跨境提供规则

第一节 个人信息跨境提供概述

以个人信息为代表的数据已成为重塑全球经济结构、改变全球竞争格局的关键因素。保障数据跨境安全有序流动是数据要素高效运转的关键环节，对于保护个人信息安全、构建国家数字经济竞争新优势、维护国家安全战略具有重要意义。

一、个人信息跨境提供的价值与国际背景

个人信息跨境提供的协调方案取决于个人信息的法律属性，基于个人信息所负载的人格利益与国家利益，个人信息跨境转移的国际协调存在不少障碍。如果国家过于注重安全保障，其法规政策对数据跨境提供可能并不友好。

（一）个人信息跨境提供的多重价值

1. 个人信息跨境提供中的隐私权保护价值

一方面，随着移动互联网的快速发展，普罗大众的日常生活与网络数据息息相关，日常社交软件以及电子商务平台等网络数据库承载着海量的个人隐私数据。不同于以往，个人隐私信息呈现出电子化、虚拟化、代码化的特点，隐私信息在数据化的过程中更易被公开化。这些特征让数据主体，即自然人在享受数字经济时代的便捷与红利的同时，还面临着个人隐私数据随时泄露的风险，这无疑也加大了个人隐私保护的难度。另一方面，数字经济的迅猛发展对个人隐私的保护也提出了更高要求，不断更新的前沿高新技术手段，如自动抓取、网络爬虫等也加大了个人隐私数据的保护难度。而现阶段国际层面的个人隐私数据保护体系的构建没有跟上客观发展的实际现状，与保护的应然标准不相匹配。同时，隐私

权的具体内容与表现形式是与时俱进的，对于隐私权保护问题的讨论必须结合互联网数字经济的时代背景，而现今的背景决定了隐私权保护客体的表现形式的多样化。在数字经济发展的过程中有待将个人隐私数据进一步类型化并明晰相应的边界。这意味着，数字经济时代的个人隐私保护具有虚拟化、规模化以及多变化的特点，更具保护难度。

隐私保护的现实意义在于尊重个体的人格，避免财产或精神利益的损失。一旦个人隐私数据公开化或者被非法利用，带给数据主体的将会是财产或者精神上的损害后果。伴随着科学技术的革命，个人隐私数据通过电子计算机系统实现了跨越国界的采集、访问、传输、存储和使用等，涉及数据处理的全流程。与此相伴而生的是个人隐私数据流动涵盖的地域面积更广、涉及的范围更大、影响程度更深，一旦泄露可产生的危害后果更加严重。[①] 与纯国内个人数据流动相比，个人数据跨境流动的过程往往是更加复杂且无明显规律可循的。就比如说，在境外企业收集他国境内数据的过程中，该企业在该国境内可能并不存在实体，即使在该国境内有实体，数据也不经本地服务器而流向境外。[②] 与此同时，“跨境”还代表着需要遵守涉及不同国家与地区的众多差异化的数据处理规范和隐私保护规范。此外，这种跨国性的显著特征还会带来侵权范围的扩大。这意味着，个人数据跨境流动中的隐私权保护具有国际化、复杂多样化以及碎片化的特点，更具挑战性与冲突性。

2. 个人信息跨境提供中的国家安全价值

虽然我国于 2017 年起实施的《网络安全法》定位为维护网络安全的管理之法，但在个人信息保护立法缺失的当时，《网络安全法》从网络数据安全的角度将对个人信息非法收集和处理的行为视为影响数据安全的违法行为而加以规制。《网络安全法》要求关键信息基础设施的运营者在境内运营中收集和产生的个人信息应当在境内存储；因业务需要，确需向境外提供的，应当依法进行安全评估；法律、行政法规另有规定的，依照其规定。从文本用语来看，《网络安全法》中关于个人信息向境外提供的规则已经被《个人信息保护法》第 40 条所承继和吸收。《数据安全法》则通过规范数据处理活动来保障数据安全，在促进数据开发利用的同时，注意保护个人、组织的合法权益，并注重维护国家主权、安全和发展利益。为配合《网络安全法》的实施，国家互联网信息办公室于 2022 年 9 月 1 日起施行《数据出境安全评估办法》，该办法详细规定了个人信息出境评估的材料和内容，这表明我国对本国个人信息数据资源流出的安全风险，以及国内产业

① 张新宝．从隐私到个人信息：利益再衡量的理论与制度安排．中国法学，2015（3）：45.

② 陈咏梅，张姣．跨境数据流动国际规制新发展：困境与前路．上海对外经贸大学学报，2017（6）：40.

丧失本国数据资源利用机会的担忧。

在细分领域，随着新一代信息技术与汽车产业的加速融合，智能汽车产业、车联网技术的快速发展，以自动辅助驾驶为代表的人工智能技术日益普及，汽车数据处理能力日益增强，暴露出的汽车数据安全问题和风险隐患日益突出。在汽车数据安全管理领域出台有针对性的规章制度，明确汽车数据处理者的责任和义务，规范汽车数据处理活动，是防范化解汽车数据安全风险、保障汽车数据依法合理有效利用的需要，也是维护国家安全利益、保护个人合法权益的需要。为此，国家互联网信息办公室、国家发展和改革委员会、工业和信息化部、公安部、交通运输部联合发布《汽车数据安全管理若干规定（试行）》，该规定自 2021 年 10 月 1 日起施行。《汽车数据安全管理若干规定（试行）》倡导，汽车数据处理者在开展汽车数据处理活动中坚持“车内处理”“默认不收集”“精度范围适用”“脱敏处理”等数据处理原则，减少对汽车数据的无序收集和违规滥用。《汽车数据安全管理若干规定（试行）》强调，汽车数据处理者开展重要数据处理活动，应当遵守依法在境内存储的规定，加强对重要数据安全保护；落实风险评估报告制度要求，积极防范数据安全风险；落实年度报告制度要求，按时主动报送年度汽车数据安全管理情况。确因业务需要向境外提供重要数据的，汽车数据处理者应当落实数据出境安全评估制度要求，不得超出出境安全评估结论违规向境外提供重要数据，并在年度报告中补充报告相关情况。《汽车数据安全管理若干规定（试行）》提出，国家有关部门依据各自职责做好汽车数据安全管理和保障工作，包括开展数据安全评估、数据出境事项抽查核验、智能（网联）汽车网络平台建设等工作。对于违反《汽车数据安全管理若干规定（试行）》的汽车数据处理者，有关部门将依照《网络安全法》《数据安全法》等法律、行政法规的规定进行处罚。

3. 促进国际经贸关系发展

一直以来，国际社会十分重视货物、服务、智力成果、资本和人员的跨境转移，而普遍忽视数据的跨境提供，这与技术发展和数据规模化、商业化应用不足等因素密切相关。具体来说，世界贸易组织（WTO）的许多重要协定都涉及货物和服务的跨境提供；世界知识产权组织（WIPO）力求为智力成果的国际保护设定最低保护门槛，便于智力成果在全球流动；人员流动涉及各国的移民和签证政策，资金流动涉及国家外汇管理制度，往往都是各国严格管控的对象。只有数据跨境提供没有得到足够的重视，相关国际协调的专门成果十分有限，只在部分自由贸易协定文本中出现了个人信息保护与跨境提供的规则。

（1）多边体制视角下的个人信息跨境。

个人信息跨境提供相关的重要多边规则主要是 1995 年 WTO《服务贸易总协定》（GATS）第 14 条有关一般例外的规定，即允许 WTO 成员方采取与 WTO

规则不相抵触的、保护与个人信息处理和传播有关的个人隐私以及保护个人记录和账户秘密的必要措施，只要这类措施的实施不在情况相同的国家间构成武断的或不公正的歧视，或构成对服务贸易的变相限制。GATS 第 14 条保障的核心内容是成员在数据和隐私保护方面享有施加措施以便达到保护机密性和安全性目的的权利，而并不保证所有成员都在数据和隐私保护方面采用统一和相同标准的具体承诺。一国基于合法政策目标或国家安全的理由对数字贸易采取的限制措施，如果符合一定条件，可豁免贸易自由化义务。总之，WTO 成员方有在域内法中规定相关规则措施的自由裁量权。

虽说个人数据处理和传播可以成为服务贸易的一般例外，但其适用同时被严格限定。例如，在美国赌博服务案专家组和上诉机构的论述中，GATS 第 14 条中"所必需的""任意的或不合理的歧视""对服务贸易的变相限制"等表述的含义以及包含的标准得到进一步阐释。域内法相关规则如果被认定为构成对服务贸易的变相限制，则有可能受到其他 WTO 成员方的挑战，例如颇具争议的数据本地存储规则。《跨太平洋伙伴关系协定》（TPP）承认各缔约方基于通信安全和保密等原因对数据存储设施有各自的监管要求，但仍明确规定不得将在境内设置数据存储设施作为进入市场的条件，而且与跨境信息传输条款一样，对为实现合法公共政策目标这一例外规定了限制条件。

（2）区域贸易协定视角下的个人信息跨境提供与保护。

鉴于数字贸易对经济发展的重要性，在以区域贸易协定为主的数字贸易谈判目标中，数据跨境提供规则确保已有的贸易协定规则适用于数字贸易和跨境数据流动，并且确保各国政府不得阻碍数字贸易或限制跨境数据流动，或不要求数据本地化存储或处理。此外，数据本地化要求和限制数据跨境提供往往被归类为数字贸易限制措施。

《美国—墨西哥—加拿大协定》（USMCA）的数字贸易规则围绕上述目标和限制措施进行设定，包括数字产品免征关税、数字产品的非歧视待遇、数据跨境提供、禁止计算设施本地化等规则。USMCA 第十九章"数字贸易"主题共有 18 个条款，相较于《美韩自由贸易协定》（KORUS）第十五章"电子商务"条款，增加了许多美国关心的规范数字贸易限制措施的内容。与 TPP 的"电子商务"条款相比，USMCA 将"电子商务"相关表述改为"数字贸易"，增加了交互式电脑服务和政府数据开放等内容。USMCA 第十九章"数字贸易"充分反映了美国在跨境数据流动上的免征关税和非歧视等核心主张；在个人信息保护方面，要求缔约方参照亚太经济合作组织（APEC）的《隐私保护框架》和经济合作与发展组织（OECD）的《关于隐私保护和跨境数据流动指南的理事会建议（2013 年）》处理个人信息跨境提供；并强调不得要求计算设施设置在本地，不得对另一国的个体以许可在本地经营为条件强制要求提供、转让或接入其持有的软件的源代码，以及促进政府公共数据的开放。

曾主导 TPP 的美国当然不会无视其对数据全球自由流动的需求，它对传统的“跨境数据流动”概念作了如下扩展：（1）淡化国境观念，强调信息和数据自由流动的“全球性”；（2）在合法公共政策目标得到保障的前提下，强调信息和数据流动的“自由性”；（3）强调“信息”概念，要求信息和数据均实现全球自由流动。在具体规则方面，TPP 第十四章“电子商务”中的 18 个条款共分为四个方面：减少数字贸易壁垒、保护网络消费者权益、促进数据流动便利化和国际协调合作。这些都是通过数据自由流动促进电子商务发展的终极目标。此外，由于电子商务面临个人信息泄露的风险，TPP 单独列出了个人信息保护条款，要求各缔约方建立法律框架，非歧视地保护电子商务用户的个人信息，并鼓励建立机制以增强缔约方不同法律框架间的兼容性。

TPP 要求允许包括个人信息在内的电子信息跨境交换；但也承认缔约方对电子信息交换有不同的监管要求，允许为了实现“合理的公共政策目标”而采取例外措施，同时规定了一定的限制条件，但未对“合理的公共政策目标”作出明确解释。当然，其并不排除一国安全部门基于反恐等安全目的收集处理个人信息的需要。

尽管《全面与进步跨太平洋伙伴关系协定》（CPTPP）暂停适用 TPP 中的不少条款，但对第十四章“电子商务”的文本全盘接受。总之，美国无意推动建立个人信息保护的最低标准，而是要求各方自主确定保护个人信息的法律机制。因为，个人信息保护和数据跨境提供议题已深度嵌入区域和双边自由贸易谈判中，日后的投资和贸易谈判将无法回避此类议题。

（二）个人信息跨境提供的国际背景

1. 个人信息跨境提供的多边国际行动

第一，鼓励跨境数据流动，推动全球数字经济发展。OECD、APEC 和 WTO 等组织通过制定跨境数据流动规则，释放全球数字经济发展潜力。OECD 是全球首个提出跨境数据流动执行原则的国际组织。其在 1980 年发布的《隐私保护和跨境个人数据流动指南》（以下简称《OECD 指南》（1980 年））中指出，成员国应避免以保护个人隐私和自由的名义，限制跨境数据自由流动。APEC 通过于 2005 年发布、于 2015 年修订的《APEC 隐私框架》指导亚太地区跨境数据自由流动。WTO 作为全球首要多边贸易机制，主要通过减免数字产品关税、推动跨境数据自由流动，来促进全球范围内信息技术产品的自由贸易。截至 2023 年 8 月，82 个 WTO 成员已签署《信息技术产品协议》（Information Technology Agreement，ITA），尝试取消一系列计算机、软件和电子通信产品关税，促进世界范围内信息技术产品的贸易自由化，为跨境数据流动提供更好的技术保障。二十国集团（G20）则积极倡导各成员国抓住数字机遇，推动全球经济实现包容性发展。中国在 2016 年 G20 杭州峰会上推动发起的《二十国集团数字经济发展与合作倡议》，为释放更多的数字经济潜力、应对数字鸿沟创造了更多有利条件。

第二，构建与数字经济发展相匹配的数据隐私保护框架和数字技术信任体系，消除跨境数据流动壁垒。OECD 将个人隐私看作公民的基本权利，倡导构建能够推动跨境数据流动的数据隐私保护框架。《OECD 指南》（1980 年）强调各成员国应当确保个人数据在跨境流动中安全的可持续性。[①] APEC 则重视同时建立消费者信任的数据隐私保护框架和数字技术信任体系。《APEC 隐私框架》启动了跨境隐私规则（Cross-Border Privacy Rules，CBPR）体系，通过设立以“保护个人隐私、获得消费者信任”为宗旨的“问责代理”机构，在确保企业符合 APEC 隐私保护标准的同时，提升消费者对电子信息平台的信任。G20 的各成员也在构建数据隐私保护框架与数字技术信任体系上达成了共识。在 2017 年 G20 汉堡峰会和 2018 年 G20 布宜诺斯艾利斯峰会上，各国领导人承诺，将致力于建设保护个人隐私的法律框架，并不断重申打造消费者信任的数字技术体系的重要性。

第三，关注跨境数据流动规制的风险管控和互操作性。《OECD 隐私框架》（2013 年）提出了国家隐私战略（national privacy strategies）、隐私管理程序（privacy management programs）和安全漏洞通知（security breach notification）三个概念，强调对个人隐私的风险管控及全球层面隐私监管的互操作性。《APEC 隐私框架》下的 CBPR 体系要求申请加入的企业所在国至少有一个隐私执法机构加入跨境隐私执法安排（Cross-Border Privacy Enforcement Arrangement，CPEA），监督参与跨境数据流动的企业的隐私保护情况，提升各经济体隐私执法机构的互操作性。[②] 在前三届峰会成果的基础上，2019 年《二十国集团领导人大阪峰会宣言》提出，不仅要创新数字化产业和新兴技术，还要创新跨境数据流动的风险监管，弥合数字鸿沟，等等。

2. 个人信息跨境提供中的国际行动困境

第一，效力不足。《OECD 隐私框架》（2013 年）是指导性框架，仅为全球跨境数据流动提供了建设性指导方针。该框架第 6 条指出，“各成员国应达到个人隐私保护及个人自由的最低标准”[③]，但并没有提出具体和明确的要求，也不

---

① 参见《OECD 指南》（1980 年）第三部分第 16 条。OECD，“Guidelines on the Protection of Privacy and Transborder Flows of Personal Data.”

② 截至 2014 年，有 8 个国家（地区）的 22 个隐私执法机构加入了跨境隐私执法安排（CPEA），其中包括美国联邦贸易委员会、日本的 15 个隐私执法部门以及澳大利亚、新西兰、加拿大等国的隐私执法机构。参见弓永钦，王健．APEC 跨境隐私规则体系与我国的对策．国际贸易，2014（3）：30－35；APEC，“APEC Privacy Framework 2015”。

③ OECD，“The OECD Privacy Framework 2013.”

具备法律效力。《APEC 隐私框架》属于自愿性框架协议，且只有自愿加入 CBPR 体系，并通过 CPEA 认证，达到 APEC 对消费者隐私保护要求的企业，才能从法律意义上保护消费者隐私。[①] G20 是跨境数据流动的全球治理倡议平台，没有强制执行机制。尽管各成员国对数字经济展开较多讨论，提出跨境数据自由流动的理想模式，但并未形成良好的多边规制体系来约束成员国行为。WTO 框架下的 GATS 虽对成员方有约束力，但因其部分条款相互矛盾，法律效力在一定程度上遭到削弱。例如，GATS 第 2 条规定了成员方的最惠国待遇，但第 7 条却允许成员方对来自不同国家或地区的服务提供商实行差别对待。[②] 此外，GATS 并未取得令人满意的执行效果，大多数成员方仅根据 GATS 作出承诺，并未付诸实际行动。[③]

第二，难以平衡良好的数据保护和跨境数据自由流动。数据保护和跨境数据自由流动，如同天平的两端，天平偏向任何一端，都会对另一端造成消极影响。OECD、APEC、G20 和 WTO 都未能在两大目标之间实现平衡。《OECD 指南》（1980 年）、《OECD 隐私框架》（2013 年）虽在前言部分强调尊重个人隐私的重要性，承认数据保护是各国开展跨境数据自由流动的前提，但事实上，OECD 更加偏重于跨境数据自由流动。APEC 反对为跨境数据流动设置障碍，主张成员只需达到数据保护的最低标准。《APEC 隐私框架》序言第 3、4 条明确提出，限制数据自由流动或对其设置障碍会对全球贸易产生不利影响，要求各成员“确保”数据能够自由流动，仅表示“鼓励”数据保护。[④] G20 成员国对是否应在数据充分保护的前提下开展跨境数据自由流动存在分歧。

第三，既有多边规制受到欧盟和美国两大规制体系的影响，无法保持自身独立性。《OECD 指南》（1980 年）是参照欧洲尊重个人隐私权的价值导向制定的。以德国和法国为代表的欧盟成员国，始终坚持将个人的尊严、自由和安全置于首要位置，主张通过严格的法律法规加强对个人隐私的保护。《APEC 隐私框架》及 CBPR 体系则带有很强的美国色彩，强调构建以市场为主导、以跨境数据流动为目标的规制体系。[⑤] 目前，部分国家担心如果完全接受 OECD 和 APEC 规制体系，会成为欧盟和美国两大法域竞争的“牺牲品”。因此，印度、俄罗斯、阿根廷、巴西、伊朗等新兴和发展中经济体为了维护本国数据本地化处理的自主权也

① APEC，“APEC Privacy Framework 2015.”

② WTO，“General Agreement on Trade in Services.”

③ 张玉环．WTO 争端解决机制危机：美国立场与改革前景．中国国际战略评论，2019（2）：105－119.

④ APEC，“APEC Privacy Framework 2015;” Graham Greenleaf，David Lindsay. Public Rights. Cambridge：Cambridge University，2018：91－120.

⑤ APEC，“APEC Privacy Framework 2015.”

开展了相关立法工作。

二、我国关于个人信息跨境提供的制度建设

《个人信息保护法》于 2021 年 11 月 1 日生效，是我国个人信息保护领域第一部普适性、综合性的法律。该法汲取了《网络安全法》《信息安全技术　个人信息安全规范》等境内个人信息保护立法和国家标准的主要规则，借鉴了境外个人信息保护立法的有益经验，并将实践中行之有效的做法上升为法律规范，为个人信息保护提供了综合性的监管法律框架和规范。针对个人信息跨境提供，除"安全评估"的合规出境方式外，《个人信息保护法》第 38 条还明确了个人信息出境的另外两种途径，即"标准合同"和"认证"。这就为个人信息合规出境方式提供了更多的选择空间。

三、个人信息跨境提供中的执法与司法国际合作

我国对在执法与司法过程中跨境调取个人信息的基本立场均是强调主权不容侵犯，坚持在执法与司法过程中跨境调取个人信息应通过主权国家之间的平等互惠合作来开展。这也是我国拒绝加入《网络犯罪公约》的原因所在。该公约第 32 条规定的通过互联网直接获取境外电子数据的取证方式，一直被我国视为侵犯他国主权的行为。出于维护国家主权和安全的考虑，我国一直拒绝加入该公约，并选择在联合国层面推动形成新的网络犯罪国际条约。[①]

《个人信息保护法》第 41 条规定："中华人民共和国主管机关根据有关法律和中华人民共和国缔结或者参加的国际条约、协定，或者按照平等互惠原则，处理外国司法或者执法机构关于提供存储于境内个人信息的请求。非经中华人民共和国主管机关批准，个人信息处理者不得向外国司法或者执法机构提供存储于中华人民共和国境内的个人信息。"第 42 条规定："境外的组织、个人从事侵害中华人民共和国公民的个人信息权益，或者危害中华人民共和国国家安全、公共利益的个人信息处理活动的，国家网信部门可以将其列入限制或者禁止个人信息提供清单，予以公告，并采取限制或者禁止向其提供个人信息等措施。"此外，2018 年 10 月，《国际刑事司法协助法》通过，该法将我国涉外刑事司法协助上升至法律层面。就执法跨境调取数据而言，该法第 4 条第 3 款规定："非经中华人民共和国主管机关同意……中华人民共和国境内的机构、组织和个人不得向外

---

① 胡健生，黄志雄．打击网络犯罪国际法机制的困境与前景：以欧洲委员会《网络犯罪公约》为视角．国际法研究，2016（6）.

国提供证据材料和本法规定的协助。”全国人大宪法和法律委员会在关于《国际刑事司法协助法（草案）》审议结果的报告中明确提及，该条的增加在于应对实践中有外国司法执法机关未经我国主管机关准许要求我国境内的机构、组织和个人提供相关协助的情况，抵制外国的“长臂管辖”要求。简言之，在面对执法跨境调取数据的利益考量时，我国在国家主权、安全和发展利益的平衡之上，更多的是遵循“防守”策略，考虑国家主权和安全利益。

然而，仅仅采取防御策略并非最佳出路，我国应当将单边式应对的压力，疏导到多边的框架下解决问题。执法跨境调取数据的制度设计也应如此：每个国家都有自身不同的核心价值观和选择，任何解决方案都应当以彼此尊重主权为前提；同时，在数字服务市场全球化的今天，这一问题不仅关涉执法行动与违法犯罪行为之间的效率比较，也关涉本国和他国跨国公司的全球运营。面对国内国外两个大局，没有任何一个国家能够单独地解决这一问题，最终的解决还应当回归到国际合作的模式上。我国提出的《全球数据安全倡议》便是在这方面的一个努力成果。同时，我们也应当认识到，当前的全球政治形势使得包括网络安全、数据跨境提供等在内的互联网全球治理议题，难以在短时间内形成合理秩序和健全规则。此时，我国可以优先考虑探索一定范围的多边（如“一带一路”倡议）或双边方案（如明确双方相互认可的侦查措施等），在此前提下推进我国所缔结的司法协助条约进行升级改造，提升彼此的协作效率，尽可能地回应司法实践诉求，同时也缓解我国企业的出海压力，做到对我国网信企业出海的利益兼顾。

此外，面对美欧的扩张式立法，我国可通过强调数据安全的方式，应对执法跨境调取个人信息。《数据安全法》《个人信息保护法》已经明确有关组织、个人应当经主管机关批准后方可向境外执法机构提供存储于境内的数据。在后续立法过程中，还应进一步具体明确在申请、审核、批准等方面的法律程序和时限，与数据出境安全评估之间的关系和协调，以及违反该义务的法律责任等。同时，主管机关应在后续实施过程中采取坚持原则但灵活处理的态度，在维护我国数据主权的同时，避免对我国网信企业在海外的利益造成不利影响。

第二节　个人信息跨境提供的安全评估制度

从现有立法来看，数据跨境安全评估、认证与标准合同已经成为我国数据跨境提供的主要方式，而关于数据评估已经形成了理论性与实践性高度统一的立法规则与程序标准，包括评估针对的数据客体类型、数据流通严苛度对评估必要性的影响、评估意欲实现的数据保护目标与目标实现的必要流程。

一、数据出境安全评估制度分析

为统筹发展与安全，促进数字经济健康、稳步推进，有效防范化解数据跨境提供安全风险，《中华人民共和国国民经济和社会发展第十四个五年规划和2035年远景目标纲要》明确提出了“加强数据安全评估，推动数据跨境安全有序流动”的目标。同时，《网络安全法》第37条、《数据安全法》第31条、《个人信息保护法》第38条和第40条分别对数据出境安全评估作出了明确要求。2022年7月7日，国家互联网信息办公室发布的《数据出境安全评估办法》，坚持“控制风险、促进流动”的理念与方法论，科学界定了适用安全评估的重要数据和个人信息的范围，防止安全评估泛化，实现了国际数据跨境提供治理体系的创新与发展。

实际上，国家互联网信息办公室分别于2017年和2019年就“数据出境安全评估”出台过两个办法的征求意见稿，即2017年4月11日的《个人信息和重要数据出境安全评估办法（征求意见稿）》（以下简称“2017年版评估办法”）和2019年6月13日的《个人信息出境安全评估办法（征求意见稿）》（以下简称“2019年版评估办法”）。然而，由于《数据安全法》《个人信息保护法》当时并未正式实施，国家关于数据跨境的管理要求、实施规划等并未完全明确，导致两个办法最终并未颁布实施，但这也为后续办法的出台打下了基础。相较于前两版办法，国家网信部门根据新的国际形势变化和上位法关于数据跨境要求的调整，在《数据出境安全评估办法》中对评估原则、申报评估门槛、申报材料、评估主体、评估内容、评估决定有效期及重新评估情形、评估通过后持续监督机制等都作了规定。《数据出境安全评估办法》的目的有三：一是落实上位法的数据出境管理规定和要求；二是保障数字经济健康有序发展；三是应对数据跨境传输和境外汇聚的安全风险。

（一）适用范围

虽然《网络安全法》《数据安全法》《个人信息保护法》从不同角度对数据出境安全评估情形进行了安排，但《数据出境安全评估办法》首次完整地规定了安全评估的具体适用范围。

首先，《数据出境安全评估办法》第2条将“数据出境”定义为“向境外提供”。在实践中，“提供”有多种呈现情形，通常理解的一种情形是数据处理者将数据转移至中国境外；另一种情形是数据并未转移至境外，而依旧存储在境内，不过数据处理者将境内数据库的访问登录信息或接口提供给境外主体，以便后者可以在境外远程访问查看（“远程访问情形”）。例如，有些外资企业的信息技术团队部署在中国境外，其通过互联网访问并处理境内服务器上存储的数据来提供远程技术服务。鉴于远程访问情形也会对境内存储的数据构成一定风险威胁，从数据跨境提供安全管理的角度来看，其在理论上也属于“数据出境”。

其次，《数据出境安全评估办法》第 2 条规定，需要安全评估的出境数据系“在中华人民共和国境内运营中收集和产生的”数据。由此推断出数据出境排除了境外数据“过境”我国的情况，这体现了监管手段与目的之间匹配的适当性和合理性。

再次，《数据出境安全评估办法》第 2 条明确在出境数据涉及重要数据的情况下，安全评估是强制性的。需要注意的是，《数据出境安全评估办法》首次将重要数据需要进行安全评估的范围从关键信息基础设施的运营者扩大至所有数据处理者。《网络安全法》第 37 条明确要求关键信息基础设施的运营者向境外提供重要数据需要进行安全评估。《数据安全法》第 31 条重申了以上立场，并在此基础上将其他数据处理者向境外提供重要数据所适用的具体出境安全管理办法交“由国家网信部门会同国务院有关部门制定”。《数据出境安全评估办法》第 2 条正是呼应了《数据安全法》第 31 条，将其他数据处理者向境外提供重要数据的情形也纳入安全评估范围。

最后，结合《数据出境安全评估办法》第 4 条可知，出境数据涉及个人信息的，达到一定要求时才需进行安全评估，即满足主体条件、客体条件及其他条件。主体条件是：关键信息基础设施的运营者，或处理 100 万人以上个人信息的数据处理者；客体条件是：自上年 1 月 1 日起累计向境外提供 10 万人个人信息，或 1 万人敏感个人信息；其他条件是：国家网信部门规定的其他需要申报数据出境安全评估的情形。值得注意的是，即使在没有达到网信部门规定的需要安全评估的个人信息数量时，一些行业也会把一定数量的个人信息判定为重要数据，并按照重要数据进行出境管理。如《汽车数据安全管理若干规定（试行）》第 3 条给出了重要数据的定义，其中明确指出“涉及个人信息主体超过 10 万人的个人信息”属于重要数据。依照《数据出境安全评估办法》的要求，出境数据中包含重要数据的，应进行安全评估。

数据出境安全评估的适用范围如图 3.1 所示。

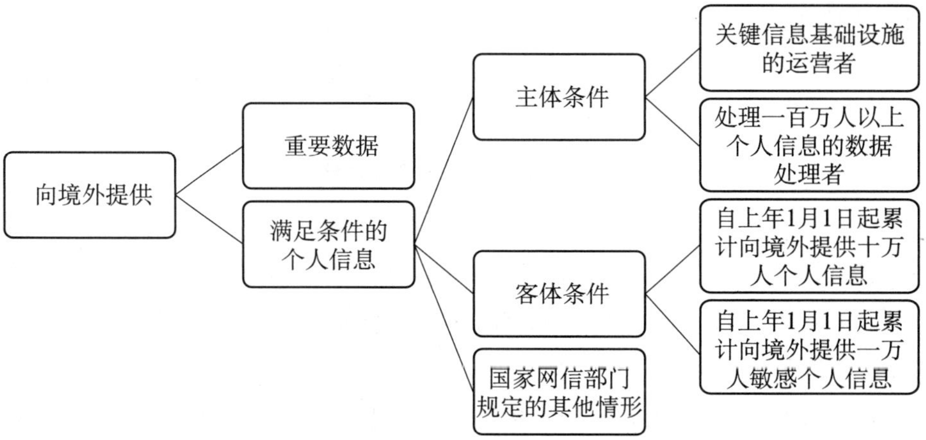

图 3.1 数据出境安全评估的适用范围

（二）评估原则

《数据出境安全评估办法》第 3 条明确了数据出境安全评估原则：事前评估与持续监督相结合，风险自评估与安全评估相结合，保障数据依法有序自由流动。

“事前评估”，即数据在安全评估通过之前不得出境。“持续监督”则体现在《数据出境安全评估办法》第 14 条和第 17 条中，即对已经通过评估的数据处理活动在如下三种情形下需要进行再评估：（1）两年期满；（2）情势变化；（3）违规处理。

“风险自评估”与“安全评估”的内容贯穿于《数据出境安全评估办法》第 5～13 条中。

（三）风险自评估与安全评估

1. 评估流程

《数据出境安全评估办法》第 5 条明确“数据处理者在申报数据出境安全评估前，应当开展数据出境风险自评估”，因此理论上风险自评估仅适用于需申报数据出境安全评估的情形。

《数据出境安全评估办法》第 6、7、10、11、12、13 条规定了安全评估的具体流程（见图 3. 2），其中也包括《个人信息保护法》涉及的其他出境管理制度。

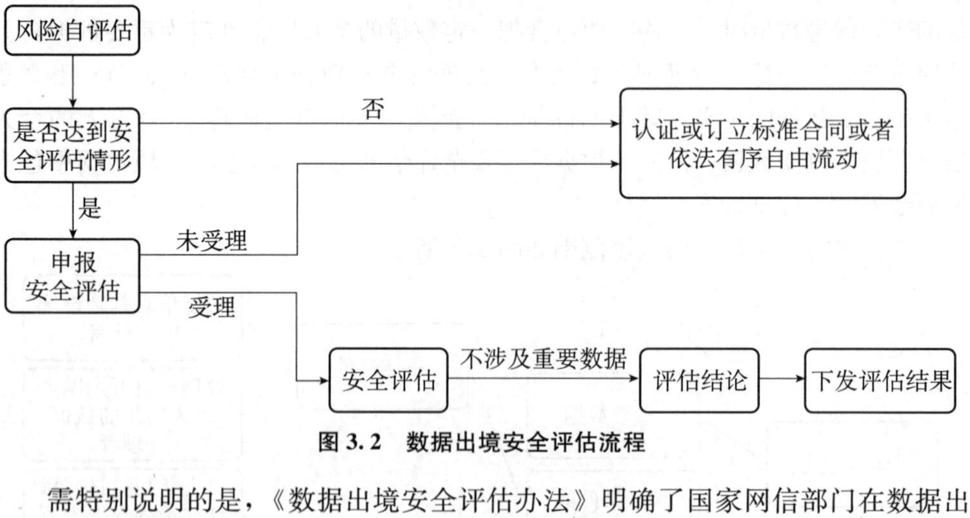

图 3. 2 数据出境安全评估流程

需特别说明的是，《数据出境安全评估办法》明确了国家网信部门在数据出境安全评估中的主导地位。《数据出境安全评估办法》第 10 条中首次提到“专门机构”，笔者认为此机构可能为国家网信部门指定的特定评估机构。

2. 评估事项及简析

《数据出境安全评估办法》第 5 条和第 8 条分别列举风险自评估和安全评估的重点事项，两者既有区别也有联系。风险自评估与安全评估事项的对比及简要分析见表 3.1。

表 3.1　风险自评估与安全评估事项对比

风险自评估事项	安全评估事项	简析
数据出境和境外接收方处理数据的目的、范围、方式等的合法性、正当性、必要性	数据出境的目的、范围、方式等的合法性、正当性、必要性	前者较后者增加“境外接收方处理数据”的目的等的合法性、正当性、必要性
出境数据的规模、范围、种类、敏感程度	出境数据的规模、范围、种类、敏感程度	前者与后者一致
数据出境可能对国家安全、公共利益、个人或者组织合法权益带来的风险	数据出境活动可能对国家安全、公共利益、个人或者组织合法权益带来的风险	虽然前者与后者基本一致，但后者在表述上与其他所有安全评估事项构成“总分”关系，而前者与其他自评估事项构成“并列”关系，二者在逻辑上存在一定差别
境外接收方承诺承担的责任义务，以及履行责任义务的管理和技术措施、能力等能否保障出境数据的安全	境外接收方的数据保护水平是否达到中华人民共和国法律、行政法规的规定和强制性国家标准的要求	前者与后者基本一致
数据出境中和出境后遭到篡改、破坏、泄露、丢失、转移或者被非法获取、非法利用等的风险	出境中和出境后遭到篡改、破坏、泄露、丢失、转移或者被非法获取、非法利用等的风险	前者与后者基本一致
个人信息权益维护的渠道是否通畅等	数据安全和个人信息权益是否能够得到充分有效保障	后者涵盖的范围比前者更广
与境外接收方拟订立的数据出境相关合同或者其他具有法律效力的文件等是否充分约定了数据安全保护责任义务	数据处理者与境外接收方拟订立的法律文件中是否充分约定了数据安全保护责任义务	前者与后者基本一致
—	境外接收方所在国家或者地区的数据安全保护政策法规和网络安全环境对出境数据安全的影响	仅在后者列出，增加了评估部门的审核事项
—	遵守中国法律、行政法规、部门规章情况	仅在后者列出，增加了评估部门的审核事项

二、数据出境安全评估具体流程设计与实现

前文已提到，《网络安全法》《数据安全法》《个人信息保护法》均对个人信

息和重要数据出境提出安全评估要求，在对《数据出境安全评估办法》解读分析中，已经介绍了国家互联网信息办公室制定的安全评估的流程。由于个人信息和重要数据所保护的价值不同，因此两类数据对应的安全评估要点在实操层面上也应有所不同。笔者根据《数据出境安全评估办法》的规定和实践经验分别对个人信息和重要数据出境安全评估流程提出设计方案，具体如下。

（一）个人信息出境安全评估总体流程

对拟出境数据进行个人信息识别评估，如果拟出境数据包含个人信息、个人敏感信息，则首先评估该出境活动的合规性，即其是否具有正当必要的目的、是否符合出境数据最小化原则、是否征得了个人信息主体的同意、是否被法律法规或国家有关部门明令禁止。若经评估后个人信息出境不满足合规性要求，则建议不得出境。在通过个人信息出境合规性评估的基础上，再评估个人信息出境的安全风险。安全风险评估结果为高或极高的，建议不得出境，将个人信息出境中和出境后遭到篡改、破坏、泄露、丢失、转移或者被非法获取、非法利用等的风险有效地降至最低限度。个人信息出境安全评估总体流程如图 3.3 所示。

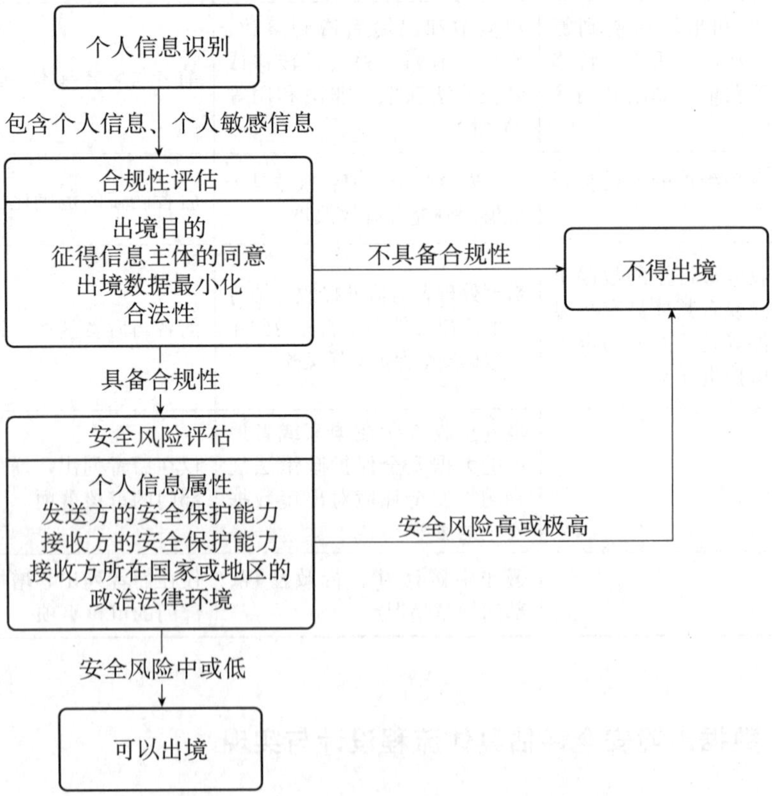

图 3.3　个人信息出境安全评估总体流程

（二）重要数据出境安全评估总体流程

对拟出境数据进行重要数据识别评估，如果其包含重要数据，则首先对该出境活动的合规性进行评估，即其是否具有正当必要的目的、是否符合出境数据最小化原则、是否被法律法规或国家有关部门明令禁止。如重要数据出境不具备合规性，则建议不得出境。在通过合规性评估的基础上，再评估该数据出境的安全风险。安全风险评估结果为高或极高的，建议不得出境，将重要数据出境中和出境后遭到篡改、破坏、泄露、丢失、转移或者被非法获取、非法利用等的风险有效地降至最低限度。重要数据出境安全评估总体流程如图 3.4 所示。

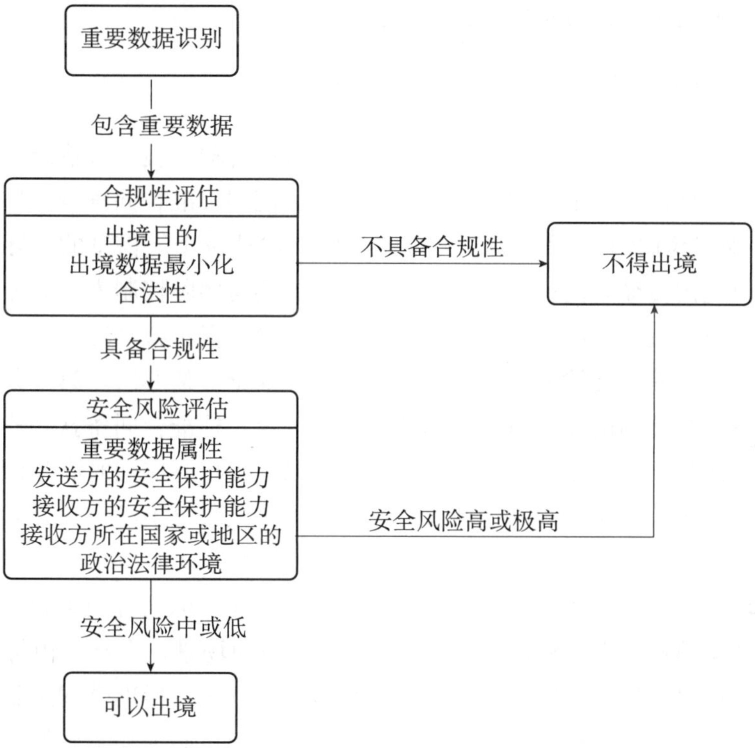

图 3.4 重要数据出境安全评估总体流程

第三节 个人信息跨境提供的标准合同制度

《个人信息保护法》第 38 条第 1 款第 3 项引入了“标准合同”规则，规定个人信息处理者因业务等需要，确需向境外提供个人信息的，应当“按照国家网信部门制定的标准合同与境外接收方订立合同，约定双方的权利和义务”。2023 年

2月22日，国家互联网信息办公室公布《个人信息出境标准合同办法》，自2023年6月1日起施行。《个人信息出境标准合同办法》明确了个人信息出境标准合同（以下简称“标准合同”）范本，对标准合同的适用范围、订立条件和备案要求等方面作出了具体说明，这无疑为规范个人信息出境活动提供了具体指引。

一、标准合同制度的适用范围

从主体角度看，我国标准合同既拘束境内出口方，也拘束境外接收方；从场景角度看，我国标准合同仅适用于个人信息跨境提供行为，以同类重复传输和关联性传输为典型场景，以传输模块为结构特色。

（一）跨境传输行为

在我国，标准合同条款仅适用于个人信息跨境传输，境内传输能否适用，法无明文规定。理论上，境内传输与跨境传输均可使用标准合同条款，域外实践不乏其例。[①] 两者均以个人信息处理为传输目的，均涉及个人信息的实际控制方和处理方，但境内传输合同侧重于分配处理者（尤其是实际控制方）和分包处理者的风险，跨境传输合同的重心则在于规制特殊风险与保护特别法益。

就个人信息跨境传输而言，鉴于《数据出境安全评估办法》第4条明确列举了数据出境安全评估的四类情形，结合该条的规定，标准合同条款并非普适性的出境工具，而仅限于非重要、小规模的传输场景，出口方应同时满足四项前提条件：（1）非关键信息基础设施运营者；（2）处理个人信息不满100万人；（3）自上年1月1日起累计向境外提供未达到10万人个人信息；（4）自上年1月1日起累计向境外提供未达到1万人敏感个人信息。由此，标准合同条款与数据出境安全评估“整体联动”，不需要安全评估的跨境传输场景，方有经由标准合同条款实现个人信息出境之空间。但仅就前述数量阈值而言，标准合同条款更适于中小型企业或临时性跨境传输，适用空间有限，日后尚有必要动态调整数量阈值。

（二）标准合同的典型适用场景：同类重复传输与关联性传输

标准合同条款并不天然地适用于所有传输场景，而是常见于同类重复传输和

---

① 欧盟通过《位于欧盟/欧洲经济区的控制者和处理者的标准合同条款的委员会执行决定》和《向第三国传输个人数据的标准合同条款的委员会执行决定》，针对个人信息境内传输和跨境传输分设两套条款。参见 Commission Implementing Decision（EU）2021 /915 of 4 June 2021 on standard contractual clauses between controllers and processors under Article 28（7）of Regulation（EU）2016 /679 of the European Parliament and of the Council and Article 29（7）of Regulation（EU）2018 /1725 of the European Parliament and of the Council，OJ L 199，07. 06. 2021。

关联性传输。识别典型场景的目的在于确定典型风险，进而公平分配权利义务。其一，同类重复传输，多见于涉及人力资源、金融信息、客户信息等的跨国运营的大型商业组织。该领域有大量性质类似的重复传输需求，所涉行业中的大型运营商数量相对较少且广受公众监督。[①] 在此类场景中，标准合同条款是进出口方、监管机构的双赢方案：进出口方能反复使用条款，可以降成本提效率；监管机构受管辖权、企业垄断、关联公司等掣肘，行政监管存在难度，合同监管更为简便高效。其二，关联性传输，多见于跨国公司，以关联或隶属关系为特征。当进出口方是跨国公司、关联公司或者隶属于同一经济实体时，双方联系较为紧密，应重点构造进出口方的责任承担条款。

（三）标准合同的结构特色：传输模块

传输模块是配置进出口方义务的基本单元。进出口方可依据处理角色，选择不同模块，以调整合同义务。传输模块之设计，受到进出口方之间关系与性质、传输角色、预期处理性质、传输目的等因素影响。在域外，传输模块的区分标准和细分程度各异。欧盟标准合同条款（SCCs）细分为“控制者—控制者”“控制者—处理者”“处理者—处理者”“处理者—控制者”四类模块，东盟示范合同条款（MCCs）区分为“控制者—处理者”“控制者—控制者”两类模块。在我国，立法难点在于细分传输主体，我国仅规定个人信息处理者，《个人信息保护法》第 73 条第 1 项的“个人信息处理者”概念，实质上吸收了域外的控制者概念，涵盖了 SCCs 和 MCCs 的控制者和处理者。[②]《个人信息保护法》第 38 条仅区分个人信息处理者和境外接收方，进出口方既可以是实际控制信息的处理者，也可以是仅处理，但不实际控制信息的处理者。此种概念错位导致我国无法直接套用域外通行的传输模块。这或许是我国标准合同在结构上未区分传输模块的原因所在，但这并不代表没有区分模块的必要，因为在实践中区分进出口方实际角色的现实需求仍客观存在。因此，单独制定委托处理的标准合同条款，在回避概念错位的前提下，回应区分进出口方角色（实际控制方和处理方）的现实需求，或为应对之策。

二、进出口方的个人信息保护义务

进出口方的传输角色、利益格局、风险能力不尽相同，其应承担的个人信息

① See European Commission, Working Party on the Protection of Individuals with regard to the Processing of Personal Data, Transfers of personal data to third countries: Applying Articles 25 and 26 of the EU data protection directive, DG XV D/5025/98, WP 12, 24.07.1998, pp. 22 - 23.

② 姚佳．论个人信息处理者的民事责任．清华法学，2021（3）：41 以下．

保护义务既有交叉，又不相同，既有双方义务，也有单方义务。在个人信息保护义务的具体类型中，以个人信息安全义务，个人信息安全事件的通知、补救、减损义务，告知义务，目的限制义务和合规审计义务为典型。

（一）个人信息安全义务

个人信息安全义务，原则上是进出口方均应负担的主给付义务。基于个人信息处理者的安全义务和信息安全原则，进出口方应确保个人信息安全，根据处理的性质、目的、范围、方式、技术水平等因素，采取适当的技术、运营措施，确保处理的安全性，避免信息泄露、篡改、丢失等安全风险。

进出口方所负的个人信息安全义务，侧重不同。出口方应确保个人信息在传输至进口方的过程中的安全性。[①] 进口方应就收到的个人信息承担额外的安全义务，例如应定期检查，确保传输的技术和组织措施持续具备安全水准，确保授权人员对处理行为予以保密。[②] 进口方在《个人信息保护法》第 3 条第 2 款的范围内处理个人信息时，亦为个人信息处理者。依据《个人信息保护法》第 51 条第 1 项，进口方应制定内部管理制度和操作规程，持续保障个人信息安全，确保信息处理操作权限的安全性。进口方应在仅限于执行、管理和监督合同履行所需的必要范围内授权相关人员访问个人信息，并确保被授权人员履行保密义务。

（二）个人信息安全事件的通知义务

个人信息安全事件的通知义务是典型的进口方义务，是个人信息安全义务之延伸，为真正义务。基于《个人信息保护法》第 57 条，在发生或可能发生个人信息安全事件时，处理者应通知履行个人信息保护职责的部门和个人。《数据安全法》第 29 条后段亦规定了数据安全事件的通知义务。文义上，《个人信息保护法》和《数据安全法》仅规定处理者的一般通知义务，通知主体并非任何一方。但在跨境传输中，进口方更能实际了解安全事件的发生风险和现实危险，故在出口方的通知义务之外，应重点构造进口方的通知义务。性质上，通知义务是真正义务，理由在于：虽然《个人信息保护法》第 57 条未规定违反通知义务之法律后果，但第 66 条将“未履行本法规定的个人信息保护义务”概括列为法律责任的构成要件，对于违反通知义务是否免于损害赔偿，第 69 条亦无例外规定。

就通知事由而言，《个人信息保护法》第 57 条仅列举了个人信息泄露、篡

---

① See Transborder Data Flow Contracts in the Wider Framework of Mechanisms for Privacy Protection on Global Networks, OECD Digital Economy Papers No. 66, 21.09.2000, OECD Publishing, Paris, pp. 9-10.

② 进口方的数据安全义务，例如 SCCs 模块一第 8.5 条 b 项和 c 项、模块二和模块三第 8.6 条 b 项，MCCs 模块二第 3.2 条。

改、丢失三类情形。《数据出境安全评估办法》第 9 条第 6 项亦以“出境数据遭到篡改、破坏、泄露、丢失、转移或者被非法获取、非法利用等风险”模糊列举带过。《个人信息保护法》第 51 条第 5 项和第 64 条第 1 款中的“个人信息安全事件”，亦缺乏界定，但第 51 条中的个人信息安全事件除信息泄露、篡改、丢失之外，还包括未经授权的访问。在实践中，风险源随技术发展而变化，个人信息安全风险不限于泄露、篡改或丢失。因此，应当对《个人信息保护法》第 57 条进行目的性扩张，通知事由应涵盖所有可能危及个人信息安全的风险，包括但不限于泄露、篡改、丢失。个人信息安全事件通知义务的构造方案为：在知悉个人信息安全事件的发生风险或现实危险时，进口方和出口方应立即通知履行个人信息保护职责的部门和个人信息主体，通知内容包括对个人信息安全事件性质的描述、可能的危害、已采取的补救措施、可采取的减轻危害的措施等。

（三）个人信息安全事件的补救、减损义务

个人信息安全事件的补救、减损义务，是典型的进口方义务，构成个人信息安全义务之延伸，为真正义务。基于《个人信息保护法》第 57 条第 1 款第 2 项和第 2 款，在发生或可能发生个人信息安全事件时，处理者应履行补救、减损义务。《数据安全法》第 29 条前段亦规定了发生数据安全缺陷、漏洞等风险时处理者的补救义务。在实践中，进口方更能有效实施补救、减损行为。进口方的补救、减损义务可构造为：（1）在发生或可能发生个人信息泄露、篡改等个人信息安全事件时，进口方应立即采取补救措施，以减轻可能的危害。（2）在合同履行中，进口方有理由认为己方因无法遵守合同而可能造成安全风险时，应通知出口方；出口方在收到通知或以其他方式意识到进口方无法遵守合同时，应采取适当措施予以补救并通知有关部门。（3）补救措施应包括出口方和/或进口方采取的补充性保护措施，例如确保安全和保密的技术或组织措施等。

（四）告知义务

告知义务是典型的出口方义务，又称透明度要求。基于《个人信息保护法》的公开、透明原则和告知规则，个人信息处理者负有主动告知和经问询告知的双重义务。前者为一般的信息公开义务（主动告知义务），处理者应主动向个人信息主体告知处理事项、传输主体经营变动事项（《个人信息保护法》第 17 条、第 18 条、第 22 条、第 23 条、第 39 条）；后者为经问询的告知义务，处理者须就个人提出的查阅、复制个人信息等问询予以回应（《个人信息保护法》第 45 条、第 48 条）。告知通常可明示为之，例如提供条款副本，或在涉及商业秘密等保密事项时共享特定范围内的部分副本，或在个人信息主体无法理解副本内容时提供可理解的摘要。但是，告知义务绝非单纯的出口方义务，在特定情形下，进口方亦

负有告知义务。

（五）目的限制义务

目的限制义务是典型的进口方义务。依据《个人信息保护法》第 6 条第 1 款，目的限制是个人信息处理的基本原则。在个人信息收集阶段，处理者应有明确目的，使用信息不得违背约定目的；在个人信息处理阶段，应限于特定目的处理。[①] 跨境传输显然属于后者，进出口方应限于特定目的处理个人信息。原则上，进出口方均为处理者，均负有目的限制义务。实践中，在出口方将个人信息传输至进口方后，主要由进口方实施处理，进口方承担目的限制义务更为合理。

目的限制义务之构造，可区分为一般规则和豁免规则。其一，一般规则。进口方应限于约定目的处理个人信息。在委托传输中，进口方（受托人）应仅限于约定目的并根据委托人的指示处理个人信息（《个人信息保护法》第 21 条第 1、2 款）。其二，豁免规则。首先，个人信息主体的同意是处理之前提（《个人信息保护法》第 13 条第 1 款第 1 项、第 14 条第 2 款、第 23 条），超出特定目的之处理须取得事先同意。据此可确立相对豁免规则，即在超出目的处理时，若嗣后补足同意要件，则不违反目的限制义务。其次，就为履行法定义务或法定职责所必需等无须同意即可处理的绝对豁免情形（《个人信息保护法》第 13 条第 1 款第 2～7 项和第 2 款），可设置绝对豁免规则，即属于前述情形的超出特定目的的处理，不违反目的限制义务。

（六）合规审计义务

合规审计义务是典型的出口方义务，是指出口方应对进口方是否遵守个人信息保护法和标准合同条款展开审计，其名为义务，实为审计权限。就文义解释而言，依据《个人信息保护法》第 54 条，处理者应定期对其处理行为是否遵守法律、行政法规进行审计。此为自律性对己义务，不涉及对传输合同的合规审计。但该条未界定具体审计对象和审计主体，《信息安全技术　个人信息安全规范》第 11.7 条仅规定由个人信息控制者进行安全审计，审计对象为个人信息保护政策、相关规程和安全措施的有效性。在目的解释上，若进出口方欠缺安全适当的处理场所、设施或组织措施，无法依约履行，《个人信息保护法》第 54 条的个人信息保护目标就无从实现。相较之下，域外的合规审计主要是合同合规审计，而非法律合规审计，由出口方对进口方是否遵守合同条款予以审计。因此，若对《个人信息保护法》第 54 条作目的性扩张解释，除法律合规审计外，合规审计义务的具体内容还应包括是否遵守标准合同条款的合同合规审计。合规审计条款之

---

① 程啸．个人信息保护法理解与适用．北京：中国法制出版社，2021：85.

设计，应重点构造出口方对进口方是否遵守标准合同条款的合同合规审计事项。

第四节 个人信息跨境提供的认证制度

随着《个人信息保护认证实施规则》（以下简称《实施规则》）出台，我国个人信息跨境认证制度实现了规则落地。“认证”是《个人信息保护法》第 38 条规定的个人信息跨境流动的三种合规路径之一。除认证外，个人信息出境的合规路径还包括“安全评估”和“标准合同”。个人信息出境安全评估是一种具体行政行为①，标准合同签订是一种私主体商事行为②，专业机构认证则是一种第三方规制行为。③ 个人信息跨境认证是合作规制理论在数字时代的生动实践，体现出数字社会背景下数据治理的公私合作特征，《实施规则》为个人信息跨境认证的实施提供了现实方案。

一、认证的功能

《个人信息保护法》第 38 条第 1 款第 2 项规定，个人信息处理者通过国家网信部门认可的专业机构的“个人信息保护认证”，可以合法进行个人信息出境。此外，第 38 条第 3 款要求，“个人信息处理者应当采取必要措施，保障境外接收方处理个人信息的活动达到本法规定的个人信息保护标准”。

首先，认证的功能是，审查和确认个人信息处理者是否根据个人信息出境风险采取合理必要措施，确保境外接收方的个人信息保护水平满足《个人信息保护法》的个人信息保护标准。值得注意的是，认证机构并不是要审查个人信息出境的风险，而是要审查个人信息处理者是否具备根据个人信息出境风险采取必要措施的能力，以及是否有能力确保境外接收方对所接收的个人信息提供等同保护。

其次，按照认证的一般要求，在企业通过认证后，认证机构要对所认证的企业进行持续性监督，确保其能够根据个人信息出境风险的变化而动态调整其必要措施，持续满足《个人信息保护法》第 38 条第 3 款的要求。由此，认证也是分担国家监管部门个人信息出境监管重任的一种有效途径。

最后，专业机构作为第三方提供的认证是一种市场化的个人信息保护解决方案，能够比较灵活地同时满足企业的商业性个人信息跨境提供需求和国家有关个

① 张凌寒．论数据出境安全评估的法律性质与救济路径．行政法学研究，2023（1）.

② 赵精武．论数据出境评估、合同与认证规则的体系化．行政法学研究，2023（1）.

③ 刘权．数据安全认证：个人信息保护的第三方规制．法学评论，2022（1）.

人信息跨境提供的安全监管要求，因而比较容易满足跨国企业的个人信息跨境提供的需求。

二、认证范围

《实施规则》规定了对个人信息处理者开展个人信息收集、存储、使用、加工、传输、提供、公开、删除以及跨境等处理活动进行认证的基本原则和要求。从认证主体来看，凡是个人信息处理者皆可申请该项认证；从认证对象来看，认证涉及个人信息处理活动过程中的产品、服务、管理体系；从认证内容来看，认证仅仅涉及个人信息，而不包括其他数据，例如《数据安全法》规定的核心数据和重要数据、《数据出境安全评估办法》规定的重要数据、《关键信息基础设施安全保护条例》规定的关键信息基础设施相关数据，以及《个人信息保护法》规定的匿名化处理后的信息，这些非个人信息均不属于《实施规则》的认证内容。此外，认证是对个人信息处理的认证，个人信息的处理包括个人信息的收集、存储、使用、加工、传输、提供、公开、删除等，同时也包括数据跨境传输的处理活动。总体来看，《实施规则》规定的认证主体范围更明确，适用对象范围更广阔（包括产品、服务和管理体系），内容范围更有针对性（仅限于个人信息）。

三、认证依据

《认证认可条例》是实施个人信息保护认证的根据之一，该条例第 2 条规定，认证“是指由认证机构证明产品、服务、管理体系符合相关技术规范、相关技术规范的强制性要求或者标准的合格评定活动”。最新版本的《信息安全技术　个人信息安全规范》和《个人信息跨境处理活动安全认证规范》是《实施规则》所规定的认证依据。前者是由国家市场监督管理总局与国家标准化管理委员会联合发布的国家标准，在《个人信息保护法》实施以前就为企业数据合规建设提供重要依据和规范指南；后者是由全国信息安全标准化技术委员会组织制定和发布的技术规范。根据《实施规则》的规定，所有个人信息处理者均需要符合前一种规范的要求，而开展数据跨境传输的个人信息处理者还应当符合后一种规范的要求。

四、认证程序

“技术验证＋现场审核＋获证后监督”是《实施规则》提出的个人信息保护

认证模式。按此模式，认证机构在对认证委托人提交的认证委托进行审查后，决定是否受理并向委托人及时反馈，受理后将确定认证方案并告知委托人。具体认证程序如下：

（1）技术验证：按照认证方案，技术验证机构实施技术验证，并向认证机构和认证委托人出具技术验证报告。

（2）现场审核：在收到技术验证报告之后，认证机构将对个人信息处理者实施现场审核，并向认证委托人出具现场审核报告。

（3）获证后监督：根据认证委托人提交的委托资料、技术验证机构出具的技术验证报告、认证机构掌握的现场审核报告和其他相关资料信息，认证机构进行综合评价，最终决定认证申请是否通过，对符合认证要求的个人信息处理者颁发认证证书。在有效期内，认证机构采取适当方式、以合理监督频次，对已获认证的个人信息处理者进行持续监督。

综上所述，《实施规则》以认证前资料审查、认证中能力审核、认证后持续监管的事前、事中、事后全过程规制模式对认证程序作出了具体规定。

五、认证证书

认证机构对符合认证要求的认证委托人颁发认证证书，有效期为 3 年。在此期间，认证委托人可向认证机构提出变更委托，对已获认证的个人信息处理者的相关资料进行变更，也可申请将认证证书暂停、注销；认证证书到期后，认证委托人需要延续使用的，应在有效期届满前 6 个月内提出申请。获得认证后，认证委托人将受认证机构的持续监督，在监督过程中若已获得认证的个人信息处理者不再符合认证要求，认证机构应当及时对认证证书予以暂停直至撤销。认证证书既不是行业许可证，也不是营业执照，而是一种资质认证，体现出认证机构对于认证委托人的个人信息保护能力的肯定性评价。

六、认证责任

《实施规则》规定，认证机构、技术验证机构、认证委托人分别对各自的认证结论、技术验证结论、认证委托资料的真实性和合法性负责。针对认证机构的责任，《认证认可条例》第 73 条规定："认证机构未对其认证的产品实施有效的跟踪调查，或者发现其认证的产品不能持续符合认证要求，不及时暂停或者撤销认证证书和要求其停止使用认证标志给消费者造成损失的，与生产者、销售者承担连带责任。"也就是说，若认证机构对个人信息主体造成损失则需承担连带责任，这意味着认证机构在个人信息保护认证工作实施过程中担负着持续的监督和审查义务，面临着重要的认证责任。

总体来看，《实施规则》将认证实施的适用范围界定为“个人信息”内容，规定依据国家标准和相关技术规范开展认证工作，提出了事前、事中、事后全过程规制的认证程序，公布了认证证书和认证标志，明确了认证的主体、对象及其责任。《实施规则》的具体落实仍待认证机构对认证实施程序进一步细化，认证机构在实践过程中所制定的科学、合理、可操作的认证实施细则才是《实施规则》方案真正落地的“最后一公里”。

思考题

1. 如何理解“境外接收方处理个人信息的活动是否达到标准合同规定的个人信息保护标准”？

2. 在个人信息跨境提供场景中，除“单独同意”外，企业需要告知用户哪些内容？

3. 尝试比较、划分数据出境评估、标准合同与认证机制的不同适用场景。

4. 在“数据再传输”情形下如何保证合规？

文献阅读资料

1. 朱琳．大数据时代跨境数据流动治理研究．苏州：苏州大学出版社，2022.

2. 何跃鹰，卓子寒．全球数据跨境流动治理．北京：科学出版社，2023.

3. 沈玉良，李墨丝，李海英，等．全球数字贸易规则研究．上海：复旦大学出版社，2018.

4. 黄志雄，韦欣妤．美欧跨境数据流动规则博弈及中国因应：以《隐私盾协议》无效判决为视角．同济大学学报（社会科学版），2021（2）.

5. 许多奇．论跨境数据流动规制企业双向合规的法治保障．东方法学，2020（2）.

6. 张凌寒．个人信息跨境流动制度的三重维度．中国法律评论，2021（5）.

7. 张继红．个人数据跨境传输限制及其解决方案．东方法学，2018（6）.

8. 罗文华．基于生命周期的数据跨境流动程序性与实质性监管．中国政法大学学报，2021（5）.

9. 许可．自由与安全：数据跨境流动的中国方案．环球法律评论，2021（1）.

10. 洪延青．“法律战”旋涡中的执法跨境调取数据：以美国、欧盟和中国为例．环球法律评论，2021（1）.

11. 洪延青. 推进"一带一路"数据跨境流动的中国方案：以美欧范式为背景的展开. 中国法律评论，2021（2）.

12. 叶开儒. 数据跨境流动规制中的"长臂管辖"：对欧盟 GDPR 的原旨主义考察. 法学评论，2020（1）.

13. 单文华，邓娜. 欧美跨境数据流动规制：冲突、协调与借鉴——基于欧盟法院"隐私盾"无效案的考察. 西安交通大学学报（社会科学版），2021（5）.

14. 时业伟. 跨境数据流动中的国际贸易规则：规制、兼容与发展. 比较法研究，2020（4）.

15. Clare Sullivan. EU GDPR or APEC CBPR?：A Comparative Analysis of the Approach of the EU and APEC to Cross Border Data Transfers and Protection of Personal Data in the IoT Era. Computer Law & Security Review，2019，35（4）.

16. Christopher Kuner. Territorial Scope and Data Transfer Rules in the GDPR: Realising the EU's Ambition of Borderless Data Protection（April 16，2021）. University of Cambridge Faculty of Law Research Paper No. 20/2021.

17. Oliver Patel，Nathan Lea. EU-U. S. Privacy Shield，Brexit and Future of Transatlantic Data Flows. University College London European Institute，2020.

第四章 个人在个人信息处理中的权利

第一节 个人在个人信息处理中的权利概述

一、“个人信息权益”与“个人信息权利”辨析

针对是“个人信息权益”还是“个人信息权利”，究竟采用何种表述，学界一直存在争议。认可将个人信息受法律保护的权利作为一项独立人格权的一方主张，“个人信息权”相较传统的隐私权，在权利客体、权利内容、保护方式等方面都有很大的不同，因此应当适应信息化发展的要求，明确其为一项独立权利。反对方则主张个人信息具有可复制性，为了达到个人权利保护与信息利用之间的平衡，不宜赋予个人排他性的绝对控制权，因而不应将其作为独立的人格权纳入民事权利体系。[①]

《民法典》第 111 条、人格权编第六章“隐私权和个人信息保护”，均使用了“个人信息”的表述，将其界定为人格权益而非权利。立法机关在《关于〈中华人民共和国个人信息保护法（草案）〉的说明》中表明：“把握权益保护的立法定位，与民法典等有关法律规定相衔接，细化、充实个人信息保护制度规则。”《个人信息保护法》受《民法典》的影响，其第 1 条中亦将“为了保护个人信息权益”作为立法目的之一。但与《民法典》不同的是，《个人信息保护法》第四章还使用了“个人在个人信息处理活动中的权利”的表述。然而此处的“权利”并非指“主观权利”，而是指“权能”，不能被单独地转让、放弃或继承。[②] 那么，应如何理解《个人信息保护法》对“权益”和“权利”的并用？

使用“权益”是考虑到信息化时代个人信息之上承载着广泛的个人权利和利

① 杨合庆．中华人民共和国个人信息保护法释义．北京：法律出版社，2022：112.

② 程啸．论个人信息权益．华东政法大学学报，2023（1）：14.

益，其与个人的人身、财产安全密切相关，并非一项单一的权利，而是各种利益的类型化集合；使用“权利”则是因为国际社会及我国各项相关立法均赋予个人对其个人信息处理的知情权、决定权，并以此作为保障个人信息权益的方式。[①]就二者的关系而言，个人信息权益是“本权权益”，主要包括人格尊严、人身财产安全以及通信自由和通信秘密等利益，但不包括财产利益，兼具公法与私法双重性质；个人信息权利则是保护“本权权益”的权利。在理论上，当“本权权益”遭受非法侵害时，法律会赋予权益主体救济措施和相应权利，此等权利本身不产生或者不包含任何实际的人身和财产利益，仅是权利人保护其“本权权益”的法律手段。[②] 质言之，个人信息权利主要包括处于支配地位的同意（或拒绝）的权利，以及知情、查阅、复制、转移、更正、补充、删除、请求解释说明等权利。

二、个人信息权益和权利的平衡保护

“两头强化，三方平衡”理论作为个人信息保护的基础理论，在个人信息权益构造的教义学阐释中发挥着决定作用。[③] 对于敏感个人信息的保护表明，个人信息权益的核心利益在于人格尊严以及人身财产安全等利益，法律对个人信息权益的保护应当围绕对此等利益的保护展开；而强化一般个人信息的利用表明，个人应当将其非核心利益让渡给信息业者（一般个人信息处理者）与国家，此等非核心利益不属于个人信息权益的范畴。[④] 这里的“非核心利益”主要就是指“经济利益”。个人信息本身就兼具人身属性和财产属性，绝大多数个人信息都可以进行经济利用。[⑤] 处理者在处理大量个人信息后获得的“数据池”具有较高的经济价值，保护处理者对个人信息数据所享有的财产利益有利于数字产业的发展。然而单个个人的个人信息中仅存在稀薄的经济价值，将财产利益配置给个人将带来较高的社会成本。因此应当将财产利益配置给处理者，但此等财产利益依然受个人信息权益的制约。

总之，个人信息权益和权利保护的价值取向不是单一的，而是多元、兼容并包的；其追求的不是个人、一般个人信息处理者或者国家某一方利益的全部实现，而是三方利益的相互平衡，从而实现“多赢”和“共和”[⑥]。

---

① 杨合庆．中华人民共和国个人信息保护法释义．北京：法律出版社，2022：113.

② 张新宝．论个人信息权益的构造．中外法学，2021（5）：1144.

③ 张新宝．从隐私到个人信息．利益再衡量的理论与制度安排．中国法学，2015（3）：39.

④ 张新宝．论个人信息权益的构造．中外法学，2021（5）：1147.

⑤ 王利明，程啸．中国民法典释评：人格权编．北京：中国人民大学出版社，2020：59.

⑥ 张新宝．论个人信息权益的构造．中外法学，2021（5）：1146.

三、死者个人信息的保护

1. 死者个人信息保护的沿革

个人权利能力始于出生，终于死亡。我国对于死者权益一直采取间接保护的路径，主张近亲属对死者生前形象享有怀念、祭奠、追思或寄托美好情感的法律利益。如史尚宽先生所指出的："于自然人死后，其遗属为保护死者之名誉、秘密或纪念，系根据自己之权利，因自己人格利益之受侵害而有诉权。此权利在内容上为另一新权利，其遗属为尽虔敬孝行，而有内部的利益。"① 2001 年《最高人民法院关于确定民事侵权精神损害赔偿责任若干问题的解释》② 第 3 条规定：自然人死亡后，以侮辱、诽谤、贬损、丑化或者违反社会公共利益、社会公德的其他方式，侵害死者姓名、肖像、名誉、荣誉，非法披露、利用死者隐私，或者以违反社会公共利益、社会公德的其他方式侵害死者隐私的，其近亲属因此遭受精神痛苦，可以向人民法院起诉请求赔偿精神损害。第 7 条规定：自然人因侵权行为致死，或者自然人死亡后其人格或者遗体遭受侵害，死者的配偶、父母和子女或其他近亲属可以向人民法院起诉请求赔偿精神损害。

《民法典》延续了这一进路，其第 994 条规定："死者的姓名、肖像、名誉、荣誉、隐私、遗体等受到侵害的，其配偶、子女、父母有权依法请求行为人承担民事责任；死者没有配偶、子女且父母已经死亡的，其他近亲属有权依法请求行为人承担民事责任。"尽管该条并未明确列出"死者个人信息"，但从死者人格利益保护的历史看，其呈现出保护范围不断拓展、种类不断增多的趋势。因此这里的人格要素不是封闭的、穷尽的，其"等"字足以将"死者个人信息"纳入。据此，在死者的个人信息受到侵害时，其配偶、子女、父母有权依法请求行为人承担民事责任；死者没有配偶、子女且父母已经死亡的，其他近亲属有权依法请求行为人承担民事责任。2021 年《最高人民法院关于审理使用人脸识别技术处理个人信息相关民事案件适用法律若干问题的规定》即采取该解释方法，其第 15 条规定："自然人死亡后，信息处理者违反法律、行政法规的规定或者双方的约定处理人脸信息，死者的近亲属依据民法典第九百九十四条请求信息处理者承担民事责任的，适用本规定。"

2. 死者个人信息的积极保护

随着信息技术的发展和生活方式的演化，死者个人信息之上承载的利益和价

---

① 史尚宽．民法总论．北京：中国政法大学出版社，2000：126.

② 该司法解释已于 2020 年被修改。

值不断提升，甚至有人已经在探索“虚拟永生”，即通过计算机对个人信息进行自动分析，模拟死者的性格、语气、反应和思考方式，进而在社交网络上以死者的名义与生者交流。例如，美国《纽约时报》记者詹姆斯便通过录制其父亲的声音和将其父亲的生平资料数据化，建立了关于其父亲的语料库，在人工智能的帮助下生成了虚拟的父亲。一家人得以随时与在数字世界里永生的父亲对话，以慰哀思。正是洞见到这一发展趋势，《个人信息保护法》第 49 条从《民法典》对死者个人信息的消极保护迈向了积极保护，鼓励死者生前对个人信息作出安排，并承认在一定条件下死者的近亲属可以针对死者的相关个人信息行使查阅、复制、更正、删除等权利，为死者的近亲属维护自身合法、正当利益提供了新途径。

3. 死者个人信息的生前安排

《个人信息保护法》鼓励自然人生前决定死后个人信息的安排，充分体现了对死者生前意愿的尊重。若死者生前对其死后个人信息的安排与其近亲属权利行使申请相冲突，则应当优先保护死者生前的决定。美国的实证调查发现，70％的人认为在线通信和照片等信息在其死后仍应保持私密性，仅有 10％的人同意他人全面访问其私人通信。[①] 法律既然无法推定死者同意其近亲属全面获悉其个人信息，就应首先认可死者的选择。《个人信息保护法》第 49 条中之所以使用“另有安排”，是因为死者生前对个人信息的安排不但包括了《民法典》继承编中的公证遗嘱、自书遗嘱、代书遗嘱、打印遗嘱、口头遗嘱或录音录像遗嘱等各种遗嘱形式，也包括合同、指示等其他形式。在实践中，死者在生前可以通过如下方式安排其个人信息：（1）与个人信息处理者达成用户协议；（2）在用户协议的基础上，向个人信息处理者发出特别通知；（3）在遗嘱中指明由特定人士负责行使全部或部分个人信息权益。

为了保障死者生前安排，个人信息处理者可以在用户协议中增加死后个人信息处理的内容，为用户提供便捷的在线工具，帮助用户决定在其死亡或丧失行为能力时如何处置个人信息，并遵循用户明确表达的意愿。目前，Facebook 已经推出了“遗产联系”（legacy contact）服务，允许用户指定一名 Facebook 好友作为遗产联系人，并选择是否允许该人打包下载账户内容，抑或彻底删除账户。遗产联系人可以修改用户头像，甚至可以代表已故用户处理新的好友请求。如果用户未在 Facebook 上选择遗产联系人，但在其遗嘱中指定了数字资产的遗嘱执行人，Facebook亦认可该遗嘱执行人为遗产联系人。

4. 死者个人信息的近亲属权利

在死者生前未作出个人信息的安排或安排无效的情形下，近亲属有权出于自

---

① 郭少飞．论死者私人电子邮箱数据的处理规则．社会科学，2021（7）：122.

身权益的考虑，行使死者的部分个人信息权益。对此，应注意如下几点：

第一，近亲属的范围和顺位。根据《民法典》第1045条，近亲属的范围为：配偶、父母、子女、兄弟姐妹、祖父母、外祖父母、孙子女、外孙子女。《个人信息保护法》没有参考《民法典》第994条，对近亲属行使权利的位次作出规定。这是因为，与对死者人格权益的侵权法保护不同，每名近亲属均可能为维护各自的合法、正当权益，分别针对不同的个人信息内容，主张不同的个人信息权利，各方并行不悖。

第二，对近亲属权利行使的限制。只有在为了维护自身的合法、正当利益时，近亲属才能对死者个人信息行使相关的权利，以体现对死者的尊重，防范近亲属滥用权利所造成的不利后果。“合法、正当利益”应当是不违反法律法规和公序良俗，真实且现实存在的利益。例如，近亲属为了了解死者生前是否对死后的财产分配作出相应的安排，以及为了了解死因等，需要登录死者的电子邮箱来查阅、复制死者的个人信息。再如，当死者的个人信息存在不准确或者不完整的地方，导致死者的名誉存在受损的危险，进而损害近亲属对死者的崇敬之情时，近亲属有权要求个人信息处理者对死者的个人信息进行更正。[①] 近亲属在行使权利时，应当向个人信息处理者证明其利益存在，且陈述应清晰、具体。

第三，近亲属权利行使的范围。权利行使的对象，限于与维护死者近亲属自身的合法、正当利益具有直接、密切关系的个人信息，以满足近亲属利益为必要，而并非死者所有的个人信息。行使权利的种类，限于《个人信息保护法》第四章规定的查阅、复制、更正、删除等权利，不包括第二章规定的同意或撤回同意的权利。需要特别说明的是，删除权的行使应根据《个人信息保护法》第47条的规定，以个人信息处理合法性基础消失且个人信息处理者未主动删除为要件，近亲属无权通过行使死者的撤回同意的权利，要求个人信息处理者删除死者的个人信息。

第二节　个人的知情权和决定权

一、个人知情权、决定权系个人信息权益中的概括性权利

《个人信息保护法》在《民法典》第1037条所列举的个人查阅权、复制权、更正权、删除权的基础上，进一步提升、抽象为个人“知情权、决定权”，使之统领《个人信息保护法》第45条个人信息查阅权、复制权和有条件的转移权，

---

① 程啸．论死者个人信息的保护．法学评论，2021（5）：22．

第 46 条个人信息更正权、补充权，第 47 条个人信息删除权，第 48 条个人信息处理规则说明权，第 24 条个人对自动化决策的选择权、说明权和拒绝权，并成为《个人信息保护法》第二章“个人信息处理规则”、第三章“个人信息跨境提供的规则”中的告知同意规定的权利基础。

作为概括性权利，个人知情权、决定权发挥着如下两大功能：其一，价值指引功能。作为个人信息权益的总括性规定，《个人信息保护法》第 44 条与《宪法》第 33 条第 3 款“国家尊重和保障人权”、第 38 条“中华人民共和国公民的人格尊严不受侵犯”、第 40 条“中华人民共和国公民的通信自由和通信秘密受法律的保护”相勾连，成为彰显个人信息价值内核、宣示个人信息保护目的、落实宪法人权保障的重要条款。其二，权利创设功能。个人信息权益均有法定性和开放性。其法定性体现在《个人信息保护法》所规定的具体个人信息权利之中，其开放性根植于个人信息权益和人格尊严的关联。既有法定权利的列举可能无法回应技术快速迭代、社会迅猛变迁和利用场景日新月异的现实，因此，后续法律、行政法规和司法判决可以经由《个人信息保护法》而创制新的个人信息权益。正因如此，在具体适用上，《个人信息保护法》是补充性的、兜底性的，只有在其他法律法规无法提供充分救济之时，才有该法适用的余地，以保证法律的确定性和安定性。

二、个人知情权、决定权的对象：个人信息处理活动

《个人信息保护法》以“个人信息处理活动”为规范对象，《个人信息保护法》亦将“个人信息处理活动”作为权利对象。根据《个人信息保护法》第 4 条第 2 款的规定，“个人信息的处理”包括了个人信息的收集、存储、使用、加工、传输、提供、公开、删除等活动。据此，《个人信息保护法》的“知情权、决定权”即个人向信息处理者和接受委托处理个人信息的受托人，主张告知其信息处理的目的、方式及处理信息的种类等事项，并明确、自愿作出决定的权利。依照《个人信息保护法》第 13 条的规定，当不存在其他合法事由时，处理者在取得个人的同意后方可处理个人信息。因此有必要说明：“个人信息”并非知情权、决定权的对象，《个人信息保护法》也并未赋予个人针对个人信息的控制权，而是通过规定“个人在个人信息处理活动中的权利”，防范个人信息处理对个人的侵害，维护人的主体地位和人格自由发展，避免个人沦为由他人操纵的客体，损害其人格尊严。

三、个人知情权的行使

保障个人对其个人信息处理活动相关事项的知情，是对其人格权益的尊重，

也是保护其人格权益的先决性条件。个人只有知晓其个人信息处理活动中与其利益密切相关的重要事项，才能理性地作出决策，否则便不能保护自己的权益。个人自治是个人信息权益的重要组成部分。在信息社会背景下，自治危机往往并不通过外力强制干涉个人的自主选择，而是通过“信息茧房”引导个人作出特定选择，因此知情权的基础性体现为其与个人信息所承载的法益相关联。[①] 个人对其个人信息处理活动相关事项的知情权，是基于其身份而享有的知悉的权利。[②] 知情权一方面表现为个人向个人信息处理者主张的请求权，即有权要求后者提供与其个人信息处理相关事项的信息；另一方面表现为个人信息处理者的法定义务，只要个人未明确放弃其知情权，即便其未主动行使其知情权，个人信息处理者亦应依法或依约主动告知个人与其个人信息处理相关事项的信息。例如，在“微信读书案”中，北京互联网法院认定：获取原告的微信好友列表属于收集个人信息的行为，没有获得有效的知情同意，侵害了原告的个人信息权益。[③]

知情权中的请求权体现为《个人信息保护法》第 45 条中的“查阅、复制”权、第 48 条规定的“个人有权要求个人信息处理者对其个人信息处理规则进行解释说明”的权利、第 50 条规定的“个人信息处理者应当建立便捷的个人行使权利的申请受理和处理机制。拒绝个人行使权利的请求的，应当说明理由。个人信息处理者拒绝个人行使权利的请求的，个人可以依法向人民法院提起诉讼”的救济权利。知情权所指向的法定义务体现在《个人信息保护法》第 17 条、第 23 条、第 30 条中。第 17 条规定，个人信息处理者应当以显著方式、清晰易懂的语言真实、准确、完整地向个人告知以下事项：个人信息处理者的名称或者姓名和联系方式；个人信息的处理目的、处理方式，处理的个人信息种类、保存期限；个人行使本法规定权利的方式和程序；等等。第 23 条针对个人信息处理者向其他个人信息处理者提供其处理的个人信息的情况，规定个人信息处理者还应当向个人告知接收方的名称或者姓名、联系方式、处理目的、处理方式和个人信息的种类等内容。第 30 条规定，个人信息处理者处理敏感个人信息的，还应当向个人告知处理敏感个人信息的必要性以及对个人权益的影响。

四、个人决定权的行使

个人对其个人信息处理活动享有决定权，即享有对其个人信息如何收集、存

---

① 张新宝．论个人信息保护请求权的行使．政法论坛，2023（2）：27.

② 张新宝，葛鑫．个人信息保护法（专家建议稿）及立法理由书．北京：中国人民大学出版社，2021：33－34.

③ 参见北京互联网法院民事判决书（2019）京 0491 民初 16142 号。

储、使用、加工、传输、提供、公开、删除的自主决定权，以实现个人自治、维护个人尊严，避免个人处于完全被操控的他决地位。不过这一决定权并不等于个人对其个人信息的排他支配。[①] 需要指出的是，《个人信息保护法》的个人决定权并非德国“个人信息自决权”的中国翻版。发轫于德国 1983 年“人口普查案”的“个人信息自决权”，意指个人对于其个人信息拥有决定在何种范围内、于何时、向何人、以何种方式加以揭露或使用的自主权。与个人信息自决权相比，个人决定权有三点不同：（1）在权利性质上，个人信息自决权是针对国家的“宪法性权利”，而个人决定权是一项针对私主体和国家机关的部门法权利；（2）在权利对象上，个人信息自决权是指向个人信息的权利，而个人决定权是指向个人信息处理活动的权利；（3）在权利内容上，个人信息自决权强调个人对个人信息的主动支配和控制权，个人决定权强调个人对信息处理者信息处理活动的选择处理权、干预处理权、限制处理权、拒绝处理权，就此而言，它是针对个人信息处理给个人人格或财产带来之加害危险的事先防御机制。[②]

在《个人信息保护法》中，个人决定权主要有如下体现：（1）个人对处理个人信息的同意。个人有权在充分知情的前提下自愿、明确作出同意，个人信息的处理目的、处理方式和处理的个人信息种类发生变更的，应当重新取得个人同意。（2）个人在特殊情形下的单独同意和书面同意。向其他个人信息处理者提供个人信息，公开其所处理的个人信息，将所收集的个人图像、身份识别信息用于维护公共安全以外的目的，处理敏感个人信息，都需要获得个人的单独同意；法律、行政法规规定处理个人信息应当取得书面同意的，应当取得书面同意。（3）个人可以随时撤回其同意，个人信息处理者应当提供便捷的撤回同意的方式。（4）个人的删除权。（5）个人对自动化决策的选择和干预权。（6）对公开信息处理的拒绝权。

五、个人知情权和决定权的相对性

个人知情权和决定权并非绝对的、不可克减的权利。《个人信息保护法》第 1 条明确将“保护个人信息权益”与“个人信息合理利用”作为并列的立法目标。欧盟《一般数据保护条例》前言第 4 条亦规定：“保护个人数据的权利不是绝对权，必须根据比例原则，考虑其在社会中的作用，并与其他的基本权利相较权衡。本条例尊重所有基本权利，并且遵守《宪章》所承认的载于《条约》中的

① 程啸．个人信息保护法理解与适用．北京：中国法制出版社，2021：335.

② 杨芳．个人信息自决权理论及其检讨：兼论个人信息保护法之保护客体．比较法研究，2015（6）：33.

自由和原则，特别是尊重私人和家庭生活、家庭和通讯、个人数据的保护、思想自由、道德和宗教自由、表达和信息自由、开展生意的自由、有效救济和公平审判的权利，以及文化、宗教和语言的多样性。”

在《个人信息保护法》中，对知情权的限制体现为第 18 条规定的“个人信息处理者处理个人信息，有法律、行政法规规定应当保密或者不需要告知的情形的，可以不向个人告知前条第一款规定的事项。紧急情况下为保护自然人的生命健康和财产安全无法及时向个人告知的，个人信息处理者应当在紧急情况消除后及时告知”。对决定权的限制主要体现在如下方面：（1）第 13 条中的法定许可事由；（2）第 40 条中对关键信息基础设施运营者的个人信息以及达到一定数量的个人信息出境的限制；（3）第 26 条中对公共场所安装图像采集、个人身份识别设备的限制；等等。其他法律、行政法规亦有对个人知情权、决定权的限制。例如，《征信业管理条例》第 15 条规定：“信息提供者向征信机构提供个人不良信息，应当事先告知信息主体本人。但是，依照法律、行政法规规定公开的不良信息除外。”最后有必要指出，对个人知情权和决定权的克减只能通过法律、行政法规进行，地方性法规、部门规章、规范性文件均无权予以限制。

第三节　个人信息权益中的请求权

一、个人在个人信息处理中的请求权概述

作为“本权权益”的个人信息权益，存在多方利益主体和多层次的利益结构，立法难以直接规定个人信息权益的实体内涵，只得规定这一内涵的外在表现及其保护方法，《个人信息保护法》第四章所列举的权利群即是个人信息权益的反映和保护的请求权。由于这些权利是个人信息处理活动中自然人享有的，且针对的义务人是个人信息处理者，故这些权利性质上属于请求权，而非绝对权。[①] 所谓“请求权”，即权利主体对义务主体提出请求以满足其利益需求的权利。请求权的行使虽不形成新的权利义务关系，但可以推动其他实体性权益的实现，因而居于权利体系的枢纽地位。[②]

尽管个人在个人信息处理中的请求权在推动本权实现的作用方式上与民法上的绝对权请求权类似，但其本质上仍然不同于民法上的请求权，更不是一种人格

---

① 程啸，王苑．论我国个人信息保护法中的查阅复制权．法律适用，2021（12）：27.

② 王泽鉴．民法总则．北京：北京大学出版社，2009：101.

权请求权。个人在个人信息处理中的请求权是个人的知情权、决定权、限制或拒绝权等本权衍生出来的程序性权利，其推动实现的实体权益与人格权相比更加丰富。[①]

二、个人享有的具体请求权

（一）个人信息查阅权、复制权

1. 个人信息查阅权、复制权的含义

个人信息查阅权、复制权，即个人有权向个人信息处理者请求查阅由其处理的个人信息，并取得相应副本的权利。查阅权、复制权不但落实了《个人信息保护法》第 7 条的“公开、透明原则”，也是第 44 条的个人信息知情权的实现方式。一方面，查阅权、复制权的行使不是权利人维持对其个人信息的知情状态的唯一路径，查阅权、复制权所能推动实现的实体权益无法完全涵盖知情权的范围，知情权存在创设出其他类型请求权的可能；另一方面，查阅权、复制权所能推动实现的实体权益亦无法超出知情权的范围，个人能否、如何向信息主体提出查阅、复制请求应被包含于对知情权条款的解释结果之中。[②] 同时，查阅权、复制权也是《个人信息保护法》第 45 条第 3 款“可转移权”、第 46 条“更正权、补充权”和第 47 条“删除权”的基础性权利。对查阅权、复制权的理解，应注意如下两点：

第一，个人信息查阅权、复制权的对象是信息而非数据。关于数据和信息的关系有三种不同观点：（1）数据＝信息。该观点认为：数据和信息具有天然的共生性和一致性，各国立法混用“数据”与“信息”概念，可资佐证。（2）数据＞信息。该观点认为：单纯的数据本身并无实际意义，数据只有经过解释、对实体行为产生影响时才有意义，才能成为信息。基于此，数据是比信息更基础的素材，数据加上背景或者语境，进而演化成呈现序列的数据组合——信息，从信息中寻找出规律就成了知识。数据、信息、知识及智慧之间形成一个金字塔结构，一个递进式的数据—信息—知识—智慧体系（data-information-knowledge-wisdom，DIKM）。就此而言，信息是数据的子集，数据是比信息更大的范畴。（3）数据＜信息。该观点认为：数据只是信息表达的一种方式，除数据外，信息还可以通过其他方式来表达，亦即信息因其内容而具有意义，但这些具有特定意义的信息并不仅仅由数据来传播。与上述观点不同，我国《民法典》第 111 条、

① 张新宝．论个人信息保护请求权的行使．政法论坛，2023（2）：28.

② 张新宝．论个人信息保护请求权的行使．政法论坛，2023（2）：27.

第127条以及《数据安全法》第3条采取了“数据和信息合一并区分”的观点，即数据是指任何以电子或者非电子形式对信息的记录，而信息是数据所反映、为人所理解的内容。个人信息查阅权、复制权以满足知情权为目的，因此在个人提出请求时，个人信息处理者应当提供可被人理解的个人信息而非只能被机器理解的数据，至于其是电子形式还是非电子形式，均在所不论。

第二，个人信息查阅权、复制权的范围限于个人信息处理者处理的个人信息，而非关于个人信息处理的各种信息。与《个人信息保护法》的规定不同，欧盟《一般数据保护条例》第15条赋予了个人非常宽泛的“访问权”，数据主体有权要求数据控制者确认是否正在处理关于该数据主体的个人数据，并有权获得个人数据和以下信息：(1) 处理的目的；(2) 相关个人数据的类别；(3) 作为个人数据披露对象的接收人或接收人类别，尤其是在第三国或国际组织的接收人；(4) 如果可能，该个人数据将被保存的预计期限，或如果这不可能，确定该期限使用的标准。此外，若个人数据不是从数据主体处获取，则控制者应当提供关于数据源的任何可用信息。类似地，美国《加州消费者隐私法案》第1798.110、1798.115、1798.130条规定的“访问权”的范围亦相当宽泛，包括了个人信息的具体部分、个人信息类别、信息是否会被出售或共享、存储期限等。从体系解释出发，可以认为：(1) 个人信息处理者处理的个人信息以外的个人信息处理活动中的其他信息并不为《个人信息保护法》所涵摄；(2) 执法机关和司法机关在必要时，可依据《个人信息保护法》第7条的“公开、透明原则”和第44条的“知情权”，要求个人信息处理者在个案中向个人提供个人信息处理活动中的其他信息。

2. 个人信息查阅权、复制权的行使

个人信息查阅权、复制权的行使一般应采取如下方式或满足如下条件：

第一，个人行使个人信息查阅权、复制权应通过适当方式证明自身的真实身份。由于查阅、复制所指向的信息限于本人信息，因此个人在行使时证明其身份是必不可少的。例如，欧盟《一般数据保护条例》第12条规定：“个人要求以口头形式提供信息的，可以从其要求，该申请者的身份应以其他方式证明。”

第二，个人信息处理者在处理个人信息时，有法律、行政法规规定应当保密或者不需要告知，或者告知将妨碍国家机关履行法定职责的情形的，查阅权、复制权无法行使。

第三，个人信息查阅权、复制权的行使应秉承诚实信用原则，不得恶意行使。作为知情权的具体化，个人信息查阅权、复制权以满足个人正当、合法的“知情”为目的，而不应被滥用。其正当、合法与否可以综合考虑如下要素：(1) 个人提出请求的背景以及该人与个人信息处理者之间的关系；(2) 查阅、复制个人信息与个人的相关程度，是否涉及第三人权益以及可能的权益损害程度；

(3) 查阅权、复制权行使的频度，多次请求之间的时间间隔；(4) 查阅、复制个人信息的范围和性质。英国信息专员委员会办公室 (Information Commissioner's Office) 对如何认定明显不正当和明显过度的要求给出了具有实操性的指引，可资参考。英国信息专员委员会办公室认为，下述访问权的申请可以被认为明显“不正当”：(1) 个人显然没有意图行使访问权，比如以行使知情权作为利益交换，提出申请之后撤回申请，意图要求个人信息处理者支付一定的金钱以阻碍访问权行使之请求；(2) 在提出的申请中明确表示妨碍个人信息处理者的正常业务活动；(3) 在申请上体现出明显针对该个人信息处理者或特定员工；(4) 频繁地向个人信息处理者提出不同的申请，以造成干扰的后果。

第四，个人信息处理者在收到合格的个人信息查阅权、复制权请求后，应当及时提供相关个人信息。需要进一步明确的是：因查阅、复制产生的费用应如何承担？从比较法上看，因当事人行使权利而产生的费用，由其自行负担较为合理。例如，有法域规定：查询或请求阅览个人资料或制给复制本者，公务机关或非公务机关得酌收必要成本费用。不过，为了避免个人信息处理者以此为由变相拒绝个人行使查阅权、复制权，可以借鉴欧盟《一般数据保护条例》第 15.4 条规定的“控制者应当对进行处理的个人数据提供一份副本。对于任何数据主体所要求的额外副本，控制者可以根据管理费用而收取合理的费用”，以及参照我国《政府信息公开条例》第 42 条规定的“申请人申请公开政府信息的数量、频次明显超过合理范围的，行政机关可以收取信息处理费”，对超出合理范围的查阅权、复制权行使，酌情收取必要的成本费用。

(二) 个人信息转移权

1. 个人信息转移权的含义

个人信息转移权，即个人在符合国家网信部门规定条件的情形下，有权请求个人信息处理者将个人信息转移至其指定的其他个人信息处理者，个人信息处理者应当提供转移的途径。在比较法上，个人信息转移权与欧盟《一般数据保护条例》中的“个人数据携带权”有着相似性，但在立法目的、规范结构上二者存在重大差异，需要明辨。

第一，立法目的的差异。个人数据携带权服务于两大目标：一是加强个人对其数据的控制，落实个人信息自决权；二是支持欧盟境内个人数据自由流动，促进控制者之间竞争，从而推动数字化单一市场战略背景下的企业创新。与此不同，《个人信息保护法》并未以个人信息自决权为基石。如前所述，《个人信息保护法》第 44 条中的个人决定权所指向的是“个人信息处理活动”而非“个人信息”，其体现为对个人信息处理活动的选择权、干预权、限制权、拒绝权，而非对个人信息的控制权，从而连接第 1 条中的“保护个人信息权益”和“规范个人信息处理活动”。与此同时，《个人信息保护法》虽将“个人信息合理利用”作为立法目的之一，但其主要体现为对个人信息所承载多元利益之肯认，平衡作为个人信息处理者的企业、国家机关与作为信息主体的个人之间的利益。无论文本含义、立法说明，抑或体系解释，《个人信息保护法》均无竞争法上的考量，其删除了草案第 1 条中“保障个人信息依法有序自由流动”的表述，充分表明本法并不含有保障个人信息流动与市场竞争秩序建构的立法目标。作为查阅权、复制权的延伸，个人信息转移权为个人提供了更充分、更多样的保障自身权利的渠道，服务于“以人民为中心”的人格利益保障目的。个人健康医疗信息的转移可谓典型的应用场景。当一名病人转院，或者在异地突发疾病之时，他就诊的医院只有全面掌握之前的病历信息才能妥当诊治，此时，能否从其他医疗机构及时转移个人信息就显得意义重大。总之，个人信息转移权系为信息主体利益所设，与市场主体利益无涉。同时，我国法律并非没有考虑数据流通和公平竞争。《数据安全法》第 7 条提出，保障数据依法有序自由流动，促进以数据为关键要素的数字经济发展；第 51 条的禁止规范涵盖了“排除、限制竞争”的数据处理活动，并将其引致《反垄断法》来处理。这是非常适切的回应之举。

第二，规范结构的差异。欧盟《一般数据保护条例》第 15 条规定了个人数据访问权（查阅权、复制权），第 20 条另外规定了个人数据携带权。后者包括两种权能：一是“个人数据获取权”，即数据主体有权要求数据控制者向其传输结构化、普遍适用、机器可读的个人数据，以供其自行存储或传输给其他方，从而在访问权的基础上，进一步赋予数据主体管理和以重复使用自身数据的方式下载与存储数据的权利；二是“个人数据传输权”，数据主体既可以在接收其个人数据后自行将相关数据上传给新的数据控制者，也可以在技术可行时请求数据控制者直接将其数据传输给新的数据控制者。与此不同，个人信息转移权承接查阅权、复制权而来，以充实个人知情权为依归，采取三位一体的规范结构。个人信息转移权也未赋予个人就结构化、普遍适用、机器可读的个人数据，向个人信息处理者请求获取的权利。

2. 个人信息转移权的行使

从比较法来看，各国立法以不同方式规定了“转移权”。例如，新加坡《个人数据保护法》规定，针对部分用户自行向经营者提供的个人信息和经营者拥有的用户活动信息，用户有权请求经营者以通用的机器可读格式提供相关信息的副本，并有权要求传输给其他在新加坡设立机构的经营者；澳大利亚《消费者数据权利法案》规定，在金融、能源、通信等领域，消费者有权要求经营者提供与自身相关的信息，并有权要求经营者将信息向指定的其他经营者开放；印度《个人数据保护法草案》规定，在以自动化方式进行的个人信息处理活动中，个人有权以结构化且通用的机器可读格式获取其向数据控制者提供的个人信息等，并有权要求将相关信息传输给其他控制者。[①]

《个人信息保护法》吸取了欧盟《一般数据保护条例》的个人数据携带权在实施中的经验教训，采取了授权国家网信部门立法的形式，为个人信息转移权行使保留了最大限度的灵活性。总体而言，个人信息转移权的行使可采取如下方式：（1）个人向个人信息处理者请求转移的是电子化的、人类可读的个人信息副本，而并非结构化的、机器可读的数据；（2）可转移的个人信息应限于个人主动提供给个人信息处理者的、被自动化收集的信息，且该信息不得包含有损第三人权益（如涉及第三方个人信息权益、隐私权、商业秘密）的信息；（3）个人信息转移权秉承诚实信用原则，不得恶意行使；（4）个人信息处理者在收到合格的个人信息转移请求后，鉴于其不存在个人数据携带权中的技术兼容难题，应当及时提供转移的途径。

（三）个人信息更正权、补充权

1. 个人信息更正权、补充权的含义

个人信息更正权、补充权，即在个人信息不准确或者不完整的情形下，有权请求个人信息处理者更正、补充，以保障个人信息在其处理目的、范围内的完整性和准确性。该权利旨在落实《个人信息保护法》第 8 条规定的“处理个人信息应当保证个人信息的质量”的“个人信息质量原则”，避免因个人信息不准确、不完整对个人权益造成不利影响。所谓“准确”，是指所处理的个人信息必须与个人的客观事实相符，要求个人信息处理者所收集的个人信息不得出现错误和偏差，从而在对个人作出决定之时，具有相当的公正性。所谓“完整”，是指为特定目的收集的个人信息应保证全面和无遗漏，避免因任何原因导致的个人信息收集上的偏颇性。判断完整与否以能否正确地实现处理目的为标准。某些信息在一个信息处理过程中可能被认为是完整的，而同样的信息在另一个信息处理过程中可能被认为是不完整的。因此，并不是说收集到信息主体的全部个人信息才符合完整的要求，只要就收集个人信息的特定目的而言是完整的，就应被认为符合要求。此外，考虑到个人活动的连续性和个人信息处理的持续性，上述“准确”和“完整”应考虑时间维度，个人信息处理者必须随时更新个人信息，保证个人信息的时效性。[②]

---

① 杨合庆．中华人民共和国个人信息保护法释义．北京：法律出版社，2022：116.

② 张新宝，葛鑫．个人信息保护法（专家建议稿）及立法理由书．北京：中国人民大学出版社，2021：130.

2. 个人信息更正权、补充权的行使

作为个人在信息处理活动中的基本权利，域外的相关立法对更正权、补充权作了规定。如欧盟《一般数据保护条例》第 16 条规定，数据主体有权要求控制者及时更正其不准确的个人数据，考虑到处理的目的，数据主体应当有权将不完整的个人数据补充完整，包括通过提供补充说明的方式；亚太经济合作组织《APEC 隐私框架》提出，可以对信息的准确性提出异议，并在适当的情况下更正、补充或删除其信息；韩国《个人信息保护法》规定，个人有要求暂停处理、更正、删除和销毁个人信息的权利；新加坡《个人数据保护法》规定，个人可以要求机构对错误、遗漏的信息进行修正。[①]

《征信业管理条例》《个人信用信息基础数据库管理暂行办法》（中国人民银行令〔2005〕第 3 号）详细规定了个人信用信息更正权、补充权的行使方式，具体包括：(1) 采取适当方式证明个人的真实身份。(2) 个人就其异议的个人信息，应提出相应的证据材料。(3) 个人信息处理者在收到请求后应在内部及时进行异议标注，并开展核查和处理。(4) 经核查，确认相关信息确有错误、遗漏的，个人信息处理者应当予以更正或补充；经核查仍不能确认的，对核查情况和异议内容应当予以记载。(5) 对于已经更正的信息，个人信息处理者有必要告知其对外提供或委托处理的个人信息接收者，以避免个人多次单独提出更正或补充要求，同时限制或避免虚假信息的传播；对于已经补充的信息，由于其与处理目的密切相关，个人信息处理者在必要时可告知接受其委托处理个人信息的受托人，而不需要告知其他个人信息处理者，对此，个人可以另行提出请求。

（四）个人信息删除权

1. 我国个人信息删除权的沿革

2012 年《全国人民代表大会常务委员会关于加强网络信息保护的决定》第 8 条规定："公民发现泄露个人身份、散布个人隐私等侵害其合法权益的网络信息，或者受到商业性电子信息侵扰的，有权要求网络服务提供者删除有关信息或者采取其他必要措施予以制止。"该条源于 2010 年《侵权责任法》第 36 条关于"网络用户、网络服务提供者利用网络侵害他人民事权益的，应当承担侵权责任。网络用户利用网络服务实施侵权行为的，被侵权人有权通知网络服务提供者采取删除、屏蔽、断开链接等必要措施。网络服务提供者接到通知后未及时采取必要措施的，对损害的扩大部分与该网络用户承担连带责任。网络服务提供者知道网络用户利用其网络服务侵害他人民事权益，未采取必要措施的，与该网络用户承担连带责

---

① 杨合庆．中华人民共和国个人信息保护法释义．北京：法律出版社，2022：118-119.

任”之规定，本质上是网络侵权制度中的“通知—删除”规则，其在适用条件、法律后果上，与个人信息删除权均不相同，仅仅在客观形式和现实影响上有着相似性，可谓“貌合神离”。

2017 年《网络安全法》第 43 条在法律层面上首次确立了个人信息删除权。该条规定：“个人发现网络运营者违反法律、行政法规的规定或者双方的约定收集、使用其个人信息的，有权要求网络运营者删除其个人信息；发现网络运营者收集、存储的其个人信息有错误的，有权要求网络运营者予以更正。网络运营者应当采取措施予以删除或者更正。”不过，该删除权限于网络运营者“违反法律、行政法规的规定”或者“违反……双方的约定”的情形，其适用情形包括但不限于：（1）收集、使用个人信息未获得用户同意且无法律依据。（2）用户的同意为无效或已撤回。（3）个人信息的收集、使用超出约定或法定的范围。（4）收集、使用信息的特定目的已经实现或消失，如网络服务提供者终止、解散、营业变更，或者用户和网络服务提供者之间的用户协议、隐私条款终止导致特定目的不存在。2021 年《民法典》第 1037 条延续了上述规定，同时采用了“信息处理者”取代“网络运营者”，扩展了义务主体的边界，但此时的个人信息删除权依然是非常有限的。

2. 个人信息删除权的含义

个人信息删除权，即个人就其个人信息，向个人信息处理者请求销毁、去除相关信息，使之不可被检索、访问，或者无法回溯、关联到该主体的权利。个人信息删除权不但是《个人信息保护法》第 44 条个人决定权的具体化，也是第 5 条“遵循合法、正当、必要”的处理原则和第 19 条“个人信息的保存期限应当为实现处理目的所必要的最短时间”的要求，还是第 13 条同意作为个人信息处理基础以及第 15 条“撤回同意”的必然结果。个人信息的生命周期，始于收集、存储，经过使用、加工、传输、提供，终于删除。就此而言，没有永远保存的个人信息，一旦保存的合法性基础消失，就应予以删除。因此，个人信息删除权包含了双重结构：（1）个人信息处理者的删除义务；（2）个人信息删除权的行使。

3. 个人信息处理者删除义务的履行

个人信息处理者删除义务的发生以其处理的正当事由不存在为前提，根据《个人信息保护法》第 5 条、第 13 条、第 19 条的规定，在个人信息处理者保存个人信息不再合法、正当、必要时，其负有相应的个人信息删除义务。表 4.1 总结了个人信息处理者处理个人信息的合法性基础与删除义务发生的多种情形。

表 4.1　个人信息处理者删除义务的类型

处理个人信息的合法性基础	删除义务的履行条件	欠缺的个人信息处理原则
取得个人的同意	个人撤回同意、同意无效或不存在或者违反约定	正当性原则
为订立、履行个人作为一方当事人的合同所必需，或者按照依法制定的劳动规章制度和依法签订的集体合同实施人力资源管理所必需	个人信息处理者停止提供产品或者服务，或者约定的保存期限已届满	必要性原则
为履行法定职责或者法定义务所必需	处理目的已实现、无法实现或者为实现处理目的不再必要	必要性原则
为应对突发公共卫生事件，或者紧急情况下为保护自然人的生命健康和财产安全所必需	处理目的已实现、无法实现或者为实现处理目的不再必要	必要性原则
为公共利益实施新闻报道、舆论监督等行为，在合理的范围内处理个人信息	处理目的已实现、无法实现或者为实现处理目的不再必要	必要性原则
依照《个人信息保护法》的规定在合理的范围内处理个人自行公开或者其他已经合法公开的个人信息	个人明确拒绝或未获得个人的同意	正当性原则
法律、行政法规规定的其他情形	违反法律、行政法规处理个人信息	合法性原则

在处理个人信息的合法性基础消失后，个人信息处理者应该采取如下任一方式履行删除义务：第一，个人信息处理者可以通过物理方式销毁、破坏个人信息的电子或非电子载体实现“删除”，使之不可检索、访问和调取。第二，个人信息处理者可以采取匿名化措施，即采取数据抽样（sampling）、数据聚合（aggregation）、确定性加密（deterministic encryption）、同态加密（homomorphic encryption）、信息压制（suppression）、抽象化（generalization）、随机化（randomization）、数据合成（synthetic data）等技术，使个人信息无法识别特定自然人且不能复原，从而成为《个人信息保护法》第 4 条规定的非个人信息，实现效果上的删除。

个人信息处理者的删除义务并不是绝对的，《个人信息保护法》规定了两项例外：（1）法律、行政法规规定的保存期限未届满。例如，《反洗钱法》第 19 条第 3 款规定：“客户身份资料在业务关系结束后、客户交易信息在交易结束后，应当至少保存五年。”《电子商务法》第 31 条规定：“电子商务平台经营者应当记录、保存平台上发布的商品和服务信息、交易信息，并确保信息的完整性、保密性、可用性。商品和服务信息、交易信息保存时间自交易完成之日起不少于三年；法律、行政法规另有规定的，依照其规定。”《证券法》第 153 条规定：“证券登记结算机构应当妥善保存登记、存管和结算的原始凭证及有关文件和资料。其保存期限不得少于二十年。”《证券投资基金法》第 102 条第 2 款规定：“基金份额登记机构应当妥善保存登记数据，并将基金份额持有人名称、身份信息及基金份额明细等数据备份至国务院证券监督管理机构认定的机构。其保存期限自基金账户销户之日起不得少于二十年。”（2）删除个人信息在技术上难以实现。这主要体现为利用区块链（Blockchain）技术处理的个人信息。作为一套采取分散机制而可得共享及即时同步的数位库，区块链透过共识机制在多个节点上对个人信息加以储存并据此组成点对点网络架构。它的加密算法、分布式共识和时间戳机制使其具有了不可篡改的特性，这也令删除区块链上的个人信息变得十分困难。在上述法定不可删除和客观不可删除个人信息的情形下，个人信息处理者应采取“限制处理”措施，即对相关个人信息进行标记，除存储和采取必要的安全保护措施外，不得进行其他处理。此时，个人信息仅为存档之目的而存储，只供国家机关为履行法定职责或个人信息处理者为履行法定义务而访问，其他任何加工、提供等利用活动均被“锁定”。

个人信息处理者不论采取何种删除措施或限制处理措施，均应告知个人，以满足其知情权，并有助于其删除权的行使。

4. 个人信息删除权的行使

在个人信息处理者未履行个人信息删除义务时，个人有权请求删除其个人信息。尽管该权利规定在《个人信息保护法》第 47 条第 1 款中，但从立法目的看，如个人信息处理者未履行第 47 条第 2 款的个人信息限制处理义务，个人亦有权请求其履行，此应为删除权的题中之义。就删除权行使而言，还应注意：第一，除同意无效、不存在或撤回同意外，个人提出删除请求时，应就个人信息合法性基础已经消失提供相应的证据。第二，个人可以向个人信息直接收集者提出删除请求，也可以向个人信息间接收集者提出删除请求。鉴于不同的个人信息处理者往往基于相对独立且差异化的合法性基础处理信息，各个人信息处理者一般仅对自己处理的个人信息负责，而无须告知第三方，这与欧盟《一般数据保护条例》中的“被遗忘权”截然不同。①

《一般数据保护条例》第 17 条第 2 款规定：“如果数据主体已将个人数据公开，并且根据第 1 款有义务删除这些个人数据，控制者在考虑现有技术及实施成本后，应当采取包括技术措施在内的合理步骤，通知正在处理个人数据的控制

① 王利明．论个人信息删除权．东方法学，2022（1）：49.

者：数据主体要求他们删除这些个人数据的任何链接、副本或复制件。”据此，数据控制者不仅要删除自己所控制的个人数据，还要对其公开传播的个人数据承担责任，尽可能地通知正在处理其个人数据的第三方停止利用、删除。欧盟《一般数据保护条例》中的“被遗忘权”引发了大量争议：一方面，被遗忘权难以实施，一旦个人信息公开，就不可能阻止网络用户未经授权地复制数据，也不能阻止他们登录欧盟以外的网站。被遗忘权与其说是一项彻底遗忘的措施，毋宁说是一项“抑制和删除信息获取渠道的权利”。另一方面，被遗忘权存在严重的价值分歧。首当其冲的就是言论自由，美国学者杰弗里·罗森（Jeffrey Rosen）教授直言：“被遗忘权是互联网言论自由接下来十年最大的威胁。”被遗忘权给网络服务提供者增加了巨量的审查和删除义务。可以预见，为了避免高额赔偿或罚款，网络服务提供者不得不从中立服务方变成审查者。而过于宽泛的限制，最终会对言论自由产生寒蝉效应，损害意见市场。同时，被遗忘权可能损及公共知情权。由于信息具有“部分之和大于整体”的“涌现性”（emergent properties），信息流动、汇聚以及由此带来的信息透明对于公共利益意义重大。被遗忘权不但减少了信息的总量，甚至“助纣为虐”地帮助公众人物抹去不光彩的经历，导致蓄意“改写历史”。

《个人信息保护法》并没有采纳欧盟《一般数据保护条例》中的“被遗忘权”。根据《个人信息保护法》第 13 条、第 27 条，在合理的范围内处理个人自行公开或者其他已经合法公开的个人信息，系独立于个人同意以外的个人信息处理合法性基础。在个人自行公开或授权公开的前提下，个人可以通过行使拒绝权，要求收集、使用公开信息的个人信息处理者对其个人信息予以删除。

（五）个人信息处理规则说明权

1. 个人信息处理规则的含义

“个人信息处理规则”有着实质和形式两种不同的含义：其实质意义即《个人信息保护法》第二章、第三章规定的个人信息处理者处理个人信息的法律规则，其形式意义即《个人信息保护法》第 17 条第 3 款所规定的、由个人信息处理者制定的公开规则。《个人信息保护法》中的“个人信息处理规则”就是在后者层面而言的。个人信息处理规则通常以隐私政策或者合同条款的形式，由个人信息处理者单方制定。[①]

形式意义的个人信息处理规则可追溯至 2012 年《全国人民代表大会常务委员会关于加强网络信息保护的决定》，其第 2 条第 2 款规定：“网络服务提供者和

---

① 杨合庆．中华人民共和国个人信息保护法释义．北京：法律出版社，2022：124.

其他企业事业单位收集、使用公民个人电子信息，应当公开其收集、使用规则。”之后，《消费者权益保护法》《网络安全法》《电子商务法》等均延续了这一规定，要求网络运营者公开其个人信息收集、使用规则，明示收集个人信息的目的、方式、范围。

实践中，个人信息处理规则往往表现为“隐私政策”，即个人信息处理者对其收集、使用、保存、共享等个人信息处理行为以及个人对其个人信息享有何种权利的公开声明。根据《个人信息保护法》第17条的规定，个人信息处理规则至少应当包含如下内容，并以显著方式、清晰易懂的语言真实、准确、完整地表述：(1) 个人信息处理者的名称或者姓名和联系方式；(2) 个人信息的处理目的、处理方式，处理的个人信息种类、保存期限；(3) 个人行使本法规定权利的方式和程序。个人信息处理规则并不一定是静态地、一次性地完整展示，还可以通过可视化、互动性的方式，在个人注册账号、安装程序以及使用互联网的过程中，增强式地告知和即时提示相关的处理规则。需要说明的是，作为英文 privacy policy 的直译，“隐私政策”的名称具有误导性。与英美法将个人信息置于隐私权保护的法律体系不同，我国《民法典》和《个人信息保护法》均严格区分了“隐私”和“个人信息”，为避免给用户造成不必要的困扰，“隐私政策”可根据《个人信息保护法》修改为“个人信息处理规则”。

2. 个人信息处理规则说明权的含义

个人信息处理规则是企业履行告知义务的重要载体，同时也是政府监管和社会监督企业个人信息实践的主要抓手。在公法层面，个人信息处理规则展现了企业在具体业务场景中如何落实个人信息安全保障义务。近年来，国家互联网信息办公室、工业和信息化部、公安部、国家标准化管理委员会等国家部门从个人信息处理规则入手，对 App 违法违规收集使用个人信息开展专项治理行动，以促进企业积极履行合规义务。在私法层面，个人信息处理规则是处理者对个人的承诺，在法律性质上存在“双方合同说”和“单方声明说”的分歧，《个人信息保护法》对此亦未予以明确。总体而言，如个人信息处理规则经过了《民法典》中规定的合同订立程序，即可被视为合同。无论个人信息处理规则定性如何，其旨在克服信息不对称导致的个人信息处理黑箱、保障个人知情权的功能已获得公认。不过，个人信息处理规则上述功能的发挥有赖于个人对相关规则的准确理解。但在现实中，个人信息处理规则的用语通常较为宽泛、模糊，加之其内容专业、冗长，普通民众难以卒读，亦不辨其义。为此，《个人信息保护法》借鉴《民法典》第496条关于格式条款说明义务的规定，赋予个人对个人信息处理规则的解释说明权。

3. 个人信息处理规则说明权的行使

个人对个人信息处理规则存在疑义时，有权根据《个人信息保护法》第50

条中的“申请受理和处理机制”，请求个人信息处理者予以说明。后者在收到请求后，应采用与个人请求同等的方式（口头或电子方式），以常人能够理解的语言，解释个人信息处理规则的概念、内容和法律后果。个人信息处理规则说明权的行使，不但能敦促个人信息处理者全面披露其个人信息处理活动，而且有助于《个人信息保护法》第 24 条规定的“自动化决策”解释权的实现。

三、个人享有的请求权行使路径

《个人信息保护法》第 50 条规定了个人信息处理者的程序义务和个人的起诉权利。具体而言，首先，个人有权向个人信息处理者提出请求。个人行使查阅、复制、转移、删除、要求说明等权利，应先向个人信息处理者提出请求。在此等请求得到实现的情况下，个人自无进一步寻求司法保护的必要。其次，于个人信息处理者拒绝之情形，个人的保护请求权无法在个人与个人信息处理者之间实现，个人可以依法向人民法院提起诉讼。[①]

（一）个人程序性权利：个人信息处理者的程序义务

《个人信息保护法》第四章规定的个人的实体性权利只有在明确、相称、有效的程序支持下才能达到其目的。作为对个人信息查阅权、复制权、转移权、删除权、说明权的落实，《个人信息保护法》从个人信息处理者的程序义务和个人诉权的层面，确立了个人信息处理中的程序性权利。

个人信息处理者的程序义务可追溯至 2013 年工业和信息化部《电信和互联网用户个人信息保护规定》，其第 12 条规定：“电信业务经营者、互联网信息服务提供者应当建立用户投诉处理机制，公布有效的联系方式，接受与用户个人信息保护有关的投诉，并自接到投诉之日起十五日内答复投诉人。”《网络安全法》第 49 条第 1 款规定：“网络运营者应当建立网络信息安全投诉、举报制度，公布投诉、举报方式等信息，及时受理并处理有关网络信息安全的投诉和举报。”不过，既有法律规定的主要是针对网络安全的事后投诉、举报机制，《个人信息保护法》则要求通过技术和组织措施建构便捷的个人权利行使机制，两者有所不同。相关机制至少应包括如下内容：

（1）受理机制。个人信息处理者应为申请者提供至少两条途径，个人可以通过填写指定的网站链接、发送电子邮件至指定收件人或拨打指定电话口头告知等途径要求个人信息处理者受理其申请。为了兼顾便捷性和证据保存的目的，个人

---

① 张新宝．论个人信息保护请求权的行使．政法论坛，2023（2）：28.

在申请时应当提供其姓名和联系方式，要求查阅、更正、补充、转移、删除的个人信息种类、范围以及理由。申请未满足上述条件的，个人信息处理者应当通知个人及时补全事项，同时还应将申请情况记录成册或使用其他易于保存的形式。

（2）处理机制。个人信息处理者在受理个人申请后，应审查申请者是否存在《个人信息保护法》规定的不能行使信息权利的情形。例如，对于个人的更正或删除请求，由于特定个人信息的真实性、准确性还关涉社会公众的知情权、社会管理和商业利用等利益，个人信息处理者有必要对是否确有更正、补充、删除的事由加以审查，以避免恶意的更正、删除请求。

（3）回复机制。审查后，个人信息处理者应回复申请者相关处理结果。若处理结果为申请者可行使其信息权利，则个人信息处理者应将相关的信息送达申请者或其指定的第三方，或者及时删除；若处理结果为申请者无法行使其信息权利，则个人信息处理者应当告知其不能行使权利的理由。

（二）个人程序性权利：个人诉权

长期以来，个人通过法院的救济耗时长、成本高、侧重事后补救，而行政监管也存在执法力量不均衡、激励不足的难题。因此，《个人信息保护法》对个人信息保护采取行政监管（公法）和私人诉讼（私法）并行的混合保护路径。《民法典》与《个人信息保护法》第 69 条共同构成了对个人信息的私法保护。就《个人信息保护法》中的诉权的行使，应注意如下两点：

第一，个人信息保护的请求权基础为《民法典》第 995 条，该条规定："人格权受到侵害的，受害人有权依照本法和其他法律的规定请求行为人承担民事责任。受害人的停止侵害、排除妨碍、消除危险、消除影响、恢复名誉、赔礼道歉请求权，不适用诉讼时效的规定。"个人在《个人信息保护法》第四章规定的个人信息权利受到侵害或妨碍，且没有产生物质损害或非物质损害的情况下，有权依照上述规定主张请求权，从而为其个人信息权益提供预防性的保护，避免侵权行为进一步产生实质性的损害后果。就"个人信息保护请求权"而言，首先，在构成要件上，其以恢复个人信息权利的圆满状态为目的，因此无须考虑个人信息处理者的主观过错；其次，个人信息保护请求权旨在防患于未然，因此其行使不需要证明实际损害，而是通过事中的积极主张，有效维护人格的完整性；最后，其不属于债之关系，旨在要求停止侵害、排除妨碍、消除危险，因此不适用诉讼时效的规定。

第二，《个人信息保护法》中的诉权以"个人信息处理者拒绝个人行使权利的请求"为前提。在实践中，个人信息查阅、复制、更正、补充、删除等权利的行使频度高、范围广，如果动辄诉诸法院，不但会造成不必要的诉累，徒耗司法资源，还可能成为恶意诉讼人滥用权利的工具。为此，《个人信息保护法》明确规定，个人只有在向个人信息处理者提出请求，且无正当理由被拒绝时，才有权向人民法院提起诉讼。

思考题

1. 试述个人在个人信息处理活动中的权利。
2. 简述个人知情权、决定权的功能、对象和行使。
3. 试述个人在个人信息处理中的请求权。
4. 简述个人信息保护请求权的行使路径。

文献阅读资料

1. 张新宝．论个人信息保护请求权的行使．政法论坛，2023（2）.
2. 程啸．论个人信息权益．华东政法大学学报，2023（1）.
3. 王利明．论个人信息删除权．东方法学，2022（1）.
4. 张新宝．论个人信息权益的构造．中外法学，2021（5）.
5. 程啸．论死者个人信息的保护．法学评论，2021（5）.
6. 程啸，王苑．论我国个人信息保护法中的查阅复制权．法律适用，2021（12）.
7. 郭少飞．论死者私人电子邮箱数据的处理规则．社会科学，2021（7）.
8. 张新宝．从隐私到个人信息：利益再衡量的理论与制度安排．中国法学，2015（3）.
9. 杨芳．个人信息自决权理论及其检讨：兼论个人信息保护法之保护客体．比较法研究，2015（6）.

第五章 个人信息处理者的义务

第一节 个人信息处理者的义务概述

在全球数字经济快速发展的同时，个人信息安全受到了前所未有的挑战。个人信息同个人的人身权、财产权、平等权、政治权等几乎所有权利紧密关联，最终关涉个人的人格尊严。对个人信息的不当侵犯，极易产生“牵一发而动全身”的效应。例如，人脸识别技术可能严重威胁个人隐私，造成人身、财产以及心理上的安全隐忧，侵犯肖像权，造成自由危机。[①] 日益广泛的个人信息处理行为不仅会给个人带来多种风险，而且会对社会与国家造成重大安全隐患。

科学合理设定个人信息处理者的义务，对于个人信息保护和流通利用至关重要。数据是数字经济的关键生产要素，是数字经济发展的新引擎。对于企业来说，数据即财富，数据可以直接转化为利润。个人信息是数字时代涉及面最为广泛的数据，如果对个人信息权益保护得过于严厉，可能无法使个人信息得到充分利用，容易抑制数字技术创新与网络市场活力，进而不利于数字经济的发展；但如果对个人信息权益保护得过于宽松，不仅可能导致个人利益严重受损，而且可能危害社会安全与国家安全。我国个人信息保护法律制度既重视对个人信息权益的保护，又强调数字经济的发展。《个人信息保护法》第 1 条明确规定了个人信息保护的双重目的：一是“保护个人信息权益，规范个人信息处理活动”，二是“促进个人信息合理利用”。《个人信息保护法》第 51～59 条专门规定了个人信息处理者的义务。

其一，第 51 条明确了个人信息处理者的安全保障义务，要求个人信息处理者应当根据个人信息的处理目的、处理方式、个人信息的种类以及对个人权益的

---

① 石佳友，刘思齐．人脸识别技术中的个人信息保护：兼论动态同意模式的建构．财经法学，2021(2)：63－64.

影响、可能存在的安全风险等，采取相应的措施，并防止未经授权的访问以及个人信息泄露、篡改、丢失。

其二，第 52 条规定了指定个人信息保护负责人义务。处理个人信息达到国家网信部门规定数量的个人信息处理者应当指定个人信息保护负责人，这一义务有助于弥补政府监管的不足，契合“放管服”改革的理念，有利于促进个人信息处理合规进而推动数字经济规范健康发展。要求个人信息处理者应当公开个人信息保护负责人的联系方式，并将个人信息保护负责人的姓名、联系方式等报送履行个人信息保护职责的部门，有利于强化个人信息保护负责人同个人信息主体、政府、社会公众等的沟通功能，从而实现个人信息风险的协同治理。第 53 条要求境外的个人信息处理者在中华人民共和国境内设立专门机构或者指定代表，负责处理个人信息保护相关事务，并将有关机构的名称或者代表的姓名、联系方式等报送履行个人信息保护职责的部门，有利于更好地对境外的个人信息处理行为进行治理。

其三，第 54 条规定了个人信息保护合规审计义务。要求个人信息处理者定期对其处理个人信息遵守法律、行政法规的情况进行合规审计，有助于识别个人信息处理风险，可以弥补数字时代政府监管的不足，促进信息科技创新。个人信息保护合规审计已成为全球数据治理的重要手段，如欧盟《一般数据保护条例》规定了数据保护审计，《数字服务法》规定了独立审计；英国《数据保护法》规定了协商审计和强制审计。

其四，第 55～56 条规定了个人信息保护影响评估义务。第 55 条要求在符合处理敏感个人信息，利用个人信息进行自动化决策，委托处理个人信息、向其他个人信息处理者提供个人信息，公开个人信息，向境外提供个人信息等情形时，应当进行个人信息保护影响评估。第 56 条规定了个人信息保护影响评估的内容，包括：评估个人信息处理是否合法、正当、必要，对个人权益的影响及安全风险，所采取的保护措施是否合法、有效并与风险程度相适应等方面。个人信息保护影响评估是一种具有事前性的合规评估和风险评估程序，可以检验个人信息处理是否合规，有助于识别并降低个人信息安全风险。

其五，第 57 条规定了个人信息处理者采取补救措施、履行通知义务。发生或者可能发生个人信息泄露、篡改、丢失的，个人信息处理者应当立即采取补救措施，并通知履行个人信息保护职责的部门和个人。

其六，第 58 条规定了大型平台“守门人”特别义务，要求提供重要互联网平台服务、用户数量巨大、业务类型复杂的个人信息处理者，应当履行与平台能力相适应的特别个人信息保护义务。这一“守门人”义务区别于一般个人信息处理者的个人信息保护义务，既具有法理基础和经济上的合理性，也符合互联网治理的世界潮流，能够更有效地保护自然人的个人信息。[①]

其七，第 59 条规定了个人信息处理受托人的义务，要求接受委托处理个人信息的受托人，应当依法采取必要措施保障所处理的个人信息的安全，并协助个人信息处理者履行本法规定的义务。

第二节　个人信息处理者的一般义务

一、个人信息处理者安全保障义务

个人信息处理者是个人信息保护的第一责任人，应当积极履行相应的主体责任。《个人信息保护法》第 51 条主要从组织措施和技术措施两大方面，要求个人信息处理者应当根据个人信息的处理目的、处理方式、个人信息的种类以及对个人权益的影响、可能存在的安全风险等，采取措施确保个人信息处理活动符合法律、行政法规的规定，并防止未经授权的访问以及个人信息泄露、篡改、丢失。

（一）制定内部管理制度和操作规程

个人信息处理者负有安全保障义务，应采取必要措施，确保个人信息持续处于安全状态。内部管理制度是个人信息处理者制定的，有关个人信息保护的组织架构、人员配备、行为规范、管理责任等的规则；操作规程是个人信息处理者制定的、有关人员在个人信息处理及相关业务活动中应当遵守的程序和步骤。[②] 欧盟《一般数据保护条例》第 32 条专门规定了“数据处理的安全性”，要求数据控制者和处理者应当完善组织制度，采取适当的技术措施，以确保达到与风险程度相一致的安全等级。

（二）对个人信息实行分类管理

个人信息种类很多，不同的个人信息对个人的重要性也有所不同。对个人信息进行分类管理，既能促进个人信息的流通利用，也可以保障具体场景中个人信息处理的安全性。在“微信读书案”中，法院将个人信息分为三类：一是私密信息，应强化防御性保护；二是不具备私密性的一般信息，获得同意后可正当处理；三是兼具防御性期待和积极利用期待的信息，应根据场景进行处理。微信好

① 张新宝．互联网生态“守门人”个人信息保护特别义务设置研究．比较法研究，2021（3）：24.

② 杨合庆．中华人民共和国个人信息保护法释义．北京：法律出版社，2022：131.

友列表和读书信息属于第三类信息，被告未以合理的“透明度”告知原告并获取其同意，虽然没有侵犯隐私权但侵犯了原告的个人信息权益。[①]

《民法典》将个人信息分为私密信息和一般个人信息。《数据安全法》区分了重要数据和一般数据。《信息安全技术　个人信息安全规范》区分了个人敏感信息和一般个人信息。《个人信息保护法》在一般个人信息之外提出了敏感个人信息，包括生物识别、宗教信仰、特定身份、医疗健康、金融账户、行踪轨迹等信息，以及不满 14 周岁未成年人的个人信息。《个人信息保护法》第 51 条只是简单规定“对个人信息实行分类管理”，并从草案二次审议稿开始就删除了草案一次审议稿中“分级”一词——“对个人信息实行分级分类管理”。对个人信息分类，必然涉及分级。实际上，《数据安全法》第 21 条明确规定“国家建立数据分类分级保护制度”。至于究竟应如何对个人信息进行科学合理的分类分级，既需要考虑个人信息保护的有效性，也应考虑促进个人信息的高效流通利用。

（三）采取相应的加密、去标识化等安全技术措施

个人信息处理者应积极预防个人信息安全风险，在合理的成本范围内，采取切实有效的加密、去标识化等安全技术措施，最大限度地保障个人信息安全。《信息安全技术　个人信息安全规范》提出，“建立适当的数据安全能力，落实必要的管理和技术措施”。《网络安全法》第 10 条、《电子商务法》第 30 条要求，“采取技术措施和其他必要措施”，保障网络安全、稳定运行。《全国人民代表大会常务委员会关于加强网络信息保护的决定》《电信和互联网用户个人信息保护规定》《消费者权益保护法》等都包含了安全保障措施条款。《民法典》第 1038 条中明确要求，“信息处理者应当采取技术措施和其他必要措施，确保其收集、存储的个人信息安全，防止信息泄露、篡改、丢失”。

至于如何判断是否采取了“相应的”加密、去标识化等安全技术措施，实际上需要进行利益权衡，应结合均衡性原则，即狭义比例原则进行分析。[②] 某项安全技术措施如果有效性很强但成本太高，需要个人信息处理者付出的成本同个人信息安全保障产生的收益不成比例，就不应当被采取。倘若某项安全技术措施的有效性很强，相对于成本而言成比例，个人信息处理者就有义务采取该项措施。判断个人信息处理者是否采取了相应的加密、去标识化等安全技术措施，“应当在比例原则语境下考量成本”[③]。

---

① 参见北京互联网法院民事判决书（2019）京 0491 民初 16142 号。

② 刘权．均衡性原则的具体化．法学家，2017（2）：17.

③ Tobias Raab. High Administrative Court Confirms Proportionality of Data Protection and Security Measures as Auxiliary Provisions. Eur. Data Prot. L. Rev.，2017，3（4）：526.

（四）合理确定操作权限并定期进行安全教育和培训

个人信息处理往往涉及多个部门和人员，应合理确定个人信息处理的操作权限，并定期对从业人员进行安全教育和培训。如果操作权限不清，就不利于不同的人员各负其责，而且在发生个人信息安全事件后也无法有效地进行追责。定期进行安全教育和培训，有利于提升从业人员的个人信息保护意识和水平。

我国大量行政法规、规章等作了相应规定，例如，《寄递服务用户个人信息安全管理规定》第5条规定："寄递企业应当建立健全寄递服务用户个人信息安全保障制度和措施，明确企业部门、岗位的安全保护责任，合理确定寄递服务用户个人信息处理的操作权限，定期对从业人员进行安全教育和培训。"《儿童个人信息网络保护规定》第15条规定："网络运营者对其工作人员应当以最小授权为原则，严格设定信息访问权限，控制儿童个人信息知悉范围。工作人员访问儿童个人信息的，应当经过儿童个人信息保护负责人或者其授权的管理人员审批，记录访问情况，并采取技术措施，避免违法复制、下载儿童个人信息。"《互联网个人信息安全保护指南》规定了管理人员的教育培训："a）应制定培训计划并按计划对各岗位员工进行基本的安全意识教育培训和岗位技能培训；b）应制定安全教育和培训计划文档，明确培训方式、培训对象、培训内容、培训时间和地点等，培训内容包含信息安全基础知识、岗位操作规程等；c）应形成安全教育和培训记录，记录包含培训人员、培训内容、培训结果等。"

（五）制定并组织实施个人信息安全事件应急预案

即使个人信息处理者尽到了必要的安全保障义务，但由于黑客攻击、软硬件故障等原因，仍然可能引发个人信息安全事件。为了能更加有效地处置个人信息安全事件，最大限度降低损失，制定并组织实施个人信息安全事件应急预案是必不可少的。应急预案通常应当包括有关各方的分工和责任、安全风险的主要场景、各类安全事件的判断方法和流程、应急处置操作流程、应急处置过程中的关键状态，以及不同状态的沟通和报告内容及等级、可采取的补救措施及业务恢复步骤程序等。[①] 我国大量法律规定了应急预案，例如，《网络安全法》第53条规定："国家网信部门协调有关部门建立健全网络安全风险评估和应急工作机制，制定网络安全事件应急预案，并定期组织演练。负责关键信息基础设施安全保护工作的部门应当制定本行业、本领域的网络安全事件应急预案，并定期组织演练。网络安全事件应急预案应当按照事件发生后的危害程度、影响范围等因素对网络安全事件进行分级，并规定相应的应急处置措施。"《电子商务法》第30条

① 杨合庆．中华人民共和国个人信息保护法释义．北京：法律出版社，2022：132.

第 2 款规定："电子商务平台经营者应当制定网络安全事件应急预案，发生网络安全事件时，应当立即启动应急预案，采取相应的补救措施，并向有关主管部门报告。"

（六）实施法律、行政法规规定的其他措施

《个人信息保护法》属于个人信息保护领域的基本法，对个人信息保护作了总则式规定。其他法律、行政法规规定的其他措施，个人信息处理者也应当遵守。例如，《数据安全法》第 27 条规定："开展数据处理活动应当依照法律、法规的规定，建立健全全流程数据安全管理制度，组织开展数据安全教育培训，采取相应的技术措施和其他必要措施，保障数据安全。利用互联网等信息网络开展数据处理活动，应当在网络安全等级保护制度的基础上，履行上述数据安全保护义务。重要数据的处理者应当明确数据安全负责人和管理机构，落实数据安全保护责任。"《关键信息基础设施安全保护条例》第 6 条规定："运营者依照本条例和有关法律、行政法规的规定以及国家标准的强制性要求，在网络安全等级保护的基础上，采取技术保护措施和其他必要措施，应对网络安全事件，防范网络攻击和违法犯罪活动，保障关键信息基础设施安全稳定运行，维护数据的完整性、保密性和可用性。"

二、指定个人信息保护负责人义务

处理个人信息达到国家网信部门规定数量的个人信息处理者应当指定个人信息保护负责人，负责对个人信息处理活动以及采取的保护措施等进行监督。个人信息处理者应当公开个人信息保护负责人的联系方式，并将个人信息保护负责人的姓名、联系方式等报送履行个人信息保护职责的部门。

（一）个人信息保护负责人的产生背景与价值

个人信息保护负责人的产生，是强化企业自我监管以弥补数字时代政府监管不足的现实需要。2017 年发布的《信息安全技术　个人信息安全规范》首次使用"个人信息保护负责人"的表述，2020 年公布的《个人信息保护法（草案）》予以采用，2021 年正式通过的《个人信息保护法》予以最终确定，将其职能定位为"对个人信息处理活动以及采取的保护措施等进行监督"。面对日新月异的数字科技和日益广泛的个人信息处理，监管部门存在"知识供给不足"、违法信息获取滞后、人财物有限等缺陷，导致传统的行政监管日益捉襟见肘、力不从心。通过强化个人信息处理者的自我监管，要求其依法设立个人信息保护负责

人，履行内部监督职责，可以减轻政府保护个人信息的公共任务负担，提升个人信息保护效能。个人信息保护负责人的产生具有时代必然性，其承接了政府保护个人信息的部分职能，契合“放管服”改革的理念，“有利于实现以政府为中心的规制国向市场与社会放权”①。

我国的个人信息保护负责人制度源于对欧盟数据保护官制度的借鉴。欧盟数据保护官的产生，在于强化企业的自我监管，减轻行政监管的压力。1977 年颁布的德国《联邦数据保护法》率先在全球规定了数据保护官制度，其第 4d 条规定，如果数据控制者设立了数据保护官，在启动数据自动化处理程序前，就不用向联邦数据保护和信息自由专员进行登记。德国通过要求公司任命数据保护官担任“看门人”角色，强制企业进行自我监管，以补充政府数据保护机构的监管。荷兰、挪威、瑞典和瑞士等国家允许公司选择任命一名数据保护官，以代替向数据保护机构提交更多实质性文件。② 1995 年欧盟发布的《关于涉及个人数据处理的个人保护以及此类数据自由流通的第 95/46/EC 号指令》（以下简称《数据保护指令》）规定了数据保护官，其重要目的之一为“简化或豁免报告义务”。《数据保护指令》第 18 条规定，如果数据控制者任命了数据保护官，以确保数据处理不可能对数据主体的权利和自由产生不利影响，成员国可以简化或免除数据控制者的报告义务。《数据保护指令》第 19 条规定的报告义务的内容包括数据控制者的名称和地址、数据处理目的、数据种类、向第三国转移数据的计划等事项。欧盟于 2016 年 4 月通过的、于 2018 年 5 月实施的《一般数据保护条例》，要求符合条件的组织必须设立数据保护官，并对数据保护官的任命、地位和职责进行了系统规定。为了进一步阐释数据保护官制度，欧盟第 29 条数据保护工作组于 2016 年发布了《数据保护官指南》。2022 年欧洲议会通过的《数字服务法》第 41 条要求超大型平台应当设立合规官（compliance officers），负责监督遵守《数字服务法》的情况。合规官同数据保护官相似，但其职能更广泛，不限于数据保护。

（二）应指定个人信息保护负责人的情形

企业规模曾经是我国设立个人信息保护负责人的重要标准之一。我国 2017 年发布的《信息安全技术　个人信息安全规范》以企业规模和个人信息处理数量为标准，明确两种情形必须设立个人信息保护负责人：（1）主要业务涉及个人信息处理，且从业人员规模大于 200 人；（2）处理超过 50 万人的个人信息，或在 12 个月内预计处理超过 50 万人的个人信息。2020 年修正后的《信息安全技术

---

① 刘权．数据安全认证：个人信息保护的第三方规制．法学评论，2022（1）：129.

② Lothar Determann. Determann’s field guide to data privacy law：International corporate compliance. Edward Elgar Publishing，2022（7）.

个人信息安全规范》保留了大于 200 人的企业规模标准，将个人信息处理数量标准从 50 万人提高到 100 万人，并增加规定“处理超过 10 万人的个人敏感信息的”应当设立个人信息保护负责人。

《一般数据保护条例——欧盟委员会 2012 年建议案》第 35 条要求拥有 250 人及以上的企业在进行数据处理时必须设立数据保护官。德国《联邦数据保护法》规定，雇用超过 9 人长期从事自动化数据处理，或雇用至少 20 人从事非自动化数据处理的私营机构，必须任命数据保护官。欧盟《一般数据保护条例》最终放弃了企业规模标准，其第 37 条规定了企业必须设立数据保护官的两种情形：（1）基于数据处理的性质、范围和（或）目的，数据控制者或处理者的核心活动需要对数据主体进行定期的大规模系统化监控；（2）数据控制者或处理者的核心活动包含根据第 9 条处理大规模特殊类别的数据，以及根据第 10 条处理刑事定罪和罪行的数据。条例第 97 条强调，对于私营部门而言，核心活动是数据控制者的主营业务，而非辅助业务。

我国《个人信息保护法》没有采纳企业规模标准，其第 52 条要求“处理个人信息达到国家网信部门规定数量的个人信息处理者”应设立个人信息保护负责人。之所以以个人信息处理数量为标准，是因为处理个人信息数量越多的个人信息处理者，一旦违法侵犯个人信息，就会对个人甚至对社会公共利益、国家安全造成越大的损害。[①] 在以个人信息处理数量为标准的基础上，需要进一步区分个人信息的种类和级别，宜根据强制和自愿相结合的原则，不断完善个人信息保护负责人的设立标准。

（三）个人信息保护负责人的监督职责

个人信息保护负责人应独立履行监督职责。在监督内容上，应对个人信息处理者作为和不作为行为的全过程进行监督。事前监督，应监督个人信息处理者是否制定并及时更新了个人信息保护政策和相关规程、是否采取了必要的安全保护措施、是否定期对从业人员进行安全教育和培训等。事中监督，应监督个人信息处理全过程是否合法合规，如是否过度收集信息、是否依法开展了有效的个人信息保护影响评估、是否定期进行了合规审计。事后监督，应监督个人信息处理者事后是否积极作为，如在发生或者可能发生损害时是否立即采取了补救措施。如果用户投诉认为自己的个人信息权益受到了个人信息处理者的侵犯，个人信息保护负责人应当及时进行公正的调查。在履行监督职责过程中，个人信息保护负责人对于发现的个人信息处理违法问题，有义务及时向政府监管部门报告，而不是帮助个人信息处理者掩盖违法事实或销毁证据。

---

① 程啸．个人信息保护法理解与适用．北京：中国法制出版社，2021：409.

欲使个人信息保护负责人独立有效地监督个人信息处理者，需要完善的配套制度予以保障，“个人信息保护负责人应当具有独立性，个人信息处理者应当为个人信息保护负责人依法独立履职提供必要的条件”①。应充分保障个人信息保护负责人的知情权，为其提供必要的履职资源，使其能够便利地向最高管理层报告，禁止其兼任与监督职责相冲突的职位。个人信息保护负责人不是个人信息保护的直接责任人，只应对监督不力或故意违法承担责任。

《个人信息保护法》除规定境内的个人信息处理者应依法指定个人信息保护负责人外，还规定在中华人民共和国境外的个人信息处理者应当在中华人民共和国境内设立专门机构或者指定代表，负责处理个人信息保护相关事务，并将有关机构的名称或者代表的姓名、联系方式等报送履行个人信息保护职责的部门。《个人信息保护法》第 3 条第 2 款规定：“在中华人民共和国境外处理中华人民共和国境内自然人个人信息的活动，有下列情形之一的，也适用本法：（一）以向境内自然人提供产品或者服务为目的；（二）分析、评估境内自然人的行为；（三）法律、行政法规规定的其他情形。”

三、个人信息保护合规审计义务

个人信息处理者应当定期对其处理个人信息遵守法律、行政法规的情况进行合规审计。传统审计是一种经济监督行为，是指审计机关依法独立检查被审计单位的会计凭证、会计账簿、财务会计报告以及其他与财政收支、财务收支有关的资料和资产，监督财政收支、财务收支真实、合法和效益的行为。新兴的个人信息保护合规审计显然不属于经济监督行为，而是对与个人信息保护有关的作为和不作为行为的系统性审查与评价。

（一）合规审计的历史沿革

早在个人信息保护合规审计制度确立之前，我国就存在类似的审计制度。例如，于 2013 年施行的《电信和互联网用户个人信息保护规定》第 16 条要求“电信业务经营者、互联网信息服务提供者应当对用户个人信息保护情况每年至少进行一次自查”。于 2014 年施行的《第 2203 号内部审计具体准则——信息系统审计》使用了“信息系统审计”的表述。于 2019 年发布的《互联网个人信息安全保护指南》提出“安全审计”，要求应在个人信息处理系统的网络边界、重要网络节点进行安全审计，审计应覆盖到每个用户、用户行为和安全事件；审计记录

① 杨合庆．中华人民共和国个人信息保护法释义．北京：法律出版社，2022：135.

应包括事件的日期和时间、用户、事件类型、事件是否成功，以及个人信息的范围、类型、操作方式、操作人、流转双方及其他与审计相关的信息；应对审计记录进行保护，定期备份并避免受到未预期的删除、修改或覆盖等；审计记录的留存时间应符合法律法规的要求；应能够对远程访问的用户行为、访问互联网的用户行为等单独进行行为审计和数据分析。

1992 年审计署发布的《关于对金融机构贷款合规性审计的意见》中就使用了“合规性审计”一词，要求“通过对贷款合规性审计，审查贷款管理与发放过程中存在的漏洞与问题，并提出健全内部控制制度的建议，促进其加强廉政建设，提高队伍素质”。1997 年化工部发布的《化工部机关事业单位会计管理办法（试行）》较早地使用了“合规审计”一词，其第 23 条规定：“设立内部审计机构（不具备条件的可设置专职审计人员），在单位主要负责人领导之下，建立内部审计制度，开展内审工作。审计部门根据宏观和微观监督的要求，以国家财经法规和单位内部制度为依据，开展财务收支审计、合规审计、经济效益审计以及离任审计等内部审计工作。”2020 年公布的《个人信息保护法（草案）》第 53 条首次规定了个人信息保护审计制度。

（二）合规审计的依据

对于什么是合规，陈瑞华认为，“企业合规是指企业在经营过程中要遵守法律和遵循规则”，包括遵守国家法律法规、商业惯例、公司内部规章制度、国际条约。[①] 2022 年国务院国有资产监督管理委员会发布的《中央企业合规管理办法》第 3 条第 1 款明确界定合规“是指企业经营管理行为和员工履职行为符合国家法律法规、监管规定、行业准则和国际条约、规则，以及公司章程、相关规章制度等要求”。可见，“合规”显然不限于合法，“合规”既包括合乎国家法律规则，还包括合乎行业规定、公司规章、国际规则等规则。2021 年“个人信息保护合规审计推进小组”发布的《关于推进个人信息保护合规审计的若干建议》，建议重点关注的审计依据包括法律、行政法规、部门规章、规范性文件、司法解释、国家标准、行业规则、个人信息处理者内部规章，还建议有关部门已发布的法律法规征求意见稿和国家标准亦可作为参考。

定期审计个人信息处理活动是否符合法律、行政法规，属于强制性的最低要求。如果监管部门要求提供内部审计报告，个人信息处理者至少应提供个人信息处理是否符合法律、行政法规的审计报告。然而，为了全面地查漏补缺、更好地对个人负责及更有效地提升企业形象和竞争力，个人信息处理者应当主动根据更多的规则开展更为全面的合规审计。

---

① 陈瑞华．论企业合规的性质．浙江工商大学学报，2021（1）：48.

（三）合规审计的内容

对于合规审计的内容，《个人信息保护法》第 54 条要求“个人信息处理者应当定期对其处理个人信息遵守法律、行政法规的情况进行合规审计”。个人信息保护合规审计的内容为个人信息处理活动，包括一切同个人信息处理有关的作为和不作为行为。《关于推进个人信息保护合规审计的若干建议》将合规审计内容分为有所交叉重叠的四大方面，即个人信息处理者义务合规审计、个人权利实现方式合规审计、个人信息处理活动合规审计和个人信息跨境提供合规审计。实际上这些都同个人信息处理活动相关，都可以归结为对个人信息处理活动的审计。

四、个人信息保护影响评估义务

所谓个人信息保护影响评估，是指对拟实施的个人信息处理活动所造成的实际和潜在的影响进行的评价和估计活动。个人信息保护影响评估属于受强制的自我规制（enforced self-regulation），是一种具有事前性的合规评估和风险评估程序。作为数据治理重要工具的个人信息保护影响评估，可以检验个人信息处理是否合规，有助于识别并降低个人信息安全风险，有利于减轻或免除个人信息处理者的责任。

我国早在 2017 年发布的国家标准《信息安全技术　个人信息安全规范》中就提出“个人信息安全影响评估”，2020 年修正的《信息安全技术　个人信息安全规范》对此予以保留。2020 年发布的《信息安全技术　个人信息安全影响评估指南》全面规定了个人信息安全影响评估，涉及评估原理、评估实施流程等事项。2020 年发布的《个人信息保护法（草案）》使用了“风险评估”的表述，2021 年最终通过的《个人信息保护法》改为“个人信息保护影响评估”。我国当前存在与个人信息保护影响评估类似但侧重点不同的制度，如网络安全风险评估、数据安全风险评估。《网络安全法》第 53 条第 1 款规定：“国家网信部门协调有关部门建立健全网络安全风险评估和应急工作机制，制定网络安全事件应急预案，并定期组织演练。”《数据安全法》第 22 条规定：“国家建立集中统一、高效权威的数据安全风险评估、报告、信息共享、监测预警机制。国家数据安全工作协调机制统筹协调有关部门加强数据安全风险信息的获取、分析、研判、预警工作。”个人信息保护影响评估侧重于保障个人信息安全，由个人信息处理者实施，评估对象是对个人权益有重大影响的个人信息处理活动。个人信息保护影响评估的内容范围较广，既包括评估确定性的实际影响，也涵盖评估不确定性的潜在影响，即风险。

我国的个人信息保护影响评估制度源于对欧盟数据保护影响评估制度的借鉴，体现了基于风险路径的个人信息保护模式。欧盟《一般数据保护条例》在隐私影响评估（Privacy Impact Assessment，PIA）的基础上，确立了数据保护影响评估（Data Protection Impact Assessment，DPIA）制度。以知情同意为基本路径的个人信息保护，逐渐流于形式，欧盟数据保护影响评估制度拓展了传统的数据保护模式，侧重于事前的预防方法，通过对数据保护风险的评估和管理，转向了以风险管理为路径的新型数据保护模式。[①] 通过识别、分析和归类风险，数据保护影响评估可以消除或减轻隐私和个人数据的风险。[②]

（一）个人信息保护影响评估的制度功能

一是检验个人信息处理是否合规。个人信息保护影响评估的首要功能在于合规检验。违规处理个人信息，即使风险可控，也是令人无法接受的。虽然合规处理也可能导致高风险，但个人信息处理首先必须合规。通过对拟开展的个人信息处理活动进行事前合规评估，及时发现违规之处，个人信息保护影响评估有利于提升个人信息处理合规水平，可以减少声誉受损、高额罚款等相关成本。譬如，评估是否过度收集个人信息、对敏感个人信息的处理是否具有特定的目的和充分的必要性、是否进行了有效的去标识化和匿名化等内容，可以使个人信息处理者在事前发现违规问题，从而达到未雨绸缪的风险预防目的。

欧盟第 29 条数据保护工作组在其制定的《数据保护影响评估和确定处理是否“可能导致高风险”的指南》中指出，数据保护影响评估不仅有助于数据控制者遵守《一般数据保护条例》的要求，而且能够证明其采取了适当的措施满足合规要求。数据保护影响评估是建立和证明合规的过程。[③]《个人信息保护法》第 56 条规定的首要评估内容是评估个人信息处理是否符合合法、正当、必要原则，属于合规评估。合法、正当、必要原则是《个人信息保护法》《民法典》《网络安全法》等确立的个人信息处理基本原则，是个人信息保护规则体系的灵魂。

二是识别并降低个人信息安全风险。个人信息处理难免会导致或高或低的安全风险，但不能以此阻止个人信息处理，关键在于将风险控制到可接受的低水平。严格限制个人信息的流通利用不符合时代要求，数据已成为数字时代的关键生产要素，而个人信息属于重要的数据类型，不仅具有重要的个人价值，而且具

---

① 崔聪聪，许智鑫．数据保护影响评估制度：欧盟立法与中国方案．图书情报工作，2020（5）：43.

② Atanas Yordanov. Nature and Ideal Steps of the Data Protection Impact Assessment under the General Data Protection Regulation. EUR. DATA PROT. L. REV.，2017，3（4）：489.

③ Guidelines on Data Protection Impact Assessment（DPIA）and determining whether processing is “likely to result in a high risk” for the purposes of Regulation 2016/679，https：//iapp.org/media/pdf/resource_center/WP29-GDPR-DPIA-guidance_final.pdf.

有重要的社会价值。数字经济的基本模式是通过平台这样的生产组织增加各类要素的流动性，并采取有效措施降低流动性风险。[①] 个人信息保护影响评估是有效的风险评估工具，通过将保护关口前移，其有利于及早发现个人信息处理行为可能存在的风险和可能造成的不利影响，从而可以有针对性地设计业务流程并采取防范措施。《个人信息保护法》第56条规定的第二项评估内容即评估“对个人权益的影响及安全风险”，属于风险评估，有利于发现风险的类型与大小；第三项评估内容即评估“所采取的保护措施是否合法、有效并与风险程度相适应”，有利于降低风险。基于风险路径的个人信息保护影响评估并不是要消除所有风险，但可以使个人信息处理者尽到最大的责任。总而言之，个人信息保护影响评估有助于识别并降低个人信息处理风险，实现风险可控，从而有利于最大限度地高效利用个人信息。

三是减轻或免除个人信息处理责任。有效实施个人信息保护影响评估，不仅可以增强风险管理能力，对外展示保护个人信息的努力，有利于提升个人信息处理者的声誉，而且有助于减轻或免除个人信息处理责任。对于民事责任，《个人信息保护法》第69条确立了个人信息侵权的过错推定责任，即个人信息处理者不能证明自己没有过错的，应当承担损害赔偿等侵权责任。对于行政责任，《个人信息保护法》没有确立归责原则，一般应适用《行政处罚法》确立的过错推定原则，即当事人有证据足以证明没有主观过错的就不予处罚。如果个人信息处理者能证明自己过错较小或没有过错，相应的民事责任或行政责任就应当减轻或免除。个人信息保护影响评估报告和处理记录，是证明个人信息处理者合规处理个人信息的重要证据。在发生纠纷或损害时，如果通过调取记录，发现个人信息处理者进行了有效的个人信息保护影响评估，对识别的风险采取了相应的保护措施，就可以减轻或免除个人信息处理者的责任。

（二）个人信息保护影响评估的情形

《个人信息保护法》第55条规定：“有下列情形之一的，个人信息处理者应当事前进行个人信息保护影响评估，并对处理情况进行记录：（一）处理敏感个人信息；（二）利用个人信息进行自动化决策；（三）委托处理个人信息、向其他个人信息处理者提供个人信息、公开个人信息；（四）向境外提供个人信息；（五）其他对个人权益有重大影响的个人信息处理活动。”

欧盟《一般数据保护条例》通过概括和列举并存的方式，规定了数据保护影响评估的适用范围。其第35条首先规定，当某种类型的处理尤其是在运用新技术可能给自然人的权利与自由带来高风险时，在考虑处理的性质、范围、背景和

---

① 胡凌．互联网的开放与封闭及其法律回应．交大法学，2022（2）：11．

目的基础上，应进行个人数据保护影响评估。《一般数据保护条例》第 35 条特别列举了 3 种必须进行数据保护影响评估的情形：(1) 对自然人的个人情况进行系统、广泛评估的自动化处理（包括数据画像），且该处理会对自然人产生法律效力或造成类似的重大影响；(2) 处理大规模的特殊类型数据，或涉及犯罪记录和违法行为的数据；(3) 公共区域大规模的系统性监控活动。在此基础上，欧盟要求成员国监管机构制定数据保护影响评估的肯定清单和否定清单。

对于如何判断"可能导致高风险"，《数据保护影响评估和确定处理是否"可能导致高风险"的指南》提出应当考虑以下 9 个标准：(1) 评价或评分，特别是从"有关数据主体的工作表现、经济状况、健康、个人喜好或兴趣、可靠性或行为、地点或移动等方面"进行的分析和预测。(2) 具有法律或类似重大影响的自动决策。(3) 系统性监控。(4) 敏感数据或具有高度个人性质的数据。(5) 大规模的数据处理。(6) 匹配或组合数据集。(7) 易受攻击数据主体的数据。(8) 创新性地使用或应用新的技术或组织方案。(9) 数据处理本身"阻止数据主体行使权利或者使用服务或合同"。在大多数情形下，如果满足两个标准，就应当进行数据保护影响评估。满足的标准越多，就表明对个人权利与自由越可能产生高风险。在少数情形下，如果满足一个标准，也需要进行数据保护影响评估。由上考察可知，欧盟数据保护影响评估适用于"高风险"行为。虽然是法定强制义务，但欧盟的数据保护影响评估涉及的范围有限，而且从数据类型、处理数量、处理范围等方面进行了条件限定。譬如，敏感个人数据的处理，并不必然属于高风险行为，但如果是大规模处理，则需要进行数据保护影响评估。

（三）个人信息保护影响评估应适用于国家机关

《个人信息保护法》没有明确规定个人信息保护影响评估是否适用于国家机关，相关条款似乎主要是针对私主体的个人信息处理者设计的。虽然国家机关在个人信息处理的范围和频率上，可能比不上互联网企业，但国家机关的很多个人信息处理行为也会导致高风险。由于国家机关拥有强制性的公权力，如果缺乏必要的约束，一旦滥用个人信息处理权力，必将会对个人的权利与自由造成重大损害。一些个人信息泄露事件暴露出有些国家机关存在个人信息保护意识不强、处理流程不规范、安全保护措施不到位等问题，"将监管者纳入监管"，有助于在全社会起到示范效应，形成数字法治的良好氛围。[①] 作为重要的合规评估和风险评估机制，个人信息保护影响评估同样应适用于国家机关，否则对个人信息的保护就是不全面的。数字时代的国家机关既是个人信息处理者，也是个人信息保护监

---

① 蒋红珍．《个人信息保护法》中的行政监管．中国法律评论，2021 (5)：57；王利明，丁晓东．论《个人信息保护法》的亮点、特色与适用．法学家，2021 (6)：8.

管者。作为个人信息处理者的国家机关，应当同作为私主体的个人信息处理者一样，有效履行个人信息保护影响评估义务。

实际上，域外的同个人信息保护影响评估类似的数据保护影响评估、隐私影响评估、算法影响评估等评估制度，均适用于国家机关。在欧盟，无论是私主体还是公共机构，都有义务进行数据保护影响评估。[①]《一般数据保护条例》对公私主体具有同等效力，其第 4 条将数据控制者、处理者界定为控制或处理数据的自然人、法人、公共机构、代理机构或其他机构；第 2 条规定的适用范围只是否定了部分公共机构的数据处理行为，如排除适用于有权机关为预防、调查、侦查、起诉刑事犯罪，或为执行刑罚的目的（包括预防与抵御公共安全风险）所进行的个人数据处理。

隐私影响评估是政府应对隐私风险和实现隐私保护目标的重要工具，在域外有着 20 多年的应用与发展历程。1999 年新西兰发布《信息匹配隐私影响评估指南》，标志着隐私影响评估在政府管理领域正式应用。[②] 2002 年加拿大发布《隐私影响评估政策》，要求对产生隐私风险的政府行为进行隐私影响评估，同年发布《隐私影响评估指南：管理隐私风险的框架》，2010 年发布《隐私影响评估指令》，2020 年发布新的《隐私影响评估暂行指令》。[③] 2007 年英国发布《隐私影响评估手册》，旨在为公共和私人组织在使用涉及个人信息或侵入性技术的新系统时提供指导。《隐私影响评估手册》先后于 2009 年、2013 年获得修正。2014 年英国发布《隐私影响评估实务守则》。[④] 近些年隐私影响评估在政府数据开放领域得到了广泛的适用。以美国、英国、澳大利亚、新西兰等为代表的开放政府联盟成员国，纷纷将隐私影响评估纳入政府数据开放实践。[⑤]

算法影响评估在域外很多国家都被率先适用在公共事业场景中，因为攸关公共利益的公共事业领域的算法一旦发生决策失误，就可能带来系统性社会风险。譬如，2018 年美国纽约市颁布的《算法问责法》，明确规定行政机构以及慈善团体在应用自动化决策系统时，应接受自动化决策系统工作组的算法影响评估。华盛顿州、加利福尼亚州等州也规定，公共机构在公共事业场景中应用自动化决策

---

① Atanas Yordanov. Nature and Ideal Steps of the Data Protection Impact Assessment under the General Data Protection Regulation. EUR. DATA PROT. L. REV.，2017，3（4）：486.

② 陈朝兵，郝文强．作为政府工具的隐私影响评估：缘起、价值、实施与启示．中国行政管理，2020（2）：145.

③ 陈美，梁乙凯．加拿大隐私影响评估政策：历程、内容、分析与启示．图书情报工作，2021（17）：143.

④ 梁乙凯，陈美．英国数据保护影响评估制度及其启示．情报理论与实践，2022（7）.

⑤ 陈朝兵，郝文强．国外政府数据开放隐私影响评估的政策考察与启示：以美英澳新四国为例．情报资料工作，2019（5）：24.

系统时应进行算法影响评估。[①] 2019 年加拿大政府颁布的《自动化决策指令》，规定了算法影响评估制度，旨在对各政府机构运用的算法自动决策系统加以管理和规范。[②] 2021 年我国发布的《互联网信息服务算法推荐管理规定》对公共机构的算法影响评估没有作出明确规定，只是于第 27 条要求“具有舆论属性或者社会动员能力的算法推荐服务提供者应当按照国家有关规定开展安全评估”，于第 28 条规定“有关部门对算法推荐服务依法开展安全评估和监督检查工作”。

我国在政府数据开放领域，已明确要求国家机关开展风险评估、安全评估等评估。譬如，《贵州省政府数据共享开放条例》第 33 条要求“做好政府数据保密审查和风险防范，定期开展安全培训、风险评估等工作”。《上海市公共数据开放暂行办法》第 35 条要求公共数据开放主体“在数据开放前评估安全风险”。由于国家机关受到相对较多的监督，如纪检监察监督、行政监督、人大监督，且为了不造成过重的评估负担，可以适当限缩国家机关应当进行个人信息保护影响评估的范围。为了更好地保障国家机关履行法定职责，对个人信息保护影响评估的适用范围可以作一些排除性规定，如出于维护国家安全、追究刑事犯罪责任、行政执法调查，可以不进行评估。

（四）个人信息保护影响评估的内容

个人信息保护影响评估不限于评估风险。从“个人信息安全影响评估”到“风险评估”再到“个人信息保护影响评估”的名称变化，我们可以发现评估内容实际上是在不断发展变化的。个人信息保护影响评估既应评估确定的影响，也应评估不确定的影响，即风险；既应评估个人信息处理行为，也应评估个人信息处理者采取的保护措施。个人信息保护影响评估报告和处理情况记录应当至少保存 3 年。欧盟《一般数据保护条例》第 35 条规定，数据保护影响评估至少应当包括以下内容：（1）对计划的处理操作和处理目的进行系统性阐释，适当情况下还应当阐释数据控制者追求的合法利益。（2）对与处理目的相关的处理操作的必要性和合比例性的评估。（3）对第 1 款所述的数据主体权利和自由产生的风险的评估。（4）应对风险的预想方案，包括考虑数据主体和其他相关人的权利与合法利益，从而确保对个人数据的保护以及证明符合本条例的保障、安全措施和机制。

我国的个人信息保护影响评估的内容涉及合规评估和风险评估，主要包括三个方面：

一是评估个人信息处理是否合法、正当、必要。合法、正当、必要原则已成为个人信息处理的基本原则，用以对个人信息处理的形式合法性和实质合法性进

---

① 张欣．算法影响评估制度的构建机理与中国方案．法商研究，2021（2）：107.

② 张恩典．算法影响评估制度的反思与建构．电子政务，2021（11）：62.

行评价。“合法原则”属于形式合法性范畴，“正当、必要原则”是对个人信息处理目的和手段的实质合法性评价，可以矫正个人信息处理者同个人之间日益严重失衡的不平等态势，属于比例原则的体现。[①] 欧盟《一般数据保护条例》第 35 条规定了类似的评估内容：“对与处理目的相关的处理操作的必要性和合比例性的评估”。凡是经评估后发现不符合合法、正当、必要原则的个人信息处理行为，都不应得到实施。《信息安全技术　个人信息安全规范》中的“个人信息安全影响评估”，要求评估处理活动遵循个人信息安全基本原则。《个人信息保护法》还规定了诚信原则、目的原则、公开透明原则、质量原则、责任原则等，这些是否也应成为评估内容呢？由于合法、正当、必要原则是总体原则，“在各项基本原则中发挥统领作用”[②]，《个人信息保护法》第 56 条虽然没有明确要求评估个人信息处理是否符合其他原则，但在具体评估时必然会涉及其他原则。

二是评估对个人权益的影响及安全风险。个人信息承载了个人的多项权益，个人信息处理行为必将对其产生或多或少的影响。无论是确定性的影响还是不确定性的安全风险，都应当进行审慎评估。《信息安全技术　个人信息安全影响评估指南》将个人权益影响分为限制个人自主决定权、引发差别性待遇、个人名誉受损或遭受精神压力、人身财产受损四个维度。安全风险是指个人信息发生泄露、篡改、丢失等安全事件的风险，尤其是个人信息处理中因网络攻击、侵入、干扰、破坏或疏于内部管理，导致个人信息的完整性、保密性和可用性面临的威胁。[③] 对个人权益的影响评估相对容易，对安全风险的评估则较为困难。

三是评估所采取的保护措施是否合法、有效，且是否与风险程度相适应。个人信息处理者不是不可以从事高风险的处理活动，但需要为此负责，承担更高的注意义务，采取更严格的安全保障措施。[④] 在评估对个人权益的影响及安全风险的基础上，个人信息处理者应在合理成本范围内，采取必要的保护措施。所采取的个人信息处理方式应造成最小损害，保护措施应能够真正预防相应的风险。如果只是为了应付可能的检查而在表面上采取实效性差的保护措施，就难以有效保护个人信息。保护措施既包括基本的安全技术措施如去标识化、匿名化，也包括组织措施如制定内部管理制度和操作规程。个人信息处理者采取的保护措施，除了需要满足个人信息保护影响评估的结果要求，还应满足相关评估的结果要求。譬如，网络安全等级保护评估对个人信息安全具有重要影响，所采取的保护措施可能还需要满足其要求。一旦通过评估认定无法采取有效的保护措施控制安全水平，就需要选择销毁数据这一方式来控制数据生命周期最后阶段的安全性，因为

---

① 刘权．论个人信息处理的合法、正当、必要原则．法学家，2021（5）．1．

② 张新宝．个人信息处理的基本原则．中国法律评论，2021（5）：18．

③ 杨合庆．中华人民共和国个人信息保护法释义．北京：法律出版社，2022：143．

④ 程啸．个人信息保护法理解与适用．北京：中国法制出版社，2021：421．

继续持有个人信息只会增加个人信息泄露的实际风险。[①]

五、采取补救措施、履行通知义务

发生或者可能发生个人信息泄露、篡改、丢失的，个人信息处理者应当立即采取补救措施，并通知履行个人信息保护职责的部门和个人。《网络安全法》《全国人民代表大会常务委员会关于加强网络信息保护的决定》《消费者权益保护法》等要求在发生网络安全事件时，应“立即采取补救措施”“阻断传播”“采取其他必要措施予以制止”，否则应承担相应的责任。《个人信息保护法》第 57 条要求“发生或者可能发生个人信息泄露、篡改、丢失的，个人信息处理者应当立即采取补救措施”。

个人信息处理者采取措施能够有效避免信息泄露、篡改、丢失造成危害的，个人信息处理者可以不通知个人；履行个人信息保护职责的部门认为可能造成危害的，有权要求个人信息处理者通知个人。个人信息保护负责人在履行监督职责过程中，对于发现的个人信息处理违法问题，有义务及时向政府监管部门报告，而不是帮助个人信息处理者掩盖违法事实或销毁证据。通知应当包括下列事项：(1) 发生或者可能发生个人信息泄露、篡改、丢失的信息种类、原因和可能造成的危害；(2) 个人信息处理者采取的补救措施和个人可以采取的减轻危害的措施；(3) 个人信息处理者的联系方式。

第三节　大型平台的特别义务

在个人信息处理方面，互联网平台为平台内经营者处理个人信息提供基础技术服务、设定基本处理规则，是个人信息保护的关键环节。[②] 针对互联网平台进行个人信息保护规则制定，需要进一步抓住重点，区分一般的个人信息处理者与充当“守门人”角色的个人信息处理者，后者即控制互联网技术环境与运营环境、有资源或能力影响其他个人信息处理者处理能力的大型平台。[③] 这些大型平台已经超越了一般企业的范畴而带有提供社会公共服务的属性，需在个人信息保护等方面承担更多责任。

《个人信息保护法》第 58 条对提供重要互联网平台服务、用户数量巨大、业

---

① 赵精武．从保密到安全：数据销毁义务的理论逻辑与制度建构．交大法学，2022 (2)：36.

② 杨合庆．中华人民共和国个人信息保护法释义．北京：法律出版社，2022：147.

③ 张新宝．《中华人民共和国个人信息保护法》释义．北京：人民出版社，2021：448－450.

务类型复杂的个人信息处理者，即大型平台作出专条规定，规定了其在个人信息保护方面的特别义务。本节将对大型平台角色的变迁及平台监管中的“守门人”这一常用概念作简要介绍，并分析《个人信息保护法》第 58 条对大型平台个人信息保护特别义务作出的规定。

一、大型平台的角色变迁①

互联网平台为平台内的用户群体提供渠道、场所与技术工具，具有基础设施的特点，允许用户在平台内进行信息交互、商品交易、服务提供和其他活动。与市场不同，平台具有更可见的组织手段和更有力的组织架构，能够更快、更好地协调、统筹外部资源，进而实现从资源控制到资源整合、从内部优化到外部交互、从围绕单个客户到构造生态系统的转变升级。② 大型平台较一般平台又有更大的用户规模、更广泛的业务领域和更强的资源聚合能力，其出现、崛起和重要性不断加强的发展过程可根据平台的发展变迁历程和特点概括为三个阶段。

第一个阶段是早期平台出现并扮演信息“连接者”的时期。此时大型平台与其他平台除体量外并无明显区别，未成为受到专门关注和规制的对象。从 20 世纪 80 年代起，基于点击流量的盈利共通点、实行门户合流、有着明晰的主营兼营产业结构的互联网公司开始出现，其建立的网站成为最早的平台。此时平台的主要作用在于连接其他网站与用户，进行信息的传递和分发。但由于技术限制，用户多只能被动地接收信息而难以进行实时的信息交互，且信息传递、展示的形式也较为单一。

随着通信技术的发展和用户数量的增加，部分大型网络平台开始围绕主体业务进行拓展，形成自有生态体系，平台发展进入第二个阶段。在国内乃至国际上占据支配地位的互联网巨头企业开始兴起，较大型的平台角色开始由特征单一的“连接者”转变为属性多元的“组织者”。它们在平台体系中可以实现与用户更加多样的互动，并且形成了初步的平台规则，可以依照平台自身的规则体系对平台用户进行规范。由于用户规模、平台体量、信息传播频率的增加，互联网无序化趋势愈加明显，大量有害信息在网络中传播，用户个人隐私受到侵犯。

目前，互联网平台尤其是大型平台正在进入第三个阶段，完成从网络空间“组织者”到现代社会“治理者”的转变。近年来，各国对互联网依赖程度上升，互联网的用户规模与产业规模也呈现出“井喷”式的增长态势，新经济业态、新消费方式、新职业正在不断出现并日渐繁荣。在上述因素推动下，平台具备技

① 本部分主要参考周辉，张心宇．互联网平台治理研究．北京：中国社会科学出版社，2022：2－12。
② 王勇，戎珂．平台治理：在线市场的设计、运营与监管．北京：中信出版社，2018：81－82.

术、数据和规则上的实质性优势，在与平台内用户尤其是个别用户的关系上存在严重的不平衡。

平台可以基于自身确立的规则，以私主体的身份管理平台内的各项事务并在平台内贯彻其决策，既是平台内的“立法者”又是“执法者”，具备了类似于公权力但又有所不同的“私权力”①。大型平台则可以通过平台资源整合模式，不断地扩张自身的规模以及影响力，更加高效地实现对较大范围网络空间的控制。

大型平台的“私权力”与公权力一样，既有被滥用的风险，也有可能因不作为而致使个人权益受损。如果仅要求平台承担法律责任和契约责任而不要求其履行道德义务，平台就可能刻意为所欲为或消极不作为，追求利润最大化而忽视公共利益。② 因此，各国开始探索对大型平台进行特别规制，试图让大型平台根据其治理能力，在分享社会权力的同时，承担不同于事后法律责任的、更加能动的治理责任。③

对大型平台义务进行特别规定的制度，在欧美被称作“守门人条款”。“守门人”（gatekeeper，也译作“把关人”）概念最早由美国社会心理学家库尔特·勒温（Kurt Lewin）提出。在他看来，参与传播的每个人都不可避免地要从各自的认识上，对信息进行筛选和过滤，实施这种行为的主体就是“守门人”。之后，“守门人”概念被广泛应用于关于新闻和信息的选择、加工、制作和传达过程的相关研究之中。④ 随着大型平台的崛起，欧盟、美国等经过对平台地位、角色的研究及监管探索，将原有的“守门人”理论延伸到平台治理领域，将大型平台认定为“数字守门人”，并开始着手构建相关监管制度，如欧盟《数字市场法》等。欧美所使用的“数字守门人”与传统意义上的“守门人”在概念上有所不同。“数字守门人”需要满足营业额、估值、用户规模或业务类型等法定标准，未满足标准的平台企业即使符合传统“守门人”的定义，对其也无须适用“守门人条款”进行规制。

二、《个人信息保护法》中的大型平台义务

（一）立法沿革

《个人信息保护法》对大型网络平台设置特别义务是国际形势、监管方向、

① 关于平台私权力的分析参见周辉．变革与选择：私权力视角下的网络治理．北京：北京大学出版社，2016：62－73；刘权．网络平台的公共性及其实现：以电商平台的法律规制为视角．法学研究，2020（2）：45－47；Daphne Keller. The Future of Platform Power：Making Middleware Work. Journal of Democracy，2021，32（3）：168－172。

② 刘权．论互联网平台的主体责任．华东政法大学学报，2022（5）：79－93.

③ 周辉．网盘平台创新服务的著作权保护：从平台责任到合规治理．中外法学，2023（2）：373－374.

④ 周辉．网盘平台创新服务的著作权保护：从平台责任到合规治理．中外法学，2023（2）：373－374.

社会环境等多重因素共同作用的结果。2020 年 10 月 21 日公布的《个人信息保护法（草案）》并未对大型网络平台设置特别义务，对大型网络平台设置特定的个人信息保护义务首见于 2021 年 4 月《个人信息保护法（草案二次审议稿）》。其原因在于，除受到欧美监管思路变化的影响、开始关注“守门人”概念及其制度外，更重要的是我国对大型平台监管思路的转变和优化。2020 年 12 月，中央经济工作会议要求强化反垄断和防止资本无序扩张，对平台经济实施强监管，以推动平台企业规范健康发展。其中的首要监管对象即为大型网络平台。同时，监管实践也表明：一方面，由“守门人”负担一定的个人信息保护治理义务，可以对其“私权力”进行规制，督促其履行与其管理者身份相适应的职责；另一方面，由“守门人”承担一定的监管义务还可以降低监管成本，提高监管效率，远比单由行政机关对个人信息处理者进行监管覆盖更全，也更便捷。① 如果为全部平台设置个人信息保护的统一标准也有其弊端：要么让小型企业因合规成本高昂而对个人信息的利用望而却步，要么无法完全约束大型企业的个人信息处理活动而使个人信息权益的保护不足。②

最终，《个人信息保护法》在进一步完善草案二次审议稿中有关大型平台个人信息保护特别要求的基础上，形成了第 58 条：“提供重要互联网平台服务、用户数量巨大、业务类型复杂的个人信息处理者，应当履行下列义务：（一）按照国家规定建立健全个人信息保护合规制度体系，成立主要由外部成员组成的独立机构对个人信息保护情况进行监督；（二）遵循公开、公平、公正的原则，制定平台规则，明确平台内产品或者服务提供者处理个人信息的规范和保护个人信息的义务；（三）对严重违反法律、行政法规处理个人信息的平台内的产品或者服务提供者，停止提供服务；（四）定期发布个人信息保护社会责任报告，接受社会监督。”

（二）立法特点

中国的立法模式与欧盟的“数字守门人”等制度不同。我国不仅开创性地将大型平台特别义务置于个人信息保护法体系下进行规定③，还以类似传统“守门人”理论的方式，明确将第三方义务纳入大型平台特别义务中并与平台直接义务并列，具有中国网络治理的鲜明特色。④

欧盟等地的个人信息保护法律体系更注重平等适用，虽然《一般数据保护条

---

① 张新宝．互联网生态“守门人”个人信息保护特别义务设置研究．比较法研究，2021（3）：11－24.
② 张新宝．大型互联网平台企业个人信息保护独立监督机构研究．东方法学，2022（4）：37－49.
③ 杨合庆．中华人民共和国个人信息保护法释义．北京：法律出版社，2022：147.
④ 周汉华．《个人信息保护法》“守门人条款”解析．法律科学，2022（5）：39－41.

例》中的某些具体要求会因企业规模和技术能力等有所变化，但出于保护信息主体个人信息控制权的目的，欧盟立法仍将权利与义务平等作为基本要求；而在制定“守门人条款”时，对其义务的规定往往更聚焦于直接义务，即“守门人”不得利用自己的优势地位为某些行为，或须在其与平台内用户订立协议时遵守一定的规则，而不包括履行作为立法者、监管者的第三方义务。

我国《个人信息保护法》第 58 条的规定则既包含规定平台直接义务的内容，也包括规定大型平台作为治理方应履行的第三方义务的内容。这种第三方义务属于公法上的积极义务，大型平台必须主动采取必要的措施对平台进行管理甚至治理。其实施治理的合法性或“权力”的基础，又来自法律法规的规定和授权。同时，因《个人信息保护法》在平台内具体规则的制定、执行问题上并未再作进一步明确，大型平台又具有一定的裁量空间和选择余地；如果大型平台实施个人信息保护治理的效果得到社会舆论肯定，也会有利于其在这一领域树立业内标杆，提升自己的品牌形象，这为大型平台主动履行个人信息保护社会责任提供了激励。因而《个人信息保护法》第 58 条所实现的是一种以管理型为主的治理模式，其中既有政府主导、网络平台企业参与的协助关系，还有政府、网络平台企业共治的合作关系。① 这一制度的有效实施将提升我国个人信息保护治理的灵活性和敏捷性，有利于及时回应个人信息保护工作中出现的新问题。

（三）大型平台的具体义务要求②

并非所有互联网平台都是大型平台，需要适用《个人信息保护法》第 58 条。对于尚不满足相应监管标准的平台，既有的法律规制手段若足以处理可能的风险，就没有必要整体改变法律利益的平衡影响整个平台经济的发展。在我国，平台成为《个人信息保护法》第 58 条的适用对象，要同时符合三个前置条件：一是提供重要互联网平台服务，二是用户数量巨大，三是业务类型复杂。“重要互联网平台服务”意即对平台进行分类，“用户数量巨大、业务类型复杂”则是对平台体量进行分级。考虑到平台经济激烈的竞争态势，无论在我国，还是在其他构建了“守门人”制度的国家和地区，实际上真正符合要求的大型平台并不多。一旦满足条件，依照《个人信息保护法》的规定，大型平台须履行下述四项义务。

1. 建立更严格的合规制度

《个人信息保护法》第 58 条要求大型平台按照国家规定建立健全个人信息保

---

① 关于平台治理模式，参见周辉．网络平台治理的理想类型与善治：以政府与平台企业间关系为视角．法学杂志，2020（9）：24－36。

② 本部分主要参考张新宝．《中华人民共和国个人信息保护法》释义．北京：人民出版社，2021：450－451；杨合庆．中华人民共和国个人信息保护法释义．北京：法律出版社，2022：147－148；周汉华．《个人信息保护法》条文精解与适用指引．北京：法律出版社，2022：341－344。

护合规制度体系，不仅要在内部加强合规管理、履行一般个人信息处理者有关个人信息保护内部制度建设的义务，还需要“成立主要由外部成员组成的独立机构对个人信息保护情况进行监督”，提高大型平台个人信息保护措施的透明度。这里的“外部成员”，应当是仅在该组织担任个人信息保护监督职务，除此之外既不担任与该平台企业有关的其他任何职务，也没有“在该平台企业竞争对手处任职”等其他可能影响其履行职责、进行监督的因素。此类角色可类比上市公司的独立监事、外部董事，与个人信息处理者没有隶属关系，他们虽对大型平台的个人信息处理活动进行监督，但不对其负责，能够独立行使其职权，并具备行使职权的能力，有对个人信息处理活动实施合规监督的专业知识和工作经验。

由于《个人信息保护法》未对第 58 条第 1 项中“独立机构”的定位、人员组成、运行机制等作出说明，该规定如何执行仍待后续明确。例如，有观点认为，独立机构应不对个人信息处理者负责，完全独立地行使权力①；也有观点认为，鉴于独立机构设置的目的依然是监督特定个人信息处理者合规，且机构中仍可能有一定数量的企业内部成员任职，该机构不可能完全独立于个人信息处理者，仅需与日常经营管理机构分割、独立行使其监督个人信息保护情况的职责即可。②

2. 制定并健全个人信息保护平台规则

在《个人信息保护法》之前，《电子商务法》就对电子商务平台经营者制定平台内规则的义务进行了规定，并在制定程序、公示、修改和执行等方面提出了一系列要求。二者存在一定交叉重叠：电子商务平台经营者可能被认定为大型平台，而个人信息保护规则也应是平台服务协议、交易规则的一部分。

平台内规则具有双重属性：一方面，这种规则是平台经营者向平台内用户提供的格式条款，所以在制定个人信息保护规则时，平台经营者须尽到提示、说明的义务，且不能免除提供条款的平台经营者的个人信息保护义务，也不能排除对方即平台内经营者或消费者的主要个人信息权利；另一方面，上述规则也是平台对其内部个人信息处理行为进行规制的主要依据，故还需要充分保障制定规则的公开、公平、公正，既不能对自身提供优待，也不能对平台内的其他个人信息处理者采取不正当的歧视策略。

平台内规则不能与《个人信息保护法》等国家规定相抵触，因此大型平台经营者自身特别义务、个人信息处理的一般规则及处理者法定义务仍须在平台规则内得到体现。

3. 对严重违法处理个人信息的行为停止提供服务

大型平台对严重违法行为负有制止义务。《个人信息保护法》第 58 条第 3 项

---

① 周汉华．《个人信息保护法》条文精解与适用指引．北京：法律出版社，2022：342.

② 张新宝．大型互联网平台企业个人信息保护独立监督机构研究．东方法学，2022（4）：37－49.

要求，对严重违反法律、行政法规处理个人信息的平台内的产品或服务提供者，平台应停止提供服务。如本节上文所述，这一规定同第 58 条第 2 项一起，对大型平台规定了与我国其他平台治理法律法规一致的第三方义务。例如，《网络安全法》《广告法》等法律法规规定，如果平台“发现”或者“明知或应知”用户内容违法，就需要采取行动予以处理，否则将被行政处罚。面对平台内违法行为，平台的处置义务一般既包括必要的事前审查和内容过滤，也包括事中阻断不法内容传播、停止侵权行为，还包括事后进行账号封禁等惩戒，并向有关部门依法报告。

大型平台即使自身未进行个人信息处理行为，也需要针对平台内其他个人信息处理者的处理行为履行相应义务。对需要停止提供服务的情形，应当主动采取措施；若平台内个人信息处理者未违反法律、行政法规而仅违反平台自定规则，或违反情形不严重，则不应随意援引《个人信息保护法》第 58 条第 3 项的规定停止向其提供服务。若监管部门发现平台内个人信息处理者存在违反法律、行政法规处理个人信息的行为，也可以履行法定程序通知“守门人”停止为其提供服务。

4. 发布社会责任报告和接受社会监督

大型平台需要承担特殊社会责任，即定期发布个人信息保护社会责任报告，接受社会监督。例如，大型平台在个人信息保护领域的社会责任可能包括平台促进社会形成个人信息保护良好氛围的情况，平台为推进个人信息保护技术开发、制度完善而进行的投入和作出的贡献等内容。社会责任报告与《个人信息保护法》第 55 条、第 56 条所规定的风险评估报告不能相互替代。后者需要聚焦于识别并降低个人信息保护风险、评估具体个人信息处理行为的合法性，并留存相应记录；社会责任报告则更加宏观、灵活，不同企业承担社会责任的方式不同，报告内容也会千差万别。

总而言之，大型互联网平台在履行其个人信息保护的特别义务时，不仅要正确地处理平台自身与平台内个人信息处理者、平台外部独立机构之间的关系，还要积极地履行平台治理责任和社会责任，做好平台内自治规则与国家规定之间的衔接。

思考题

1. 试述个人信息的概念、特征及功能。
2. 简述个人信息保护合规审计的依据。
3. 试述个人信息保护合规审计结果的适用。
4. 比较个人信息保护影响评估和数据保护影响评估。

5. 简述有效避免个人信息泄露、篡改、丢失的典型措施。

6. 试比较《个人信息保护法》第58条的“守门人”制度同欧盟《数字市场法》中的“守门人”制度的异同。

文献阅读资料

1. 张新宝. 互联网生态“守门人”个人信息保护特别义务设置研究. 比较法研究，2021 (3).

2. 张新宝. 大型互联网平台企业个人信息保护独立监督机构研究. 东方法学，2022 (4).

3. 周汉华.《个人信息保护法》“守门人条款”解析. 法律科学，2022 (5).

4. 刘权. 论个人信息处理的合法、正当、必要原则. 法学家，2021 (5).

5. 蒋红珍.《个人信息保护法》中的行政监管. 中国法律评论，2021 (5).

6. 周辉. 网盘平台创新服务的著作权保护：从平台责任到合规治理. 中外法学，2023 (2).

7. 张欣. 算法影响评估制度的构建机理与中国方案. 法商研究，2021 (2).

8. 赵精武. 从保密到安全：数据销毁义务的理论逻辑与制度建构. 交大法学，2022 (2).

第六章 个人信息保护监管机制

第一节 个人信息保护监管机制概述

一、我国个人信息保护监管机制的建立

（一）我国个人信息保护监管机制的立法

个人信息保护监管是指有权主体根据法律法规的规定围绕个人信息处理活动开展保护、监督和管理工作。个人信息保护监管机制围绕个人信息保护展开，明确开展个人信息保护、监督和管理工作的有权主体及其职权，使个人信息保护更为具象化，从而有利于有权主体在发现违法处理个人信息的活动时在其职权范围内要求个人信息处理者承担相应的责任，减少对个人信息主体个人信息权益的侵害。该种设计从机构设置上保证了个人信息保护的“落地生根”。

关于个人信息保护监管模式，国际范围内存在专门监管和分散监管两大模式选择，前者以欧盟为典型，后者以美国为代表。以《数据保护指令》《一般数据保护条例》等为基础，欧盟确认其采用专门监管机构模式，在成员国层面确认构建专门的数据保护监管机构，在欧盟层面组建数据保护委员会（EDPB）。美国虽在联邦层面并未建立专门的数据保护机构，但通过《金融现代化法》《电子通信隐私法》《家庭教育权和隐私权法》《儿童网络隐私保护法》等多部法律授权金融、电信、健康、教育等各行业分散监管；同时，联邦贸易委员会能够以《联邦贸易委员会法》中规定的对“不公平或欺骗性的商业行为”的监管授权，负责消费者领域内的个人信息保护事项。

我国立法始终关注着个人信息保护，也注重对个人信息保护监管体制的完善。在《个人信息保护法》出台前，《网络安全法》《数据安全法》《民法典》《消费者权益保护法》等均对个人信息保护的监管作出了相应的安排，例如《数据安

全法》第 6 条规定："……工业、电信、交通、金融、自然资源、卫生健康、教育、科技等主管部门承担本行业、本领域数据安全监管职责。公安机关、国家安全机关等依照本法和有关法律、行政法规的规定，在各自职责范围内承担数据安全监管职责。国家网信部门依照本法和有关法律、行政法规的规定，负责统筹协调网络数据安全和相关监管工作。"但唯一不足的是，上述立法均未将"个人信息权益"置于独立的位置进行保护，而是将其作为"消费者合法权益""数据安全""网络安全"等的组成内容进行监管，从而也未明确规定个人信息保护独立的监管机制。2021 年 8 月 20 日《个人信息保护法》正式出台，并于 2021 年 11 月 1 日正式实施。《个人信息保护法》回应了这一问题，专章规定了个人信息保护监管机制，由履行个人信息保护职责的部门作为个人信息保护的有权监管部门，落实个人信息的保护和监管工作。

（二）我国个人信息保护监管机制概述

根据《个人信息保护法》第六章的规定，我国建立起了以国家网信部门为核心的个人信息保护监管机制，由国家网信部门负责统筹协调个人信息保护工作和相关监督管理工作，而国务院有关部门、县级以上地方人民政府有关部门等其他监管部门在各自职责范围内负责个人信息保护和监督管理工作。

区别于欧盟、美国的个人信息保护监管机制，我国个人信息保护监管机制在充分结合我国的个人信息保护实践经验的基础上，以《个人信息保护法》的出台实施为标志，具有浓厚的实践色彩和个人信息保护色彩。一方面，统筹协调和分工协调相结合。其延续了我国网络治理顶层设计方案，授权国家网信部门行使个人信息保护工作的统筹协调和监督管理两方面职责，同时考虑到个人信息保护所涉及的领域较广、影响较大，明确由各行业主管部门各司其职在各自职责范围内负责个人信息保护和监督管理工作。另一方面，中央和地方纵向合力。在中央层面，明确由国家网信部门负责统筹协调个人信息保护工作和相关监督管理工作，国务院有关部门在各自职责范围内负责个人信息保护和监督管理工作；在地方层面，明确县级以上地方人民政府有关部门负有个人信息保护和监督管理职责。此种安排便于在更大范围内动员和利用个人信息保护监管执法力量，实现全方位的个人信息保护。

《个人信息保护法》第六章共 6 条，从监管部门、个人信息保护职责、投诉权益保障三个方面对个人信息保护与监督管理作出了明确规定。首先，明确了个人信息保护和监管主体。根据《个人信息保护法》第 60 条的规定，根据监管部门所属层级的不同，可以将个人信息保护监管部门分为履行个人信息保护职责的中央机关和履行个人信息保护职责的地方机关两类，前者包含国家网信部门和国务院有关部门，后者主要是指县级以上地方人民政府的有关部门。其次，明确了监管部门的个人信息保护职责。根据《个人信息保护法》第61～64条的规定，国家网信部门负责统筹协调个人信息保护和监督管理，监管部门履行“开展个人信息保护宣传教育，指导、监督个人信息处理者开展个人信息保护工作”“接受、处理与个人信息保护有关的投诉、举报”“组织对应用程序等个人信息保护情况进行测评，并公布测评结果”“调查、处理违法个人信息处理活动”等个人信息保护职责。最后，明确了组织或个人的投诉、举报权利。根据《个人信息保护法》第65条的规定，任何组织、个人有权对违法个人信息处理活动向监管部门进行投诉、举报，监管部门应当公布接受投诉、举报的联系方式。

二、履行个人信息保护职责的中央机关

根据《个人信息保护法》第60条的规定，在中央层面，由国家网信部门负责个人信息保护和监督管理的统筹协调工作，国务院有关部门依照《个人信息保护法》和有关法律、行政法规的规定，在各自职责范围内负责个人信息保护和监督管理工作。

（一）国家网信部门

1. 国家互联网信息办公室与中央网络安全和信息化委员会办公室

2011年5月4日，为了促进互联网领域的监督管理、解决互联网领域“九龙治水”的问题，国务院批准设立了国家互联网信息办公室，但并未另设新的机构，而是在国务院新闻办公室加挂国家互联网信息办公室的牌子。国家互联网信息办公室是互联网信息监管机构，其主要职责包括：落实互联网信息传播方针政策和推动互联网信息传播法制建设；指导、协调、督促有关部门加强互联网信息内容管理；依法查处违法违规网站；在职责范围内指导各地互联网有关部门开展工作；等等。

2014年2月，中央网络安全和信息化领导小组成立，全面统筹涉及经济、政治、文化、社会、军事等各领域的网络安全和信息化重大事项，实现最高决策，以中央网络安全和信息化领导小组办公室作为办事机构，国家互联网信息办公室行使具体职权。2014年8月，国务院发出通知，授权重新组建的国家互联网信息办公室负责全国互联网信息内容管理工作，并负责监督管理执法，升级我国网络治理顶层设计。2018年3月，中共中央印发《深化党和国家机构改革方案》，将中央网络安全和信息化领导小组改为中央网络安全和信息化委员会；同月，《国务院关于机构设置的通知》规定，国家互联网信息办公室与中央网络安全和信息化委员会办公室实行一个机构两块牌子，列入中共中央直属机构序列。因此，以2014年中央网络安全和信息化领导小组的成立为标志，我国网络治理

顶层设计迈入新阶段，重新组建后的国家网信部门在我国网络治理体系中更具主导性、综合性，在原有多部门各负其责的基础上，强化了统筹协调能力。

2. 国家网信部门的统筹协调职能

在《个人信息保护法》出台之前，2016 年 11 月 7 日通过的《网络安全法》以法律的形式明确了国家网信部门的统筹协调职能。《个人信息保护法》出台后，其第 60 条明确规定，由国家网信部门负责统筹协调个人信息保护工作和相关监督管理工作。“统筹协调”代表着国家网信部门就个人信息保护和监督管理事宜享有与有关部门联络沟通、组织配合的职权。①

一方面，由国家网信部门进行统筹协调能够保证个人信息保护工作有序推进。个人信息保护监管部门涉及各个领域、各个层级，为了保证个人信息保护工作的落实，防止各个部门互相推诿，同时考虑到国家网信部门的专业性和在推进网络安全事宜中积累的实践经验，应当确立由国家网信部门进行个人信息保护和监督管理工作的统筹协调。另一方面，国家网信部门的统筹协调职能可以鼓励和支持监管部门充分发挥主观能动性，通过开展个人信息保护宣传教育、接受和处理与个人信息保护有关的投诉举报、调查并处理违法个人信息处理活动等方式落实个人信息保护职责。同时，国家网信部门有序开展和推进与其他监管部门之间的交流活动，可以形成保护个人信息的最大合力。

国家网信部门履行统筹协调职能，根据《个人信息保护法》第 62 条的规定，主要体现在以下五个方面：一是制定个人信息保护具体规则、标准；二是针对小型个人信息处理者、处理敏感个人信息，以及人脸识别、人工智能等新技术、新应用，制定专门的个人信息保护规则、标准；三是支持研究开发和推广应用安全、方便的电子身份认证技术，推进网络身份认证公共服务建设；四是推进个人信息保护社会化服务体系建设，支持有关机构开展个人信息保护评估、认证服务；五是完善个人信息保护投诉、举报工作机制。

（二）国务院有关部门

国务院，即中央人民政府，是最高国家权力机关的执行机关，是最高国家行政机关。根据《国务院行政机构设置和编制管理条例》的规定，国务院行政机构根据职能分为国务院办公厅、国务院组成部门、国务院直属机构、国务院办事机构、国务院组成部门管理的国家行政机构和国务院议事协调机构。其中，国务院办公厅协助国务院领导处理国务院日常工作；国务院组成部门依法分别履行国务院基本的行政管理职能；国务院直属机构主管国务院的某项专门业务，具有独立的行政管理职能；国务院办事机构协助国务院总理办理专门事项，不具有独立的

① 贺彤．“统筹协调”的法律解释．西部法学评论，2022（6）：45.

行政管理职能；国务院组成部门管理的国家行政机构由国务院组成部门管理，主管特定业务，行使行政管理职能；国务院议事协调机构承担跨国务院行政机构的重要业务工作的组织协调任务。

随着网络与社会生产生活各行业、各领域的融合、相互渗透，个人信息保护问题已非某一行业、领域的单一性问题，而是全行业、全领域所面临的共性问题，且个人信息保护问题呈现出复杂性、多样性和广泛性需求的特点。考虑到国务院特有的体系特点，《个人信息保护法》规定国务院有关部门在各自职责范围内负责个人信息保护和监督管理工作。从监管模式选择的角度考虑，这种安排有其合理性和必要性，能够更加有针对性地、及时地回应本行业内的个人信息保护需求。另外，我国此前对于个人信息保护监管职责的划分一直处于分散授权的状态，相应的监管职责授权涉及网信、工信、公安、市场监管、人民银行、银保监会、邮政等多个部门。若新设专门的个人信息保护监管机构，还需要将此前法律、行政法规已经明确授权的各主管部门的与个人信息保护相关的监管职权加以剥离，统一由新设或新指定的专门监管机构行使职权。这本身也是一个成本巨大的过程，新设监管机构也面临人手、经验、专业性等多方面考验。因此，相比于合并建立单一机构，此种多部门统筹协调合作模式，无须涉及对现有监管部门的调整，不影响日常监管执法工作。

上述国务院有关部门依照《个人信息保护法》和有关法律、行政法规的规定，在各自职责范围内负责个人信息保护和监督管理工作。例如，国家市场监督管理总局可以依据《个人信息保护法》《产品质量法》《广告法》等的相关规定，负责具体开展消费者个人信息的保护和监督管理工作；工业和信息化部在其职责范围内推进电信、移动互联网等领域的个人信息保护工作，如于 2023 年 2 月发布《工业和信息化部关于进一步提升移动互联网应用服务能力的通知》，明确要求坚持合法正当必要原则、明示个人信息处理规则、合理申请使用权限，以进一步加强个人信息保护。

三、履行个人信息保护职责的地方机关

考虑到个人信息保护问题属于具有广泛性的民生问题，其不仅包括当前互联网等线上业务模式的收集使用个人信息，也包括传统线下消费者领域的个人信息收集使用。为了便于在更大范围内动员和利用个人信息保护监管执法力量，《个人信息保护法》第 60 条明确，除国家网信部门和国务院有关部门外，履行个人信息保护职责部门包含县级以上地方人民政府有关部门，其个人信息保护职责范围按照国家有关规定确定。根据我国法律法规和部门规章的规定，以下部门都具有针对侵害个人信息行为的行政处罚权：县级以上统计机构、县级以上测绘地理

信息主管部门、县级以上卫生健康行政部门、县级以上旅游行政管理部门、县级以上建设（房地产）主管部门等等。具体如表 6.1 所示。

表 6.1　履行个人信息保护职责的地方机关及其具体职责

机关类型	法律法规和部门规章规定的具体职责
统计机构	●《统计法》第 39 条："县级以上人民政府统计机构或者有关部门有下列行为之一的，对直接负责的主管人员和其他直接责任人员由任免机关或者监察机关依法给予处分：（一）违法公布统计资料的；（二）泄露统计调查对象的商业秘密、个人信息或者提供、泄露在统计调查中获得的能够识别或者推断单个统计调查对象身份的资料的；（三）违反国家有关规定，造成统计资料毁损、灭失的。""统计人员有前款所列行为之一的，依法给予处分。" ●《统计执法监督检查办法》第 46 条："县级以上人民政府统计机构负责人、执法检查人员及其相关人员泄露在检查过程中知悉的国家秘密、商业秘密、个人信息资料和能够识别或者推断单个调查对象身份的资料，依纪依法给予处分。" ●《新闻出版统计管理办法》第 28 条："新闻出版行政主管部门、新闻出版统计机构和统计人员对在统计工作中知悉的国家秘密、商业秘密和个人信息，应当予以保密，对统计调查中获得的能够识别和推断单个统计调查对象身份的资料应当保密，不得对外提供泄露。" ●《新闻出版统计管理办法》第 35 条："各级新闻出版行政主管部门有下列行为之一的，由上级新闻出版行政主管部门予以通报，对直接负责的主管人员和其他直接责任人员，建议任免机关或监察机关等有关部门依法给予处分；并由统计机构依照《统计法》第三十九条予以处理：（一）违法公布统计资料的；（二）泄露统计调查对象的商业秘密、个人信息或者提供、泄露在统计调查中获得的能够识别或者推断单个统计调查对象身份的资料的；（三）违反国家有关规定，造成统计资料毁损、灭失的。"
测绘地理信息主管部门	●《测绘法》第 65 条："违反本法规定，地理信息生产、保管、利用单位未对属于国家秘密的地理信息的获取、持有、提供、利用情况进行登记、长期保存的，给予警告，责令改正，可以并处二十万元以下的罚款；泄露国家秘密的，责令停业整顿，并处降低测绘资质等级或者吊销测绘资质证书；构成犯罪的，依法追究刑事责任。""违反本法规定，获取、持有、提供、利用属于国家秘密的地理信息的，给予警告，责令停止违法行为，没收违法所得，可以并处违法所得二倍以下的罚款；对直接负责的主管人员和其他直接责任人员，依法给予处分；造成损失的，依法承担赔偿责任；构成犯罪的，依法追究刑事责任。" ●《地图管理条例》第 35 条："互联网地图服务单位收集、使用用户个人信息的，应当明示收集、使用信息的目的、方式和范围，并经用户同意。""互联网地图服务单位需要收集、使用用户个人信息的，应当公开收集、使用规则，不得泄露、篡改、出售或者非法向他人提供用户的个人信息。""互联网地图服务单位应当采取技术措施和其他必要措施，防止用户的个人信息泄露、丢失。" ●《地图管理条例》第 47 条："县级以上人民政府及其有关部门违反本条例规定，有下列行为之一的，由主管机关或者监察机关责令改正；情节严重的，对直接负责的主管人员和其他直接责任人员依法给予处分；直接负责的主管人员和其他直接责任人员的行为构成犯罪的，依法追究刑事责任：（一）不依法作出行政许可决定或者办理批准文件的；（二）发现违法行为或者接到对违法行为的举报不予查处的；（三）其他未依照本条例规定履行职责的行为。"

续表

机关类型	法律法规和部门规章规定的具体职责
卫生健康行政部门	●《结核病防治管理办法》第 35 条："疾病预防控制机构违反本办法规定，有下列情形之一的，由县级以上卫生行政部门责令限期改正，通报批评，给予警告；对负有责任的主管人员和其他直接责任人员，依法给予处分；构成犯罪的，依法追究刑事责任：……（三）故意泄露涉及肺结核患者、疑似肺结核患者、密切接触者个人隐私的有关信息、资料的……" ●《结核病防治管理办法》第 36 条："医疗机构违反本办法规定，有下列情形之一的，由县级以上卫生行政部门责令改正，通报批评，给予警告；造成肺结核传播、流行或者其他严重后果的，对负有责任的主管人员和其他直接责任人员，依法给予处分；构成犯罪的，依法追究刑事责任：……（五）故意泄露涉及肺结核患者、疑似肺结核患者、密切接触者个人隐私的有关信息和资料的。" ●《基本医疗卫生与健康促进法》第 102 条："违反本法规定，医疗卫生人员有下列行为之一的，由县级以上人民政府卫生健康主管部门依照有关执业医师、护士管理和医疗纠纷预防处理等法律、行政法规的规定给予行政处罚：……（二）泄露公民个人健康信息……" ●《涉及人的生物医学研究伦理审查办法》第 46 条："医疗卫生机构及其伦理委员会违反本办法规定，有下列情形之一的，由县级以上地方卫生计生行政部门责令限期整改，并可根据情节轻重给予通报批评、警告；对机构主要负责人和其他责任人员，依法给予处分：……（四）泄露研究项目方案、受试者个人信息以及委员审查意见的……"
旅游行政管理部门	●《旅行社条例实施细则》第 50 条："旅行社应当妥善保存《条例》规定的招徕、组织、接待旅游者的各类合同及相关文件、资料，以备县级以上旅游行政管理部门核查。""前款所称的合同及文件、资料的保存期，应当不少于两年。""旅行社不得向其他经营者或者个人，泄露旅游者因签订旅游合同提供的个人信息；超过保存期限的旅游者个人信息资料，应当妥善销毁。" ●《旅行社条例实施细则》第 65 条："违反本实施细则第五十条的规定，未妥善保存各类旅游合同及相关文件、资料，保存期不够两年，或者泄露旅游者个人信息的，由县级以上旅游行政管理部门责令改正，没收违法所得，处违法所得 3 倍以下但最高不超过 3 万元的罚款；没有违法所得的，处 1 万元以下的罚款。"
建设（房地产）主管部门	●《房地产经纪管理办法》第 25 条："房地产经纪机构和房地产经纪人员不得有下列行为：……（四）泄露或者不当使用委托人的个人信息或者商业秘密，谋取不正当利益……" ●《房地产经纪管理办法》第 37 条："违反本办法第二十五条第（三）项、第（四）项、第（五）项、第（六）项、第（七）项、第（八）项、第（九）项、第（十）项的，由县级以上地方人民政府建设（房地产）主管部门责令限期改正，记入信用档案；对房地产经纪人员处以 1 万元罚款；对房地产经纪机构，取消网上签约资格，处以 3 万元罚款。"

县级以上地方人民政府有关部门作为履行个人信息保护职责的部门，能够增加信息主体维权的便捷度，更为快捷直接地保护信息主体的个人信息权益。但同时需要注意的是，鉴于部分个人信息保护监管事项对监管部门的专业性有较高要

求，县级以上地方人民政府的有关部门应当严格按照《个人信息保护法》等国家有关规定行使权力。例如《个人信息保护法》第66条第2款规定：违反本法规定处理个人信息，或者处理个人信息未履行本法规定的个人信息保护义务，“情节严重的，由省级以上履行个人信息保护职责的部门责令改正，没收违法所得，并处五千万元以下或者上一年度营业额百分之五以下罚款，并可以责令暂停相关业务或者停业整顿、通报有关主管部门吊销相关业务许可或者吊销营业执照”。在此种情况下，针对情节严重的违反《个人信息保护法》的个人信息处理行为以及未按照《个人信息保护法》履行个人信息保护义务的行为，由于涉及的处罚较重，罚款数额较大，为确保处罚的权威性和专业性，相应的处罚权限应由省级以上履行个人信息保护职责的部门实施。

第二节　监管部门的个人信息保护职责

在个人信息保护监管机制下，监管部门负有开展个人信息保护和监督管理工作的职责，而由于个人信息保护工作涉及领域相对较广且事项较多、较为复杂，为了进一步具体化监管部门的个人信息保护和监督管理工作，《个人信息保护法》从四个方面细化了监管部门的个人信息保护职责内容，为履行个人信息保护职责的部门落实个人信息保护职责提供了指引。

一、开展宣传教育、指导监督

《个人信息保护法》第61条第1项规定，监管部门应当开展个人信息保护宣传教育，指导、监督个人信息处理者开展个人信息保护工作。根据该规定，一方面，监管部门应当加大对个人信息保护的宣传，强化个人信息处理者及信息主体的个人信息保护意识；另一方面，监管部门应采取相应的措施指导个人信息处理者开展个人信息保护工作，并对其个人信息保护工作进行监督。

（一）开展宣传教育

根据传播学的定义，宣传是一种为了服务特定议题的信息表现手法；教育含有教导启发之意。个人信息保护宣传教育，意为围绕个人信息保护有关的法律规定、制度等，通过不同的宣传方式和教育方式，达到提高相关主体个人信息保护意识、增强个人信息保护能力的目的。

个人信息保护宣传教育工作对于监管部门落实其职责具有很强的必要性。个人信息的保护需要信息主体、个人信息处理者和监管部门多方共同出力，而首先需要突破的问题便是信息主体或个人信息处理者对个人信息保护知识了解不全面的问题。个人信息保护与社会上每个人的生活息息相关，姓名、生物识别信息、医疗健康信息等都属于个人信息保护的对象。而由于信息主体或个人信息处理者本身存在“个人信息保护意识不够”“不了解履行个人信息保护职责的主体”“不清楚个人信息处理者的权利义务”等问题，因此，个人信息保护的推进仍存在一定的障碍。为解决这些问题，监管部门首先应当主动围绕个人信息保护这一主题开展宣传教育活动，将个人信息保护内容作为重点宣传对象，加深信息主体和个人信息处理者对个人信息保护的认识程度，使其更为全方位地对待个人信息保护工作。

个人信息保护宣传教育面向信息主体、个人信息处理者等所有与个人信息保护有关的主体。一方面，个人信息保护宣传教育工作面向个人信息处理者开展，对其进行个人信息保护法律、政策的宣传解读，以提升其守法意识，知敬畏、守底线，确保个人信息处理行为不逾越法律的红线；另一方面，个人信息保护宣传教育工作也面向民众开展，在全社会范围内进行个人信息保护知识、技能、法规、政策等的宣传教育，以提升民众保护自身个人信息的意识和能力。

个人信息保护宣传教育的手段灵活多样，包括宣传标语、宣讲、宣传海报等。实践中，随着个人信息保护工作的不断优化，个人信息保护宣传教育的工作也在不断深化。自 2014 年开始，中央网络安全和信息化领导小组办公室会同其他部门联合主办“国家网络安全宣传周”，通过公益短信、公益短片、公众体验展、知识竞赛等各种方式向社会宣传网络安全知识。自 2019 年开始，“国家网络安全宣传周”设立个人信息保护专题论坛、展览等，向广大网民宣传个人信息保护知识。

以《个人信息保护法》为核心，个人信息保护宣传教育的内容涵盖较广，在进行宣传教育时应当结合宣传目的，针对不同的对象进行有区别的宣传教育。当个人信息保护宣传教育的主要对象为信息主体及其他社会公众时，宣传教育的内容要突出对“个人在个人信息处理活动中的权利”的介绍，并结合《个人信息保护法》第七章和《民法典》等的相关内容指明信息主体在其权益受到侵害时可以寻求救济的法律途径。当个人信息保护宣传教育的主要对象为个人信息处理者时，宣传教育的内容要明确个人信息处理的原则和规则、个人信息处理者的义务内容，强调个人信息处理者的个人信息处理活动应当符合法律法规的规定，诸如落实知情同意、个人信息安全保障义务等，不得侵害相关信息主体的合法权益。

（二）指导监督

监管部门在进行广泛宣传的过程中，同时应当指导并且监督个人信息处理者开展个人信息保护工作。一方面，指导含指引、教导之意，监管部门通过指导个人信息处理者的个人信息保护工作，能够让个人信息处理者明了个人信息保护措施的正确实施路径，减少因错误理解等导致的个人信息保护工作不到位的情况发生。另一方面，监管部门通过监督个人信息处理者的个人信息保护工作，能够在无形中给个人信息处理者施加一层压力，督促其合法合规地开展个人信息保护工作；同时监管部门通过有效监督能够在第一时间发现个人信息处理者实施的侵害个人信息权益的行为，按照法律法规相关规定要求其承担相应的责任，及时保护信息主体的个人信息权益。

指导、监督个人信息处理者开展个人信息保护工作，表现为监管部门与个人信息处理者之间的两种互动方式：第一种以劝告、指引、鼓励等非强制性方式引导个人信息处理者合法合规地开展个人信息保护工作；第二种以行政权的强制性方式迫使个人信息处理者履行个人信息保护法定义务，比如检察院开展个人信息保护专项监督活动，市场监督管理部门开展消费者个人信息保护工作专项检查行动。相较于其他行政行为，监管部门指导个人信息处理者开展个人信息保护工作，更具灵活性，例如以试点先行、示范引领的思路，引导个人信息处理者参与试点示范项目，探索形成可复制、可推广的个人信息保护优秀经验等。

二、接受、处理投诉、举报

投诉、举报是监管部门发现违法个人信息处理活动的重要线索来源，也是解决个人与个人信息处理者之间争议的具体途径之一。结合《个人信息保护法》第61条和第65条的规定，监管部门应当公布接受投诉、举报的联系方式，接受、处理与个人信息保护有关的投诉、举报，并将处理结果告知投诉、举报人，否则构成行政不作为。

（一）投诉与举报

投诉与举报是信息主体实现个人信息权益的重要方式，投诉与举报的方式能够使监管部门了解到个人信息侵权事件，及时采取相应的法律措施保护信息主体的个人信息权益，要求违法违规的个人信息处理者按照《个人信息保护法》《民法典》等法律法规承担相应的责任。

但同时需要注意的是，投诉和举报存在着一定的差别。通常，投诉具有自益性，也即投诉主体发现自身利益受到了违法个人信息处理行为侵害，进而向监管部门进行投诉，要求查处违法行为，维护自身利益；而举报则没有主体的限定，任何公民、法人、其他组织发现存在违法个人信息处理活动的，均可向监管部门进行举报，行使监督权，而并不要求举报人受到了违法个人信息处理活动的具体侵害。实践中，在个人信息保护领域，个人信息处理者的竞争对手、个人信息保护组织、个人信息保护社会化服务机构等，均可向监管部门举报违法个人信息处理活动。

由于投诉和举报存在区别，处理投诉和举报的相应程序也有所区别。以市场监督管理部门处理有关个人信息保护的投诉与举报的程序为例，市场监督管理部门明确区分了投诉与举报的不同处理程序。《市场监督管理投诉举报处理暂行办法》第 7 条规定："向市场监督管理部门同时提出投诉和举报，或者提供的材料同时包含投诉和举报内容的，市场监督管理部门应当按照本办法规定的程序对投诉和举报予以分别处理。"具体来讲，结合《市场监督管理投诉举报处理暂行办法》第 14、16、21、23、31 条的规定，若市场监督管理部门在执法过程中收到信息主体关于个人信息处理者违法处理其个人信息的投诉，一般采取调解的方式进行处理。市场监督管理部门应当自收到投诉之日起 7 个工作日内作出受理或者不予受理的决定，并告知投诉的信息主体。终止调解的，市场监督管理部门应当自作出终止调解决定之日起 7 个工作日内告知投诉的信息主体和被投诉的个人信息处理者。而若市场监督管理部门在执法过程中收到有关个人信息处理者违法处理个人信息的举报，应当自发现线索或者收到材料之日起 15 个工作日内予以核查。举报人实名举报的，有处理权限的市场监督管理部门还应当自作出是否立案决定之日起 5 个工作日内告知举报人。

（二）投诉与举报的方式

目前，我国并未确立统一的个人信息保护投诉、举报方式，而是由各监管部门分别承担着受理及处理投诉、举报的职责。全国人大在就《网络安全法》的执法检查工作中发现，在发生信息泄露、滥用用户个人信息等信息安全事件后，还存在着用户投诉无门、用户不知该向哪个部门举报和投诉，甚至举报了也往往不予处理或者没有结果等问题。

为了解决上述问题，《个人信息保护法》高度重视发挥投诉、举报工作机制的作用：一方面，通过第 62 条第 5 项明确由国家网信部门统筹协调各部门推进完善个人信息保护投诉、举报工作机制；另一方面，通过第 65 条明确履行个人信息保护职责的部门负有公布接受投诉、举报的联系方式的信息公开义务，同时应当及时处理投诉、举报并告知投诉、举报人处理结果。在实践中，监管部门也注重完善个人信息保护投诉、举报途径，多个部门均通过成文的形式要求加强对个人信息保护投诉、举报权益的保障，例如工业和信息化部已建立起互联网信息服务投诉平台，旨在快速化解用户与企业之间的服务纠纷。

投诉人或者举报人欲通过投诉或者举报等方式维护自身合法个人信息权益

的，应当按照国家有关规定提供相应的材料。一般来说，投诉需要提交的材料包括：投诉人的姓名、电话号码、通信地址，被投诉人的名称（姓名）、地址，具体的投诉请求以及个人信息权益争议事实。委托他人代为投诉的，应当提供授权委托书原件以及受托人身份证明，授权委托书应当载明委托事项、权限和期限，由委托人签名。

三、组织个人信息保护情况测评和公布测评结果

当前，移动互联网应用程序得到广泛应用，在促进经济社会发展、服务民生等方面发挥了不可替代的作用，但同时，应用程序强制授权、过度索权、超范围收集个人信息的现象大量存在，是个人信息权益保护的重点关注领域。正是认识到这一问题，《个人信息保护法（草案三次审议稿）》提出了要求“履行个人信息保护职责的部门要组织对应用程序等个人信息保护情况进行测评，并公布测评结果”，《个人信息保护法》对此予以确认。

（一）个人信息保护情况测评概述

应用程序运营者违法违规处理用户个人信息的现象早有发生且相对严重。在《个人信息保护法》出台前，治理相关行为的主要依据为《网络安全法》《关于印发〈App违法违规收集使用个人信息行为认定方法〉的通知》《关于印发〈常见类型移动互联网应用程序必要个人信息范围规定〉的通知》等，但是由于管理授权不够清晰，其适用存在合法性疑虑。① 随着《个人信息保护法》的出台，其第61条已经明确，监管部门组织对应用程序等个人信息保护情况进行测评，具有合法性和正当性；反之，如果监管部门未履行上述保护职责，则可能面临行政不作为的处罚。

个人信息保护情况测评是指对应用程序等个人信息保护情况进行测试和评价，其测评对象包括各种网站、智能终端的App、小程序软件开发工具包（SDK）等。从现有实践来看，第一，对于监管部门来说，通过组织对应用程序等个人信息保护情况的测评活动，其可以详细了解应用程序收集使用用户个人信息的情况，并在此基础上开展其他个人信息保护活动，诸如对测评过程中显示出的个人信息处理者不合规的行为进行处罚或者指导，落实监督职责。第二，对于应用程序运营者来说，组织测评并公布测评结果会给应用程序运营者带来较大的舆论压力，敦促其依法处理、保护用户个人信息。如果相关应用程序确实存在问题，也

① 龙卫球．《个人信息保护法》的基本法定位与保护功能：基于新法体系形成及其展开的分析．现代法学，2021（5）：101-102.

能够借助应用商店下架等方式避免更多民众使用该问题应用程序；若不存在相应问题，也会为应用程序运营者带来良好口碑。第三，对于信息主体来说，其能够通过公开的测评结果及时了解到自己所使用的应用程序的个人信息收集利用情况。如果存在违法违规的应用程序，信息主体也能够根据公开的测评结果及时删除、卸载或者不使用相应的应用程序，避免自己的个人信息受到侵害；如果信息主体使用的应用程序均不存在相关问题，也能够在无形中增强其对于信息安全的自信心。

（二）个人信息保护情况测评的重要实践发展

自 2019 年开始，中央网络安全和信息化委员会办公室、工业和信息化部、公安部、国家市场监督管理总局四部门开展 App 违法违规收集使用个人信息专项治理。专项治理主要工作是组织相关专业机构，对用户数量大、与民众生活密切相关的 App 隐私政策和个人信息收集使用情况进行评估。

2019 年 11 月，国家互联网信息办公室、工业和信息化部、公安部、国家市场监督管理总局联合制定并印发了《App 违法违规收集使用个人信息行为认定方法》，明确了系列 App 违法违规行为的认定方法，违法违规行为包括：未公开收集使用规则；未明示收集使用个人信息的目的、方式和范围；未经用户同意收集使用个人信息；违反必要原则，收集与其提供的服务无关的个人信息；未经同意向他人提供个人信息；未按法律规定提供删除或更正个人信息功能；未公布投诉、举报方式等信息。该认定方法推动了 App 违法违规收集使用个人信息专项治理的落实和发展。

2020 年 7 月，工业和信息化部发布《关于开展纵深推进 APP 侵害用户权益专项整治行动的通知》，提出四方面十项要求。此后，工业和信息化部组织中国信息通信研究院、电信终端产业协会（TAF），有针对性地制定了《APP 用户权益保护测评规范》10 项标准；针对广大用户特别关心的“最小必要”等收集使用用户个人信息原则，制定了《APP 收集使用个人信息最小必要评估规范》系列标准，涉及图片、通讯录、设备信息、人脸、位置、录像、软件列表等信息收集使用规范。

在 2023 年 2 月至 4 月期间，中央网络安全和信息化委员会办公室官网公布了对“网上购物类”“地图导航类”“浏览器类”“新闻资讯类”等 App 个人信息收集情况的测试报告。相关报告显示，测试环境为“选取相同品牌、型号的手机终端，安装相同版本安卓操作系统，分别部署相应 App，在相同网络环境下进行同步操作”；测试场景根据不同的 App 用途区分，以完成一次 App 功能运行作为一个测试单元，例如新闻资讯浏览类的测试场景为“以完成一次新闻资讯浏览活动作为测试单元，包括启动 App、刷新首页新闻、查看新闻内容、分享新闻链接

4种用户使用场景，以及后台静默应用场景”；测试内容包括系统权限调用、个人信息上传、网络上传流量3项内容，测试结果也围绕这3项内容通过图表和文字的方式加以呈现。

四、调查、处理违法活动

调查、处理违法个人信息处理活动，是履行个人信息保护职责的部门履行监督管理职责的重要方式。行政调查是行政处理的前置阶段，通过行政调查了解个人信息处理者开展个人信息处理活动的真实情况，可以使作出的行政处理更具有公信力。

（一）行政调查

1. 行政调查的含义

行政调查是行政主体为了实现一定的行政目的，依其职权向行政相对人收集有关信息的活动。在落实个人信息保护职责的过程中，监管部门能够通过行政调查环节收集个人信息处理者处理个人信息的相关证据，以查清个人信息处理者是否存在侵害个人信息权益的行为。

2. 行政调查的方式

根据《行政处罚法》第55条、第56条的规定，为实现行政调查的目的，有权主体可以通过询问、抽样取证等方式开展行政调查工作。具体来讲，一方面，监管部门可以通过询问的方式开展个人信息保护行政调查活动。个人信息处理者或者有关人员应当如实回答询问，并协助调查或者检查，不得拒绝或者阻挠。另一方面，监管部门在收集证据时，可以采取抽样取证的方法；在证据可能灭失或者以后难以取得的情况下，经行政机关负责人批准，可以对证据先行登记保存，并应当在7日内及时作出处理决定，在此期间，当事人或者有关人员不得销毁或者转移证据。

3. 行政调查的程序要求

在监管部门为了了解个人信息处理者的真实个人信息处理活动而开展行政调查活动时，按照《行政处罚法》《网信部门行政执法程序规定》等的规定，其应当遵循的程序要求包括但不限于以下四个方面：

第一，监管部门对下列事项应当及时调查处理，并填写案件来源登记表：（1）在监督检查中发现案件线索的；（2）自然人、法人或者其他组织投诉、申诉、举报的；（3）上级部门交办或者下级部门报请查处的；（4）有关机关移送的；(5) 经由其他方式、途径发现的。

第二，监管部门在职权范围内开展个人信息保护行政调查活动时，应主动向个人信息处理者或者有关人员出示执法证件。当事人或者有关人员有权要求执法人员出示执法证件。执法人员不出示执法证件的，当事人或者有关人员有权拒绝接受调查或者检查。

第三，监管部门在执法过程中询问当事人或者其他有关人员，应当制作询问笔录，载明时间、地点、事实、经过等内容。询问笔录应当交询问对象或者其他有关人员核对确认，并由执法人员和询问对象或者其他有关人员签名。询问对象和其他有关人员拒绝签名或者无法签名的，应当注明原因。

第四，监管部门的执法人员在调查取证过程中，应当要求当事人在笔录和其他相关材料上签字、捺指印、盖章或者以其他方式确认。当事人拒绝到场，拒绝签字、捺指印、盖章或者以其他方式确认，或者无法找到当事人的，应当由两名执法人员在笔录或者其他材料上注明原因，并邀请其他有关人员作为见证人签字或者盖章，也可以采取录音、录像等方式记录。

（二）行政处理

行政处理是指行政主体为了实现和完成相应法律、行政法规和部门规章所确定的行政管理目标和任务，而依行政相对人申请或依职权处理涉及特定行政相对人某种权利义务事项的具体行政行为。监管部门通过行政调查，对个人信息处理者的个人信息处理行为已经形成了初步的认识，接下来可根据行政调查结果依法作出相应的行政处理。

结合《行政处罚法》《个人信息保护法》《网信部门行政执法程序规定》等的相关规定，在行政调查终结后，针对个人信息处理者的个人信息处理活动，可能存在以下四种情形，监管部门据此作出相应的行政处理：第一，经过调查，个人信息处理者确实存在应受行政处罚的违法行为的，结合其情节轻重及具体情况，根据《个人信息保护法》第七章“法律责任”的规定，监管部门可以采取责令改正、警告、没收违法所得、责令暂停或者终止提供服务、罚款等多项行政处罚措施。第二，经过调查认为个人信息处理者的个人信息处理行为轻微违法，依法可以不予行政处罚的，不予行政处罚。但同时，对个人信息处理者的违法违规处理个人信息的行为依法不予行政处罚的，监管部门应当充分履行《个人信息保护法》第 61 条规定的指导职能，对相关个人信息处理者进行教育。第三，经过调查认为个人信息处理者侵害个人信息权益的违法事实不能成立的，不予行政处罚。第四，经过调查认为个人信息处理者的违法个人信息处理活动涉嫌犯罪的，应当移送司法机关。

同时需注意的是，如存在“涉及重大公共利益的”“直接关系当事人或者第三人重大权益，经过听证程序的”“案件情况疑难复杂、涉及多个法律关系的”等情形，在行政机关负责人作出行政处罚的决定之前，应当由从事行政处罚决定法制审核的人员进行法制审核；未经审核或者审核未通过的，不得作出决定。

履行个人信息保护职责的部门根据个人信息处理者的个人信息处理行为作出行政处理决定，按照上述内容规定给予行政处罚的，应当制作行政处罚决定书。行政处罚决定书应当载明下列事项：（1）当事人的姓名或者名称、地址；（2）违反法律、法规、规章的事实和证据；（3）行政处罚的种类和依据；（4）行政处罚的履行方式和期限；（5）申请行政复议、提起行政诉讼的途径和期限；（6）作出行政处罚决定的行政机关名称和作出决定的日期。行政处罚决定书必须盖有作出行政处罚决定的行政机关的印章。

五、法律、行政法规规定的其他职责

除前述四项履行个人信息保护职责部门的明确的职责外，《个人信息保护法》第 61 条设置了第 5 项内容，作为履行个人信息保护职责部门为履行个人信息保护和监督管理职责，可以采取的措施种类的兜底条款，即法律、行政法规规定的其他职责。该规定是对监管部门其他法定职责的引致性规定。

我国自 2012 年《全国人民代表大会常务委员会关于加强网络信息保护的决定》开始，便以分散立法的方式逐步推进个人信息的法律保护进程，有关个人信息保护职责的规定也分散在《网络安全法》《治安管理处罚法》等法律、行政法规之中。《个人信息保护法》第 61 条第 5 项通过引致性条款的方式对其他法律、行政法规中对监管部门的职责授权予以确认。应当注意的是，目前根据《个人信息保护法》第 61 条的规定，仅法律、行政法规可以授予监管部门职责，而不包括部门规章、部门规范性文件，从而避免就个人信息保护事项出现部门立法倾向。另外，上述引致性条款的方式，也使得对监管部门的职责授权保持了一定的开放性，为未来其他法律、行政法规作出职责授权留出了制度接口。

第三节　国家网信部门的统筹协调职责

为落实授权国家网信部门负责个人信息保护工作的统筹协调和监督管理的职责，《个人信息保护法》从五个方面作出具体要求，要求国家网信部门统筹协调有关部门推进个人信息保护工作，分别是：制定个人信息保护具体规则、标准；针对小型个人信息处理者、处理敏感个人信息以及人脸识别、人工智能等新技

术、新应用，制定专门的个人信息保护规则、标准；支持研究开发和推广应用安全、方便的电子身份认证技术，推进网络身份认证公共服务建设；推进个人信息保护社会化服务体系建设，支持有关机构开展个人信息保护评估、认证服务；完善个人信息保护投诉、举报工作机制。

一、概述

国家网信部门自其成立时起，凭借其在网络安全和个人信息保护方面的专业性，一直承担着统筹协调相关部门开展网络安全、个人信息保护工作的职能。多部法律法规均通过明文的方式确定了国家网信部门在网络安全、个人信息保护、算法、关键信息基础设施安全等领域的统筹协调职责，具体如表 6.2 所示。

表 6.2　法律、行政法规、部门规章中规定的国家网信部门的统筹协调职责

法律法规名称	具体规定
《网络安全法》	第 8 条第 1 款："国家网信部门负责统筹协调网络安全工作和相关监督管理工作。国务院电信主管部门、公安部门和其他有关机关依照本法和有关法律、行政法规的规定，在各自职责范围内负责网络安全保护和监督管理工作。"
《网络信息内容生态治理规定》	第 3 条第 1 款："国家网信部门负责统筹协调全国网络信息内容生态治理和相关监督管理工作，各有关主管部门依据各自职责做好网络信息内容生态治理工作。"
《关键信息基础设施安全保护条例》	第 3 条第 1 款："在国家网信部门统筹协调下，国务院公安部门负责指导监督关键信息基础设施安全保护工作。国务院电信主管部门和其他有关部门依照本条例和有关法律、行政法规的规定，在各自职责范围内负责关键信息基础设施安全保护和监督管理工作。"
《个人信息保护法》	第 60 条第 1 款："国家网信部门负责统筹协调个人信息保护工作和相关监督管理工作。国务院有关部门依照本法和有关法律、行政法规的规定，在各自职责范围内负责个人信息保护和监督管理工作。"
《互联网信息服务深度合成管理规定》	第 3 条第 1 款："国家网信部门负责统筹协调全国深度合成服务的治理和相关监督管理工作。国务院电信主管部门、公安部门依据各自职责负责深度合成服务的监督管理工作。"
《互联网信息服务算法推荐管理规定》	第 3 条第 1 款："国家网信部门负责统筹协调全国算法推荐服务治理和相关监督管理工作。国务院电信、公安、市场监管等有关部门依据各自职责负责算法推荐服务监督管理工作。"

对个人信息保护的"统筹协调"，主要体现为国家网信部门凭借专业优势发挥主导作用，对个人信息监管执法事项集中筹划，牵头制定个人信息保护法律实

施细则，统一执法依据和执法尺度；有效整合执法资源，形成应对系统性风险的能力。[①] 换言之，国家网信部门应主动联合其他履行个人信息保护职责的部门，针对个人信息保护规则和标准、网络身份认证公共服务建设、个人信息保护评估和认证、投诉举报等事项作出相应的规定。一方面，这便于统一各部门开展个人信息保护工作的标准和尺度，减少各地针对个人信息保护事项的执法差异，增强《个人信息保护法》在实施过程中的公信力；另一方面，这便于吸收各地开展个人信息保护的有利经验并加以推广，最终助力于个人信息保护体系的完善，从制度上减少个人信息侵权案件。

二、国家网信部门统筹协调职责的内容

（一）制定个人信息保护规则、标准

国家网信部门统筹协调有关部门制定行政规范，既包括制定执行性的个人信息保护具体规则、标准，也包括针对小型个人信息处理者、处理敏感个人信息等制定专门的个人信息保护规则、标准，从而在个人信息保护规则、标准等抽象行政行为层面上实现统筹协调。

1. 行政规范

行政规范是指行政机关依其法定职权和程序，制定和发布的具有普遍拘束力的行为规范。从行政规范的具体内容看，其包括行政立法和行政规定两种类型，前者是指国务院及其他特定的行政机关根据法定权限并按法定程序制定和发布行政法规和规章的活动，后者是指行政主体在执行行政法律规范、进行行政管理活动时，在法定权限范围内制定除行政法规、规章以外的其他具有普遍拘束力的决定、命令及行政措施的行政活动。

传统法治理论认为，为确保立法符合公共利益，立法职权只能由代表民意的立法机关行使，行政机关并非民意代表机关，仅可负责执行立法而不得制定规则。但现代社会治理日益复杂，面对日益繁重的立法任务，立法机关没有足够的人员、时间等事无巨细地作出详细规定。在许多情况下，法律层面仅能作出原则性、概括性的规定，而由行政机关制定更为具体、更具操作性的规则。同时，在人类进入风险社会的背景下，法律的滞后性凸显，面对社会管理过程中的不确定性，立法者难以在立法之时进行准确预测并事先作出规范，由行政机关后续制定普遍性行为规则，更具灵活性。

---

① 崔聪聪．个人信息保护的行政监管及展开．苏州大学学报（哲学社会科学版），2022（5）：79－80.

2. 个人信息保护具体规则和标准与国家网信部门的统筹协调职责

相较于一般性地认可履行个人信息保护职责的部门能够通过制定行政规范的方式执行和实施《个人信息保护法》的相关规定，国家网信部门对于个人信息保护规则、标准的制定具有统筹协调职责，这更有利于在行政规范层面实现个人信息保护规则、标准的一致，避免部门利益法制化。

以《个人信息保护法》为基础，个人信息保护的具体规则和标准的内容纷繁复杂，例如从主体上来说，包含各类个人信息处理者的义务规范、对监管部门的执法要求、对不同情境下信息主体的权利保障等；从个人信息处理流程上来说，包含不同个人信息处理活动的规范，事前、事中、事后个人信息处理流程的规范，个人信息侵权事件发生的救济规范等。事实上，国家网信部门实力扮演了统筹协调有关部门制定个人信息保护规则、标准这一角色，目前经国家网信部门发挥统筹协调职能后，出台实施的与个人信息保护有关的规则和标准包括但不限于《App 违法违规收集使用个人信息行为认定方法》《个人信息出境标准合同办法》《互联网信息服务深度合成管理规定》《互联网用户账号信息管理规定》等。

而在国家网信部门制定个人信息保护具体规则和标准的过程中，其统筹协调职责主要体现为以联合发文的形式促进相关规定的出台和实施。例如《App 违法违规收集使用个人信息行为认定方法》便以国家互联网信息办公室秘书局会同工业和信息化部办公厅、公安部办公厅、市场监管总局办公厅的形式联合发布，从而统一了各监督管理部门认定 App 违法违规收集使用个人信息行为的标准。可预期的是，未来我国个人信息保护相关规则、标准的制定也将更多地呈现为国家网信部门会同其他部门联合发布的形式，实现联合决策，并且多部门联合制定的行政规范也优先于同层级的一个部门单独作出的规定。

3. 专门的个人信息保护规则、标准

除要求国家网信部门统筹协调制定个人信息保护具体规则、标准外，《个人信息保护法》第 62 条第 2 项要求国家网信部门统筹协调制定针对“小型个人信息处理者、处理敏感个人信息以及人脸识别、人工智能等新技术、新应用”的专门的个人信息保护规则、标准。之所以要求针对小型个人信息处理者、处理敏感个人信息、新技术以及新应用等制定专门的个人信息保护规则、标准，是因为其同一般个人信息或者一般个人信息处理活动相比具有一定的特殊性。

首先，敏感个人信息是指一旦泄露或者非法使用，容易导致自然人的人格尊严受到侵害或者人身、财产安全受到危害的个人信息，包括生物识别、宗教信仰、特定身份、医疗健康、金融账户、行踪轨迹等信息，以及不满 14 周岁未成年人的个人信息。敏感个人信息不同于一般个人信息，其一旦泄露或者非法使用，对信息主体造成的侵害较大。《个人信息保护法》区分敏感个人信息和一般个人信息，专门规定了敏感个人信息的处理原则和规则。由国家网信部门统筹协调制定适用于敏感个人信息的保护规则和标准，就是充分地认识到了敏感个人信息的重要性和特别性，实现了个人信息的分级分类保护。

其次，小型个人信息处理者不同于大型互联网平台个人信息处理者，二者在经济实力、个人信息处理数量、专业能力上均有所区别。大型互联网平台企业，是指控制着商业用户（个人信息处理者）触达终端用户（个人信息主体）的主要渠道、用户规模大、计算能力强且产业覆盖面广的互联网平台经营者。在信息产业界，大型互联网平台企业也被称为互联网“头部企业”①。《个人信息保护法》的立法理念强调既要保护个人信息权益、规范个人信息处理活动，也要促进个人信息合理利用。制定专门适用于小型个人信息处理者的规则和标准，在保证个人信息保护的基础上，不给小型个人信息处理者施加过重的义务，有利于推动小型个人信息处理者的发展，在一定程度上形成个人信息处理行业的“百花齐放”。

最后，人脸识别、人工智能等新技术、新应用区别于以往的一些技术和应用，其对个人信息保护提出了新的挑战。其中，人脸识别是指通过识别人的脸部特征信息，进行身份识别的一种生物识别技术；人工智能是研究、开发用于模拟、延伸和扩展人的智能的理论、方法、技术及应用系统的一门新的技术科学，最常见的便是利用机器人完成相应的工作。一方面，这些新技术、新应用因为其新颖性，在处理个人信息的环节区别于大多数的技术或者应用。例如，人脸识别对于生物识别信息的收集要求超出一般的应用软件，人工智能收集个人信息的速度和数量相较于一般的应用软件和技术均超出一般水平，对其制定专门的规则和标准有利于防止个人信息处理者过度处理个人信息，甚至防止其利用相关信息进行犯罪行为。另一方面，这些新技术和新应用包括但不限于人脸识别和人工智能，随着信息化的不断发展，技术和应用的更新迭代速度大大提升。为始终贯彻个人信息保护的理念，为个人信息保护保驾护航，规定国家网信部门统筹协调新技术、新应用个人信息保护规则、标准的制定能够保证《个人信息保护法》的稳定实施。

（二）电子身份认证技术与网络身份认证公共服务建设

1. 电子身份认证技术

电子身份认证技术是指用于公民身份认证的数字技术，包括基于生物特征的身份认证技术、基于银行卡的身份认证技术、基于居民身份证的身份认证技术等。

---

① 张新宝．大型互联网平台企业个人信息保护独立监督机构研究．东方法学，2022（4）：38.

根据认证凭证的不同，电子身份认证可以分为法定信任基础级、第三方作证级及业务凭证级三级认证生态体系：（1）法定信任基础级，是使用国家有权机关签发、具有法定效力的身份证等真实身份证件信息形成的身份凭证；（2）第三方作证级，是使用根据相关法规和行政许可设立的，由第三方签发、面向行业系统应用、可作为司法采证的电子签名证书等的身份凭证；（3）业务凭证级，则是使用各业务系统签发、面向自身系统及其关联系统应用、作为业务凭证的身份凭证。其中，法定信任基础级电子身份认证尤为重要，目前在我国其主要包括公安部第一研究所推进的居民身份网络可信凭证（简称“网证”或“CTID”）和公安部第三研究所推进的公民网络电子身份标识（简称“eID”），二者均与公民真实法定身份相关，推进了网络身份认证公共服务建设。

2. 网络身份认证公共服务

网络身份是指可以在网络空间中识别参与网络活动各主体身份的标识，主要用于网络空间中身份认证、授权管理和责任认定等活动。网络身份可信对于营造、维系可信、安全的网络环境，促进网络健康发展具有重要战略意义。解决网络空间本身的虚拟性和参与网络活动行为主体的匿名性这一问题的关键就是要确认网络行为主体的身份，使其在保证身份可信的前提下进行各种网络活动，而网民直接使用真实身份信息验证或认证身份，会使公民个人信息存在泄露风险。基于此，各国或组织大力推进网络可信身份体系建设，如美国在 2011 年发布网络空间可信身份国家战略，欧盟也提出覆盖欧盟的身份管理体系。

3. 实践发展

国家重视电子身份认证技术和网络身份认证公共服务建设。“2006 年国务院办公厅转发国家网络与信息安全协调小组《关于网络信任体系建设的若干意见》，指导网络信任体系建设相关事项。《电子签名法》及其配套法律规范陆续发布，确立电子签名人身份认证的法律地位，促进了电子签名认证服务的快速发展。海关、税务、工商和社保等政务领域，已经建立起数字证书基础设施，利用数字证书有效管理用户和保障业务安全，实现了政务业务网络化办理、一站式办理，极大地便利了老百姓办事。在银行、电子商务等领域，企业充分考虑业务场景、用户习惯等因素，往往综合运用多种技术，向用户提供便捷的身份服务，很好地满足了市场需求。”①

2017 年 6 月 1 日《网络安全法》正式实施。《网络安全法》第 24 条第 2 款规定：“国家实施网络可信身份战略，支持研究开发安全、方便的电子身份认证技

① 闫晓丽．加快网络可信身份建设 服务网络空间安全和发展．（2018－04－19）．http：//www.cac.gov.cn/2018－04/19/c_1122709817.htm.

术，推动不同电子身份认证之间的互认。”同样，《个人信息保护法》在制定过程中也认识到网络身份认证问题对个人信息保护和推进网络身份认证公共服务建设的重要作用。由于在网络身份认证过程中涉及诸多个人信息，例如姓名、居民身份证号码、生物信息等，在《个人信息保护法（草案三次审议稿）》审议过程中，有关部门提出，为减少网络身份认证中对个人信息的过度采集，有关方面遵循自愿原则正在试点应用网络身份认证公共服务，建议在草案中增加相应规定。全国人大宪法和法律委员会经研究，建议在草案三次审议稿第 62 条中增加规定，国家网信部门统筹协调有关部门“推进网络身份认证公共服务建设”。

目前，国家网信部门基于其统筹协调职能，在实践中正在积极推进网络身份认证工作，有序推进网络身份认证公共服务建设。自 2023 年 1 月 10 日起实施的由国家互联网信息办公室联合工业和信息化部、公安部发布的《互联网信息服务深度合成管理规定》明确规定：“深度合成服务提供者应当基于移动电话号码、身份证件号码、统一社会信用代码或者国家网络身份认证公共服务等方式，依法对深度合成服务使用者进行真实身份信息认证，不得向未进行真实身份信息认证的深度合成服务使用者提供信息发布服务。”

（三）个人信息保护社会化服务体系建设

在现代社会分工日益扩大化、专业化的背景下，单一主体囿于知识、技能、信息等，无法独立完成诸多专业性事项，有必要依托社会化服务体系建设，由具有专业服务能力的企业、机构等提供专业性服务。我国在《网络安全法》等法律中也明确要求推进相关社会化服务体系建设，鼓励有关企业、机构开展认证、检测和风险评估等服务。个人信息保护同样离不开社会化服务的参与，社会化服务机构是参与和推进个人信息保护工作的重要力量。社会机构积极开展个人信息保护评估、认证工作对提高我国个人信息保护整体水平具有重要作用。

1. 个人信息保护评估

个人信息保护评估是按照相关标准和操作规程所进行的合格评定，是我国《标准化法》确立的重要制度，也是国际通行做法。

2020 年 11 月 19 日，国家市场监督管理总局、国家标准化管理委员会发布《信息安全技术　个人信息安全影响评估指南》（GB/T 39335—2020），强调个人信息安全影响评估旨在发现、处置和持续监控个人信息处理过程中对个人信息主体合法权益造成不利影响的风险，并指出开展个人信息安全影响评估，能够有效加强对个人信息主体权益的保护，有利于组织对外展示其保护个人信息安全的努力，提升透明度，增进个人信息主体对其的信任。该标准于 2021 年 6 月 1 日正式实施。

2021 年《个人信息保护法》出台并实施，对个人信息保护评估作出了相应的规定，规定了个人信息境外提供时的个人信息安全评估和事前个人信息保护影响评估等重要评估内容。其一，个人信息安全评估。国家机关处理的个人信息确需向境外提供的，应当进行安全评估。关键信息基础设施运营者和处理个人信息达到国家网信部门规定数量的个人信息处理者，应当将在中华人民共和国境内收集和产生的个人信息存储在境内。确需向境外提供的，应当通过国家网信部门组织的安全评估；法律、行政法规和国家网信部门规定可以不进行安全评估的，从其规定。其二，事前个人信息保护影响评估。个人信息处理者存在“处理敏感个人信息”“利用个人信息进行自动化决策”“委托处理个人信息、向其他个人信息处理者提供个人信息、公开个人信息”“向境外提供个人信息”“其他对个人权益有重大影响的个人信息处理活动”情形之一的，应当事前进行个人信息保护影响评估。个人信息保护影响评估的内容包括但不限于：（1）个人信息的处理目的、处理方式等是否合法、正当、必要；（2）对个人权益的影响及安全风险；（3）所采取的保护措施是否合法、有效并与风险程度相适应。

在我国个人信息保护实践中，评估服务发挥着越来越重要的作用。自 2019 年起，中央网络安全和信息化委员会办公室、工业和信息化部、公安部、国家市场监督管理总局连续开展 App 违法违规收集使用个人信息专项治理，专项工作的主要内容便是委托专业评估机构开展 App 隐私政策和个人信息收集使用情况评估。评估机构根据评估依据，通过文本核查、试用验证、技术测试等方式深入开展评估，同时出具评估报告。中央网络安全和信息化委员会办公室等四部门结合评估报告中 App 出现的违法违规问题的严重程度及其整改情况等，向社会公开相关评估结果，扎实推进 App 监管工作。除了监管部门自上而下地引入第三方评估机制，评估机构也可以独立面向社会提供评估服务。

2. 个人信息保护认证

根据《认证认可条例》第 2 条的规定，认证是指由认证机构证明产品、服务、管理体系符合相关技术规范、相关技术规范的强制性要求或者标准的合格评定活动。个人信息保护认证则是由认证机构证明个人信息处理者的个人信息保护体系或者个人信息处理活动符合《个人信息保护法》等与个人信息保护相关的法律法规的要求的合格评定活动。

2022 年 11 月 4 日，国家市场监督管理总局、国家互联网信息办公室联合发布《关于实施个人信息保护认证的公告》（2022 年第 37 号），明确按照《个人信息保护认证实施规则》实施认证。第一，《个人信息保护认证实施规则》规定了对个人信息处理者开展个人信息收集、存储、使用、加工、传输、提供、公开、删除以及跨境等处理活动进行认证的基本原则和要求。第二，开展个人信息保护认证活动的认证依据主要为《信息安全技术　个人信息安全规范》；若为开展跨境处理活动的个人信息处理者，还应当符合《个人信息跨境处理活动安全认证规范》的要求。第三，个人信息保护认证采取的认证模式为：技术验证＋现场审核＋获证后监督。认证证书有效期为3年。在有效期内，通过认证机构的获证后监督，保持认证证书的有效性。证书到期需延续使用的，认证委托人应当在有效期届满前6个月内提出认证委托。认证机构应当采用获证后监督的方式，对符合认证要求的委托换发新证书。除此之外，《个人信息保护认证实施规则》还明确了个人信息保护认证的认证实施程序、认证实施细则、认证责任等相关内容，对个人信息保护认证的全流程作出了详细的规定，这有助于个人信息保护认证的统一开展。

个人信息相关认证服务在我国正逐步推进，2019年3月国家市场监督管理总局、中央网络安全和信息化委员会办公室发布公告，决定开展App安全认证工作，鼓励App运营者自愿通过App安全认证，并鼓励搜索引擎、应用商店等明确标识并优先推荐通过认证的App，截至2020年9月，经该项认证工作已经有首批18款App通过认证，获颁“移动互联网应用程序（App）安全认证”。

（四）投诉、举报工作机制

一直以来，国家对公众参与个人信息保护工作有深刻的认识，通过开设电话举报热线、举报网站、举报信箱等鼓励公众积极参与。人民群众离个人信息处理者最近，并且也是违法违规个人信息处理行为的直接受害者，因而也是个人信息保护最为可靠的力量来源。构建投诉、举报工作机制可以拓展公众参与个人信息保护治理的渠道，为监管部门发现和打击个人信息保护相关违规行为提供帮助，有效地改善监管力量不足的状况，从而有助于构建社会共治的个人信息保护监管工作格局。

比如，面对400余万款海量App治理，中央网络安全和信息化委员会办公室、工业和信息化部、公安部、国家市场监督管理总局在联合开展App违法违规收集使用个人信息专项治理时，便专门设立了微信公众号“App个人信息举报”等投诉、举报渠道，便于广大网民提供App违法违规收集使用个人信息行为的相关线索，并通过对举报线索的梳理、核实，将问题反映集中、用户数量大、与民众生活密切相关的App纳入评估范围。从举报情况来看，广大网民已经成为个人信息违法违规行为线索发现的主力军。

目前，我国尚未建立专门的个人信息保护投诉、举报渠道，《个人信息保护法》明确国家网信部门统筹协调有关部门推进完善个人信息保护投诉、举报工作机制。未来我国应当进一步顺畅投诉、举报工作机制，加大对投诉、举报制度的宣传力度，确保人民群众知道用、敢于用、能够用投诉、举报机制，参与个人信息保护工作。

需要注意的是，国家网信部门在保护个人信息的实践中仍在积极推进个人信息保护投诉、举报渠道的完善。例如《互联网信息服务深度合成管理规定》中明确规定，深度合成服务提供者应当落实信息安全主体责任，建立健全数据安全、个人信息保护等管理制度，具有安全可控的技术保障措施；同时要求深度合成服务提供者应当设置便捷的用户申诉和公众投诉、举报入口，公布处理流程和反馈时限，及时受理、处理和反馈处理结果。

第四节　监管部门的履责措施

监管部门在开展履行个人信息保护和监督管理职责的工作时，为保证其相应的工作能够落实保护个人信息的职责，可以通过采取个人信息保护监督检查的措施达到了解真实的个人信息处理者的个人信息处理活动的目的。此外，监管部门在履行职责中，发现个人信息处理活动存在较大风险或者发生个人信息安全事件的，还能够按照规定的权限和程序对该个人信息处理者的法定代表人或者主要负责人进行约谈，或者要求个人信息处理者委托专业机构对其个人信息处理活动进行合规审计。

一、个人信息保护监督检查措施

监管部门在履行个人信息保护监督管理职责的过程中，可以根据不同的情况采取不同的监督检查措施。根据功能和性质的不同，这些监督检查措施可以分为行政检查措施和行政强制措施两类。其中，行政检查措施包括“询问有关当事人”“查阅、复制当事人与个人信息处理活动有关的合同、记录、账簿以及其他有关资料”“实施现场检查”“检查与个人信息处理活动有关的设备、物品”，行政强制措施包括“对有证据证明是用于违法个人信息处理活动的设备、物品，向本部门主要负责人书面报告并经批准，可以查封或者扣押”。

（一）行政检查措施

行政检查措施，是监管部门在处理违法个人信息处理活动时，为了查处违法行为，或者为了收集和保全证据，在调查中所采取的行政措施。具体来说，监管部门在开展个人信息保护活动中，可以采取以下行政检查措施。

1. 询问有关当事人

询问有关当事人，即询问与被调查事件有关的单位和个人，要求其对与被调查事件有关的事项作出说明。监管部门要了解事件的事实真相，需要从各个角度进行调查，其中包括询问当事人，要求其对与被调查事件有关的事项作出说明，然后去伪存真，真正做到处理决定以事实为依据。

根据《网信部门行政执法程序规定》第 19 条、第 24 条等的规定，网信部门在执法过程中询问当事人或其他有关人员，应当制作询问笔录，载明时间、地点、事实、经过等内容。询问笔录应当交询问对象或者其他有关人员核对确认，并由执法人员和询问对象或者其他有关人员签名。询问对象和其他有关人员拒绝签名或者无法签名的，应当注明原因。而被调查对象和有关人员应当如实回答询问，协助和配合调查，及时提供依法应予保存的网络运营者发布的信息、用户发布的信息、日志信息等相关材料，不得阻挠、干扰案件的调查。

2. 查阅、复制当事人与个人信息处理活动有关的合同、记录、账簿以及其他有关资料

与个人信息处理活动相关的合同、记录、账簿以及其他有关资料（包括纸质资料和电子资料）具有很高的证明价值，查阅、复制前述资料是保证监管部门依法履行个人信息保护监督检查职责、查清违法事实、获取书证的重要手段。通过查阅、复制有关资料，监管部门可以掌握是否存在违法个人信息处理活动，其行为性质、情节轻重、危害后果如何，从而为监管部门作出处罚决定提供依据。

就个人信息处理活动而言，需要查阅、复制的资料包括但不限于：其一，个人信息处理活动合法性依据的证明材料，如基于个人同意进行的个人信息处理活动，应查阅、复制《个人信息保护法》第 17 条规定的在处理个人信息前向个人信息主体履行告知义务、个人同意个人信息处理活动等的证明资料，再如为订立、履行个人作为一方当事人的合同所必需的个人信息处理活动，应查阅、复制相关合同；其二，委托他人进行个人信息处理、与其他个人信息处理者共同处理个人信息、与境外接收方签订的标准合同等相关合同的情况；其三，个人向个人信息处理者授权行使其在个人信息处理活动中各项权利的记录、个人信息处理行为的操作日志记录；其四，个人信息处理者内部管理制度和操作规程、个人信息保护影响评估记录、合规审计记录等。

执行该项措施的监管部门不得滥用该项权力，查阅、复制的资料范围限于与个人信息处理活动有关的资料，不得扩大查阅、复制与个人信息保护监督检查无关的信息，并且应当依法对在履行职责中获取的资料加以保密。被检查的单位或个人必须如实提供，不得拒绝、转移、销毁有关资料，不得提供虚假的资料。同时，根据《网信部门行政执法程序规定》第 27 条的规定，需查阅、复制的相关材料为书证或物证，调取原件、原物确有困难的，可以由提交证据的有关单位、个人在复制品上签字或者盖章，注明“此件由×××提供，经核对与原件（物）

无异”的字样或者文字说明，注明出证日期、证据出处，并签名或者盖章；需查阅、复制的相关材料为视听资料或电子数据，调取原始载体或者备份介质确有困难的，可以收集复制件，并注明制作方法、制作时间、制作人等情况。调取声音资料的，应当附有该声音内容的文字记录。

3. 实施现场检查

监管部门可以派检查人员进入与违法个人信息处理活动相关的个人信息处理者、受托处理者等所在的场地，通过听取汇报、查验有关资料等方式进行实地检查。具体来说，监管部门可以对个人信息处理活动的合规性，如贯彻落实《个人信息保护法》及其他个人信息保护法律法规以及各项规定的情况进行检查，对个人信息处理活动的安全性进行检查，等等。在现场检查中，监管部门可以通过查台账、采数据、看制度等多种方式，对个人信息处理操作行为，个人信息处理采取的加密、去标识化等安全技术措施，个人信息处理操作规程等进行全面检查，从而确认是否存在违法的个人信息处理活动。监管部门实施现场检查，应当遵循一定的程序，避免影响被检查主体合法、正常的生产经营活动，与违法个人信息处理活动无关的场所，不得进入检查。被检查主体不得拒绝、阻挠，否则可以依照《治安管理处罚法》的有关规定给予治安管理处罚；构成犯罪的，可以依照《刑法》的有关规定追究刑事责任。

4. 检查与个人信息处理活动有关的设备、物品

监管部门在履行个人信息保护职责时，可以检查与个人信息处理活动有关的设备、物品。与个人信息处理活动有关的设备、物品能直观体现出个人信息处理者处理个人信息的相关流程、技术等，对于判断个人信息处理者是否合法合规开展个人信息处理活动具有重要的证明作用。一般来说，与个人信息处理活动有关的设备、物品包括计算机、硬盘、服务器、可移动设备等。监管部门在检查与个人信息处理活动有关的设备、物品时，应当注意符合行政检查一般的程序性要求；在与个人信息处理活动有关的设备、物品中发现个人信息处理者违法违规开展个人信息处理活动的证据时，仍应当坚持行政行为的合法性、合理性原则，妥善行使行政权，及时向本部门主要负责人书面报告并经批准，进行查封或者扣押。

（二）行政强制措施

根据《行政强制法》第 9 条的规定，查封或者扣押属于行政强制措施的一种。行政强制措施是指行政机关在行政管理过程中，为制止违法行为、防止证据损毁、避免危害发生、控制危险扩大等，依法对公民的人身自由实施暂时性限制，或者对公民、法人或其他组织的财物实施暂时性控制的行为，包括查封，扣

押，限制公民人身自由，冻结存款、汇款等方式。在个人信息保护领域对有证据证明是用于违法个人信息处理活动的设备、物品，向本部门主要负责人书面报告并经批准，履行个人信息保护职责的部门可以查封或者扣押。

1. 查封与扣押的含义及对象

“查封”是指监管部门以张贴封条或采取其他必要措施的方式，将有证据证明用于违法个人信息处理活动的设备、物品封存起来，未经查封部门许可，任何单位和个人不得启封、动用。“扣押”是指监管部门将上述设备、物品等运到另外的场所予以扣留。

与被调查个人信息处理活动有关的设备、物品，有可能被转移、隐匿或者销毁、毁坏的，为了制止违法行为、防止证据损毁、避免危害发生、控制危险扩大等，监管部门可以对其查封或者扣押，进行暂时性控制。查封、扣押仅限于涉案的场所、设施或者财物，不得查封、扣押与违法行为无关的场所、设施或者财物，不得查封、扣押公民个人及其所扶养家属的生活必需品。当事人的场所、设施或者财物已被其他国家机关依法查封的，不得重复查封。

2. 查封与扣押的程序要求

查封、扣押有关设备、物品属于比较严厉的行政强制措施。监管部门在进行查封、扣押时必须符合法定条件，遵循法定程序，妥善行使行政强制权；违法实施行政强制措施造成相对人损害的，应及时予以法律救济。

第一，监管部门决定实施行政强制措施的，根据《个人信息保护法》第 63 条第 1 款第 4 项、《网信部门行政执法程序规定》第 32 条第 2 款的规定，应当向本部门主要负责人书面报告并经批准；情况紧急，需要当场采取查封、扣押措施的，执法人员应当在 24 小时内向本部门主要负责人报告，并补办批准手续。本部门主要负责人认为不应当采取查封、扣押措施的，应当立即解除。

第二，根据《行政强制法》第 18 条的规定，监管部门采取查封或者扣押措施的，应当遵守下列规定：（1）实施前须向行政机关负责人报告并经批准；（2）由两名以上行政执法人员实施；（3）出示执法身份证件；（4）通知当事人到场；（5）当场告知当事人采取行政强制措施的理由、依据以及当事人依法享有的权利、救济途径；（6）听取当事人的陈述和申辩；（7）制作现场笔录；（8）现场笔录由当事人和行政执法人员签名或者盖章，当事人拒绝的，在笔录中予以注明；（9）当事人不到场的，邀请见证人到场，由见证人和行政执法人员在现场笔录上签名或者盖章。

第三，监管部门决定实施查封、扣押的，应当制作并当场交付查封、扣押决定书和清单。查封、扣押决定书应当载明下列事项：（1）当事人的姓名或者名称、地址；（2）查封、扣押的理由、依据和期限；（3）查封、扣押场所、设施或者财物的名称、数量等；（4）申请行政复议或者提起行政诉讼的途径和期限；（5）行政机关的名称、印章和日期。查封、扣押清单一式二份，由当事人和行政机关分别保存。

第四，查封、扣押的期限不得超过 30 日；情况复杂的，经监管部门负责人批准，可以延长，但是延长期限不得超过 30 日。法律、行政法规另有规定的除外。延长查封、扣押的决定应当及时书面告知当事人，并说明理由。

第五，监管部门采取查封、扣押措施后，应当及时查清事实，在规定的期限内作出处理决定。对违法事实清楚，依法应当没收的非法财物予以没收；法律、行政法规规定应当销毁的，依法销毁；应当解除查封、扣押的，作出解除查封、扣押的决定。

存在“当事人没有违法行为”“查封、扣押的场所、设施或者财物与违法行为无关”“行政机关对违法行为已经作出处理决定，不再需要查封、扣押”“查封、扣押期限已经届满”“其他不再需要采取查封、扣押措施的情形”的情形之一的，监管部门应当及时作出解除查封、扣押决定；解除查封、扣押应当立即退还财物；已将鲜活物品或者其他不易保管的财物拍卖或者变卖的，退还拍卖或者变卖所得款项。变卖价格明显低于市场价格，给当事人造成损失的，应当给予补偿。

二、个人信息安全风险处置

（一）个人信息安全风险

个人信息处理活动存在较大风险或者发生个人信息安全事件的，我们称之为个人信息安全风险。

首先，存在较大风险的个人信息处理活动大致可被分为两类：其一是指个人信息处理活动将对个人的权益产生较大风险，例如因所处理个人信息的类型、规模及处理手段、目的等，个人信息处理活动将会对个人的人身、财产利益等产生较大风险；其二是指个人信息处理活动本身存在较大的安全风险，例如向境外提供个人信息等。在前一种情况下，如何结合个人信息的类型、规模等判断个人信息处理活动是否存在较大风险，可以参考《刑法》及其司法解释等法律法规。同时，需要注意到，最高人民检察院提出，要特别保护儿童、妇女、残疾人、老年人、军人等特定群体的个人信息，重点保护教育、医疗、就业、养老、消费等领域处理的个人信息，以及涉及 100 万人以上的大规模个人信息。

其次，个人信息安全是指个人信息处于有效保护和合法利用的状态，以及具备保障持续安全状态的能力。相应地，发生个人信息安全事件是指前述个人信息状态、能力受到破坏的情形。个人信息安全事件可能是个人信息泄露、篡改或者丢失等原因造成的，因此《个人信息保护法》设置第 57 条规定，当发生或者可能发生个人信息安全事件时，个人信息处理者应当立即采取补救措施，并通知履行个人信息保护职责的部门和个人。其中，通知的内容应当包括但不限于：(1) 发生或者可能发生个人信息泄露、篡改、丢失的信息种类、原因以及可能造成的危害；(2) 个人信息处理者采取的补救措施和个人可以采取的减轻危害的措施；(3) 个人信息处理者的联系方式。

当出现个人信息保护风险时，监管部门作为个人信息保护的“守卫军”，根据《个人信息保护法》第 64 条的规定，一方面可以按照规定的权限和程序对该个人信息处理者的法定代表人或者主要负责人进行约谈，另一方面可以要求个人信息处理者委托专业机构对其个人信息处理活动进行合规审计。

（二）处置措施

1. 行政约谈

发现个人信息处理活动存在较大风险或者发生个人信息安全事件的，监管部门可以按照规定的权限和程序对该个人信息处理者的法定代表人或者主要负责人进行约谈。行政约谈是指依法享有监督管理职权的行政主体，发现行政相对人出现轻微违法或存在违法风险等特定问题，为了防止违法行为的发生，在事先约定的时间、地点与行政相对人进行约请谈话，以教导、警示、告诫行政相对人的非强制行政行为。约谈行为在实践中发展出了决策参谋型、纠纷协调型、违法预警型、执法和解型、督办处罚型等多种模式。

在网信领域，2015 年国家互联网信息办公室发布《互联网新闻信息服务单位约谈工作规定》，明确约谈是指国家互联网信息办公室、地方互联网信息办公室在互联网新闻信息服务单位发生严重违法违规情形时，约见其相关负责人，进行警示谈话、指出问题、责令整改纠正的行政行为；并对约谈互联网新闻信息服务单位的具体情形、程序等作出了规定，明确网信部门可以通过约谈，及时指出互联网新闻信息服务单位存在的问题，并提出整改要求。

2017 年《网络安全法》正式实施，其第 56 条规定，“省级以上人民政府有关部门在履行网络安全监督管理职责中，发现网络存在较大安全风险或者发生安全事件的，可以按照规定的权限和程序对该网络的运营者的法定代表人或者主要负责人进行约谈”，从而在法律层面确认了约谈制度。2021 年 11 月 1 日《个人信息保护法》正式实施，规定“履行个人信息保护职责的部门在履行职责中，发现个人信息处理活动存在较大风险或者发生个人信息安全事件的，可以按照规定的权限和程序对该个人信息处理者的法定代表人或者主要负责人进行约谈”。

在实践中，一方面应当坚持行政约谈属于行政指导行为，通过劝导、协助、鼓励个人信息处理者采取相应的行为达到行政目的，避免约谈强制化；另一方面应当避免约谈过度化，例如，避免过度依赖约谈出现“以谈代罚”不当豁免个人信息处理者违法行为法律责任的情形。

2. 合规审计

监管部门在履行职责过程中发现个人信息处理活动存在较大风险或者发生个人信息安全事件的，也可以按照规定的权限和程序要求个人信息处理者委托专业机构对其个人信息处理活动进行合规审计。

合规，是指企业经营管理行为和员工履职行为符合国家法律法规、监管规定、行业准则和国际条约、规则，以及公司章程、相关规章制度等的要求。而合规审计的目的在于确认个人信息处理活动遵守法律、行政法规的具体情况，通过合规审计的方式揭示个人信息处理活动中存在的具体问题或风险，发现、防止、纠正个人信息处理活动中的违法违规行为。具体来说，个人信息保护领域涉及的合规审计包括“个人信息处理者定期进行合规审计”（《个人信息保护法》第54条）和“履行个人信息保护职责的部门要求个人信息处理者委托专业机构进行合规审计”（《个人信息保护法》第64条）两种情形。

监管部门要求个人信息处理者委托专业机构进行的合规审计，属于社会审计的一种，由独立的专业机构进行，具有监督、评价和鉴证功能。具体来看，监督职能是指通过对个人信息处理者个人信息处理活动落实《个人信息保护法》及其他个人信息保护法律法规的要求等情况的监督，揭露个人信息处理者在个人信息处理活动中存在的违法违规、缺陷疏漏等问题；评价功能是指通过合规审计，对个人信息处理者的内部管理制度和操作规程等的优缺点作出客观评价，有助于总结经验，查找问题和不足，通过整改完善，进一步提升个人信息处理者个人信息保护合规水平；鉴证功能是指通过对个人信息处理者所进行的个人信息处理活动、内部管理制度和操作规程的检查和验证，确定其个人信息保护合规情况及其真实性、合法性，受委托的专业机构应当出具合规审计表等证明。

思考题

1. 我国的个人信息保护监管模式同欧盟、美国的个人信息保护监管模式有何异同？我国的个人信息保护监管模式有何特点？

2. 以《个人信息保护法》为基础，监管部门包括哪些部门，这种制度安排具有何种特点？

3. 如何理解国家网信部门的统筹协调职责，其具体体现在哪些方面？

4. 根据《个人信息保护法》的规定，监管部门的个人信息保护职责如何体现？为开展个人信息保护和监管工作，监管部门可以采取哪些措施？

文献阅读资料

一、法律法规

1.《个人信息保护法》第 60～65 条

2.《网络安全法》第 8 条、第 14 条、第 24 条、第 32 条、第 56 条

3.《数据安全法》第 12 条

4.《行政处罚法》《网信部门行政执法程序规定》

5.《行政强制法》第 18 条、第 19 条、第 24 条、第 25 条

二、文献

1. 徐晓日，刘丹琳．个人信息保护中的政府监管：制度安排、执行困境与整体优化．长白学刊，2023 (4).

2. 蒋红珍．《个人信息保护法》中的行政监管．中国法律评论，2021 (5).

3. 崔聪聪．个人信息保护的行政监管及展开．苏州大学学报（哲学社会科学版），2022 (5).

4. 张涛．个人信息保护中独立监管机构的组织法构造．河北法学，2022 (7).

第七章　个人信息保护法律责任

第一节　个人信息保护法律责任概述

一、个人信息保护法律责任的概念与类型

（一）个人信息保护法律责任的概念

法律责任是指行为人对自己实施的违法行为必须承担的某种带有强制性的不利法律后果。法律责任具有如下特征：第一，法定性，即法律责任是法律明确规定的，行为人只对其违法行为承担法律规定的相应的责任；第二，强制性，法律责任的承担由国家强制力予以保障，也只能由国家机关依照法定权限和程序追究；第三，法律责任还意味着国家对违法行为的否定性评价和谴责。[①]

法律责任常见的产生原因包括违法、违约。违法是指违反现行法律规定，从而造成相应损害事实发生的行为，例如行为人肇事逃逸的行为就属于违法行为。违约是指违反合同约定，从而造成合同义务未按照合同约定履行的行为，例如出租方未按照房屋租赁合同的约定，提前收回租赁给承租方的房屋的行为就属于违约行为。

个人信息保护法律责任是法律责任的一种特殊类型，是指个人信息处理者因违反《个人信息保护法》《民法典》《网络安全法》等法律法规处理个人信息，而侵害信息主体的合法信息权益，最终须承担的法律后果。此等法律后果对于违法个人信息主体而言是一种不利后果或者负担。

在我国，《个人信息保护法》《民法典》《行政处罚法》《刑法》等法律法规分别从民事、行政、刑事等角度，要求个人信息处理者应当严格履行个人信息保护

---

① 孙国华，朱景文．法理学．4版．北京：中国人民大学出版社，2015：162.

义务，否则应就其违法处理个人信息的行为承担不同的法律责任，包括个人信息保护民事法律责任、行政法律责任和刑事法律责任。

（二）个人信息保护法律责任的类型

1. 个人信息保护行政法律责任

个人信息保护行政法律责任是指行政主体和行政相对人因违反《个人信息保护法》等个人信息保护法律规范而依法必须承担的法律责任，主要包括《个人信息保护法》第 66 条规定的违法个人信息处理者行政处罚责任和第 68 条规定的国家机关未履行个人信息保护义务或者履行个人信息保护职责的部门的工作人员渎职的行政责任。

《个人信息保护法》针对个人信息处理者的违法行为规定了较为全面和严厉的行政法律责任，顺应了全球加强行政监管的立法趋势，也契合了我国保护个人信息的迫切需求。其中，《个人信息保护法》第 66 条规定了针对违法个人信息处理者的行政处罚措施，其中包括"责令改正""警告""没收违法所得""罚款""暂停或者终止提供服务"等。而围绕《个人信息保护法》第 66 条建立起的个人信息保护行政责任特点突出，具体而言：

第一，区分主体规定不同的个人信息保护行政法律责任。一方面，《个人信息保护法》第 66 条规定的行政处罚适用对象是一般个人信息处理者，不包括作为特殊个人信息处理者的国家机关。另一方面，对于作为特殊个人信息处理者的国家机关，《个人信息保护法》第 68 条第 1 款专门规定了"责令改正""处分"等措施。

第二，根据违法行为的情节轻重实施分级处罚制度，即将违法情节区分为一般情节与情节严重。针对一般情节，首先考虑"责令改正，给予警告，没收违法所得，对违法处理个人信息的应用程序，责令暂停或者终止提供服务"的处罚，只有当拒不改正违法行为时，才"并处一百万元以下罚款"，并"对直接负责的主管人员和其他直接责任人员处一万元以上十万元以下罚款"。对于情节严重的违法行为，《个人信息保护法》规定了非常严厉的行政处罚责任，其中包括高额罚款责任，即"处五千万元以下或者上一年度营业额百分之五以下罚款"，并"对直接负责的主管人员和其他直接责任人员处十万元以上一百万元以下罚款"。

第三，规定了对单位和个人的行政处罚双罚制。依照《个人信息保护法》第 66 条的规定，在有相应违法行为的情形下，处罚机关不仅可以对作为处理者的单位处以罚款，还可以对直接负责的主管人员和其他直接责任人员处以罚款。2021 年 1 月 22 日新修订的《行政处罚法》未作出关于行政处罚双罚制的一般规定，目前我国双罚制主要适用于生态环境、食品药品、公共安全、金融监管等领域，在大部分行政执法领域对单位违法行为仍以单罚制作为基本的处罚方式。在个人信息保护领域规定行政罚款双罚制，有利于强化对侵害个人信息权益之违法行为的威慑力，但同时也应当注意合理确定处罚对象的范围，以免牵连过广。

第四，注重对多种行政处罚方式的综合适用。除“责令改正”“警告”“没收违法所得”“罚款”“责令暂停相关业务”“责令停业整顿”“吊销营业执照”“吊销相关业务许可”等责任形式之外，针对当下各类应用程序（App）违法处理个人信息的行为，还增加了“责令暂停或者终止提供服务”这一责任形式。这与我国当前加强规范应用程序处理活动的政策导向相一致。

2. 个人信息保护民事法律责任

个人信息保护民事法律责任是指个人信息处理者在民事活动中，因实施了违法个人信息处理行为，根据《民法典》《个人信息保护法》等所承担的对其不利的民事法律后果或者基于法律特别规定而承担的民事法律责任。一般来说，信息主体提起的对违法个人信息处理者的私益诉讼和人民检察院、法律规定的消费者组织、由国家网信部门确定的组织提起的个人信息保护民事公益诉讼，主要要求违法个人信息处理者承担的是个人信息保护民事法律责任。

关于违法处理个人信息的民事责任，《民法典》和《个人信息保护法》均有规定。

一方面，《民法典》第 111 条和第 1034 条将个人信息权益规定为一项民事权益。依照《民法典》第 1165～1167 条的规定，行为人因过错（或其他归责事由）侵害他人民事权益造成损害或者侵权行为危及他人人身、财产安全的，应当承担损害赔偿责任或者停止侵害、排除妨碍、消除危险等预防型侵权责任。因此，行为人实施侵权行为侵害个人信息权益的，应当承担相应的侵权责任。

另一方面，《个人信息保护法》使用两个条文（款）对个人信息处理者违法处理个人信息的民事责任作出了有针对性的规定。在违法处理个人信息的民事责任这一问题上，《民法典》与《个人信息保护法》之间是普通法与特别法的关系。《个人信息保护法》已作出特别规定的事项，应当适用《个人信息保护法》的相关规定确定处理者的民事责任；《个人信息保护法》未作出明确规定的事项，应当适用《民法典》的相关规定确定处理者的民事责任。

3. 个人信息保护刑事法律责任

个人信息保护刑事法律责任是指犯罪人因实施刑法规定的个人信息犯罪行为所产生的法律后果。《个人信息保护法》第 71 条规定：“违反本法规定，构成违反治安管理行为的，依法给予治安管理处罚；构成犯罪的，依法追究刑事责任。”该条规定属于引致性条款，即本身没有独立的规范内涵而单纯引致到其他具体规范，法官需要从所引致具体规范的目的去确定其效果的法律条款。

为保护公民的个人信息，《刑法修正案（七）》增加“出售、非法提供公民个人信息罪”和“非法获取公民个人信息罪”，作为《刑法》第 253 条之一，《刑法修正案（九）》则将其整合成了“侵犯公民个人信息罪”。除侵犯公民个人信息罪之外，违反《个人信息保护法》相关规定的行为还有可能构成其他犯罪；构成侵犯公民个人信息罪的，也可能同时构成《刑法》中的其他犯罪。例如，窃取、收买或者非法提供他人信用卡信息资料的，可能构成《刑法》第 177 条之一第 2 款所规定的窃取、收买、非法提供信用卡信息罪。非法侵入计算机信息系统或者采用其他技术手段，获取其中存储、处理或者传输的数据（此等数据可能承载着个人信息）的，可能构成《刑法》第 285 条第 2 款所规定的非法获取计算机信息系统数据罪。网络服务提供者不履行法律、行政法规规定的信息网络安全管理义务，经监管部门责令采取改正措施而拒不改正，符合以下情形之一的，可构成《刑法》第 286 条之一所规定的拒不履行信息网络安全管理义务罪：（1）致使违法信息大量传播的；（2）致使用户信息泄露，造成严重后果的；（3）致使刑事案件证据灭失，情节严重的；（4）有其他严重情节的。

4. 个人信息保护法律责任之间的关系

根据违法行为的性质和内容的不同，违法个人信息处理者或承担民事法律责任，或承担行政法律责任，或承担刑事法律责任，但这并不意味着上述三种法律责任的适用是非此即彼的关系。在多数情况下，根据《个人信息保护法》《刑法》《民法典》等的规定，违法个人信息处理者需同时承担民事法律责任、行政法律责任和刑事法律责任。

之所以违法个人信息处理者因其违法行为可能需要同时承担上述三种法律责任，最根本的原因在于民事法律责任、行政法律责任、刑事法律责任三者间的区别。第一，三者的责任承担方式有所不同。首先，根据《民法典》第 179 条的规定，民事法律责任的承担方式包括停止侵害，排除妨碍，消除危险，返还财产，恢复原状，修理、重作、更换，继续履行，赔偿损失，支付违约金，消除影响、恢复名誉，赔礼道歉。其次，行政法律责任的主要表现形式为行政处罚和行政处分，其中行政处罚具体措施又包括警告、责令改正、罚款、没收违法所得等。最后，刑事法律责任的主要承担方式为管制、拘役、有期徒刑、无期徒刑、死刑五种主刑和罚金、剥夺政治权利、没收财产三种附加刑。第二，三者的适用标准和适用法律依据有所不同。个人信息保护民事法律责任、行政法律责任和刑事法律责任三者适用的法律依据分别是《个人信息保护法》第 69 条、第 66 条和第 68 条、第 71 条，主张违法个人信息处理者需要承担相应责任的，需要结合各自对应的法律规范判断是否满足相应的条件。例如，主张违法个人信息处理者需承担行政法律责任的，根据《个人信息保护法》第 66 条的规定，需要违法个人信息处理者存在违反《个人信息保护法》的规定处理个人信息或者未按照《个人信息保护法》履行个人信息保护义务的情形。

《民法典》第 187 条规定:“民事主体因同一行为应当承担民事责任、行政责任和刑事责任的，承担行政责任或者刑事责任不影响承担民事责任；民事主体的财产不足以支付的，优先用于承担民事责任。”换言之，违法个人信息处理者因其违法行为需同时承担民事法律责任、行政法律责任和刑事法律责任的，违法个人信息处理者应当同时承担三种法律责任。违法个人信息处理者需要同时承担民事赔偿、行政罚款、刑事罚金等财产性责任，但其财产不足以全部支付的，应当优先将其财产用于承担民事赔偿责任。

二、个人信息保护公益诉讼

对于信息主体的个人信息权益被侵害的情况，信息主体可以通过提起私益诉讼的方式保护自身的合法个人信息权益，要求违法的个人信息处理者承担相应的责任。但是，一方面，个人信息侵权案件具有特殊性，其往往是以大规模侵权的形式出现，即违法个人信息处理者通过违法行为集中侵害多数人的个人信息权益；另一方面，由于违法个人信息处理者在个人信息处理技术方面占有优势，且个人信息部分为违法个人信息处理者所控制，信息主体同个人信息处理者在收集证据的能力、经济实力等方面悬殊。因此，为了更好地保护个人信息权益，《个人信息保护法》第 70 条明确以公益诉讼的模式开展个人信息保护工作。

个人信息保护公益诉讼作为保护多数人个人信息权益的有效路径，其提起应当在起诉条件和起诉主体等方面满足法律的相关规定。《个人信息保护法》第 70 条规定:“个人信息处理者违反本法规定处理个人信息，侵害众多个人的权益的，人民检察院、法律规定的消费者组织和由国家网信部门确定的组织可以依法向人民法院提起诉讼。”根据该规定，个人信息保护公益诉讼应建立在“违反本法规定处理个人信息”“侵害众多个人的权益”的基础上，同时，有权提起个人信息保护公益诉讼的主体被限定在“人民检察院”“法律规定的消费者组织”“由国家网信部门确定的组织”这三类主体之中。

(一) 提起个人信息保护公益诉讼的条件

1. 违法处理个人信息

《个人信息保护法》《网络安全法》《民法典》等法律法规对个人信息处理活动的全流程规定了全面的原则与规则，个人信息处理者违反这些规定，侵害众多个人权益的，相关主体有权依据《民事诉讼法》第 55 条、《个人信息保护法》第

70条的规定提起个人信息保护公益诉讼。

结合《个人信息保护法》的相关规定，在个人信息处理活动流程——事前、事中、事后的不同环节，违法处理个人信息的表现有所不同。具体而言，在事前环节可能存在的违法行为主要包括：未事前取得同意、单独同意或者书面同意；非提供产品或服务所必需，在未取得同意时拒绝提供该产品或服务；未依法告知或公开重要事项；未进行个人信息保护影响评估；大型互联网平台未制定平台规则；等等。在事中环节可能存在的违法行为主要包括：违规使用自动化决策；违反信息质量原则侵害个人更正权、补充权；未取得个人单独同意分享个人信息；大型互联网平台未履行特别义务；未履行确保个人信息安全义务；等等。在事后环节可能存在的违法行为主要包括：超期存储；未履行指定个人信息负责人等义务；未进行合规审计；在符合规定时未删除个人信息；未响应个人行使权利请求；等等。

2. 侵害众多个人的信息权益

《最高人民法院关于适用〈中华人民共和国民事诉讼法〉的解释》未对《民事诉讼法》第56条中的“众多”作出解释，关于“众多”的含义，实践中多由法院运用法律解释方法于个案中加以具体化。[①] 至于何谓个人信息保护中的侵害“众多个人”的信息权益，《个人信息保护法》第70条未作出相应的解释，有待后续由最高人民法院作出相关司法解释或者由国家网信部门出台相应文件予以确定。

值得注意的是，2021年8月最高人民检察院在下发的《关于贯彻执行个人信息保护法推进个人信息保护公益诉讼检察工作的通知》中指出，判断个人信息处理者是否实施侵害众多个人的信息权益，应当着重考虑是否涉及侵害敏感的、特殊群体的、重点领域的、达到100万人以上大规模的个人信息，以及因时间、空间等联结形成的特定对象的个人信息等因素。

（二）提起个人信息保护公益诉讼的适格主体

1. 人民检察院

根据《宪法》第134条的规定，人民检察院作为我国的法律监督机关，在《个人信息保护法》《民法典》等对个人信息权益保护有明确规定的情况下，有权对损害社会公共利益的行为提起诉讼。侵害众多个人的信息权益涉及对社会公共利益的侵害，不利于社会稳定，人民检察院应当提起个人信息保护公益诉讼，以实现对众多个人的信息权益的保护。

---

① 杜乐其．消费公益诉讼制度的局限及其矫正：《中华人民共和国消费者权益保护法》第47条之评析．理论月刊，2014（10）．

人民检察院在提起的个人信息保护公益诉讼中，能够更快地利用其在办理侵犯公民个人信息罪等案件过程中收集到的线索，实现对个人信息侵权案件中受损害当事人的及时赔偿，尤其是在受害人由于技术的隐蔽性可能并不知道自己的个人信息权益被侵害时。但需要注意的是，根据《最高人民法院、最高人民检察院关于检察公益诉讼案件适用法律若干问题的解释》第 13 条第 1 款的规定，人民检察院在履行职责中发现破坏生态环境和资源保护，食品药品安全领域侵害众多消费者合法权益，侵害英雄烈士等的姓名、肖像、名誉、荣誉等损害社会公共利益的行为，拟提起公益诉讼的，应当依法公告，公告期间为 30 日。

2. 法律规定的消费者组织

依据《消费者权益保护法》第 47 条的规定，《个人信息保护法》第 70 条中的“法律规定的消费者组织”指的是“中国消费者协会以及在省、自治区、直辖市设立的消费者协会”。个人信息权益属于消费者当然的权益，针对社会中普遍出现的消费者个人信息泄露问题，保护消费者的个人信息权益很有必要。

首先，《消费者权益保护法》第 47 条本就规定了消费者组织提起公益诉讼的权利，依法保护消费者个人信息权益也是其职责之一，赋予其提起个人信息保护公益诉讼的资格亦较为合理。其次，在现有的公益诉讼体系之下，部分消费者协会的公益诉讼起诉权已经获得了相关单行法的认可①，司法实践中也有相应的个人信息保护公益诉讼案例。② 最后，如此规定还可实现与《消费者权益保护法》中有关消费者保护公益诉讼规则的衔接，实现法律体系的内在协调。

3. 由国家网信部门确定的组织

由国家网信部门确定的组织可以成为个人信息保护公益诉讼的起诉主体。社会组织执行个人信息保护具有天然的优势：较之公权监管，其成本更低；较之私人维权，其更集中有力。因此，以社会组织执行个人信息保护来补充公权监管、私人维权，符合功能适当原则。③ 不过目前国家网信部门尚未出台具体规则明确可以提起个人信息保护公益诉讼的组织，这有待进一步确定。

第二节　行政法律责任

行政法律责任是由于违反积极的行政法律义务而招致的消极的行政法律义

① 董储超．论风险社会视域下个人信息保护公益诉讼的优化进路．学术探索，2020（12）．

② 参见江苏省南京市中级人民法院民事裁定书（2018）苏 01 民初 1 号。

③ 王锡锌，彭錞．个人信息保护法律体系的宪法基础．清华法学，2021（3）．

务，也就是说，消极的行政法律义务即为行政法律责任。[①] 个人信息保护领域的行政法律责任以制止和惩罚违法个人信息处理行为、补偿个人信息主体的受侵害权益为直接目标，其责任类型和承担方式根据承担主体的不同有所区别。对于违法个人信息处理者而言，其面临的行政法律责任主要是责令改正、警告、没收违法所得、罚款等行政处罚；而对于不履行个人信息保护义务的国家机关或者渎职的履行个人信息保护职责的部门的工作人员而言，其面临的行政法律责任主要是责令改正或处分。

一、违法个人信息处理者的行政法律责任

《个人信息保护法》第 66 条在设置违法个人信息处理者的行政处罚责任时，仍然延续了以往的立法态度，根据违法行为的情节轻重制定了分级处罚制度，将违法行为的情节区分为一般情节与情节严重。此种做法有利于更好地针对不同程度的违法个人信息处理行为作出有区别的行政处罚，宽严相济，体现了《个人信息保护法》既保护个人信息权益、规范个人信息处理活动，也要促进个人信息合理利用的立法目的。

（一）一般违法个人信息处理行为的行政法律责任

1. 行为表现

个人信息处理者违反《个人信息保护法》的规定处理个人信息，或者处理个人信息未履行《个人信息保护法》规定的个人信息保护义务的，其应当按照《个人信息保护法》第 66 条第 1 款的规定承担相应的行政法律责任。

违反《个人信息保护法》的规定处理个人信息或者处理个人信息未履行《个人信息保护法》规定的个人信息保护义务，主要规定在《个人信息保护法》第三章“个人信息跨境提供的规则”、第五章“个人信息处理者的义务”等章中。这些规定针对不同的个人信息处理行为和不同的流程，从事前、事中、事后的角度明确规定了个人信息处理者应当遵守的具体规则或应当履行的个人信息保护义务。个人信息处理者未遵守上述规定，而是实施了诸如擅自出售个人信息等违法行为，或者未履行诸如确保个人信息安全等个人信息保护义务的，应当承担相应的法律责任。

2. 处罚主体

个人信息处理者实施了前述规定的违法行为的，履行个人信息保护职责的部

---

① 田思源．行政法律责任辨析．吉林大学社会科学学报，1997（2）：20.

门应当及时调查处理，并按照《个人信息保护法》第 66 条第 1 款的规定进行相应的行政处罚。根据《个人信息保护法》第 60 条的规定，履行个人信息保护职责的部门主要包括国家网信部门、国务院有关部门、县级以上地方人民政府有关部门。关于履行个人信息保护职责的部门，在此不赘述，详见本书第六章的内容。

3. 行政处罚措施

根据《个人信息保护法》第 66 条的规定，针对个人信息处理者的违法行为，履行个人信息保护职责的部门可以同时对实施违法处理个人信息行为的单位和个人采取不同的行政处罚措施。

（1）单位责任。

单位实施违法处理个人信息行为的，履行个人信息保护职责的部门可以采取“责令改正”“警告”“没收违法所得”“责令暂停或者终止提供服务”的行政处罚措施；拒不改正的，还可以采取“罚款”这一行政处罚措施。

第一，责令改正是指行政主体，即履行个人信息保护职责的部门，对违反《个人信息保护法》规定的个人信息处理者作出的行政命令，要求违法个人信息处理者履行法定义务，停止和纠正违法处理个人信息的行为，以恢复原状，维持法定的秩序或者状态。

第二，警告是指履行个人信息保护职责的部门对轻微违法行为人的谴责和告诫，是最轻微、对违法个人信息处理者影响最小的处罚形式，一般适用于违法情节轻微、未造成实际危害后果的行政相对人。警告的特点在于：其一，警告是对违法个人信息处理者的谴责和告诫，以声誉、名誉上的不利影响，给违法个人信息处理者施加精神压力，使其不敢再实施违法行为，因此也称“申诫罚”或“精神罚”，不涉及人身和财产；其二，警告针对违法情节轻微、未造成实际危害后果的行为作出，是轻微的行政处罚。

第三，没收违法所得是指将行政相对人的违法所得收归国有的一种行政处罚。违法所得是指违法相对人通过非法经营或违法行为所获得的财产、个人信息等利益。违法所得被没收后，必须收归国有，由国家依法收归国库、拍卖、销毁或进行其他处理。

第四，履行个人信息保护职责的部门针对违法处理个人信息的应用程序，可以责令暂停或者终止提供服务。责令暂停或者终止提供服务是指履行个人信息保护职责的部门要求违法从事个人信息处理业务的相对人暂时或者永久停止与实施违法处理个人信息行为相关的应用程序，例如永久注销违法应用程序等。

第五，罚款是指有行政处罚权的履行个人信息保护职责的部门依法强制违法个人信息处理者，在一定期限内向国家缴纳一定数额金钱的处罚方式，是剥夺行政相对人财产权的一种行政处罚。违法个人信息处理者拒不改正其违法行为的，履行个人信息保护职责的部门可以对其处以行政罚款；罚款数额为“一百万元以下”，具体的数额应当由履行个人信息保护职责的部门结合违法行为的性质、情节及对社会的危害程度等因素确定。

（2）个人责任。

根据《个人信息保护法》第 66 条的规定，单位的直接负责的主管人员和其他直接责任人员应当承担行政罚款责任，其罚款数额为“一万元以上十万元以下”。其中，直接负责的主管人员和其他直接责任人员主要是指对单位实施违法个人信息处理行为起到支配性或者决定性作用的人员，通常包括法定代表人、主要负责人、实际控制人、高管等。这些人已经实际参与到单位违法个人信息处理行为中，并且在单位违法处理个人信息事项上具有一定的话语权。

（二）情节严重的违法个人信息处理行为的行政法律责任

1. 情节严重的认定

《个人信息保护法》第 66 条第 2 款规定的对情节严重的违法个人信息处理行为的行政处罚，区别于对一般违法个人信息处理行为的行政处罚，但是情节严重的参考因素和认定标准仍有待进一步释明。目前无论是《个人信息保护法》，还是《网络安全法》《数据安全法》对何谓“情节严重”并无具体规定。《刑法》第 253 条之一规定了“侵犯公民个人信息罪”，并规定了“情节严重”和“情节特别严重”两个加重处罚情节。《最高人民法院、最高人民检察院关于办理侵犯公民个人信息刑事案件适用法律若干问题的解释》第 5 条具体列举了“情节严重”的 9 种情形和“情节特别严重”的 3 种情形。以上 12 种情形可以从“行为加重”和“结果加重”两个角度加以分类，主要考虑的因素包括信息类型和数量、违法所得数额、信息用途、主体身份、前科情况等。同一行为被认定为行政违法行为的标准要低于被认定为犯罪行为的标准。因此可以参考上述司法解释第 5 条有关“情节严重”和“情节特别严重”的标准，降低其中的行为加重和结果加重的程度，从而制定行政违法行为的“情节严重”和“情节特别严重”的标准。

此外，虽然《个人信息保护法》等法律中没有规定“情节特别严重”的情形，但现实中违法处理个人信息的行为可能会导致人身伤害、经济损失和不良社会影响等的发生。因此笔者主张在后续的法律解释中，可以在“情节严重”的基础上增加“情节特别严重”的规定。“情节特别严重”可以包括以下 4 种情形：（1）造成被害人轻伤等后果；（2）造成较大经济损失或者较坏社会影响；（3）违反国家核心数据管理制度，危害国家主权、安全和发展利益；（4）数量或者数额达到情节严重规定标准5倍以上。[①]

2. 处罚主体

根据《个人信息保护法》第66条第2款[②]的规定，针对情节严重的行为，作出相应行政处罚的行政主体为省级以上履行个人信息保护职责的部门。一方面，该部门应具有责令暂停相关业务、责令停业整顿、罚款和从业禁止等行政处罚权；另一方面，“通报有关主管部门吊销相关业务许可或者吊销营业执照”则说明高额罚款等责任的执法主体本身并非违法行为人的主管部门，执法主体本身不具备吊销相关业务许可或者吊销营业执照的处罚权。

根据这两个条件进行选择，只有网信部门和市场监管部门有权作为执法主体。由于国家机构职能优化协同高效是推进国家治理体系和治理能力现代化的基本原则之一，高额罚款等责任的执法主体的确定要遵从科学合理和权责一致的原则，并“坚持一类事项原则上由一个部门统筹、一件事情原则上由一个部门负责，避免政出多门、责任不明、推诿扯皮”，因此，要坚持有统有分、有主有次，以网信部门为牵头单位、其他部门共同参与的联合执法机制。在这一机制中，网信部门负责联合调查的组织协调工作，其他部门根据各自管辖领域和执法权限参与其中，进而实现统筹协调、各司其职。

3. 行政处罚措施

(1) 单位责任。

针对情节严重的违法个人信息处理行为，相较于对一般违法个人信息处理行为的行政处罚措施，省级以上履行个人信息保护职责的部门除可以实施“责令改正”“没收违法所得”的措施外，还可以采取“责令暂停相关业务或者停业整顿”“通报有关主管部门吊销相关业务许可或者吊销营业执照”的措施。此外，行政罚款数额限度由“一百万元以下”变为“五千万元以下或者上一年度营业额百分之五以下”。

第一，责令暂停相关业务是指履行个人信息保护职责的部门对违法从事个人信息处理业务的相对人作出的要求其暂时停止与个人信息处理有关联的一系列业务的行政处罚，属于“行为罚”的范畴。责令停业整顿是指经营机构有违反法律法规的行为，并在主管部门规定的期限内没有改正的，由主管部门勒令其停止营

① 孙莹．违法处理个人信息高额罚款制度的理解与适用．华东政法大学学报，2022（3）：24-25.

② 《个人信息保护法》第66条第2款规定：“有前款规定的违法行为，情节严重的，由省级以上履行个人信息保护职责的部门责令改正，没收违法所得，并处五千万元以下或者上一年度营业额百分之五以下罚款，并可以责令暂停相关业务或者停业整顿、通报有关主管部门吊销相关业务许可或者吊销营业执照；对直接负责的主管人员和其他直接责任人员处十万元以上一百万元以下罚款，并可以决定禁止其在一定期限内担任相关企业的董事、监事、高级管理人员和个人信息保护负责人。”

业，组织人员对其日常业务进行监督，纠正其违法违规行为，使其恢复正常经营的一种措施。责令停业整顿主要是责令经营机构在一定期限内整顿治理，属于“行为罚”。根据全国人大常委会法制工作委员会办公室给出的书面法律询问答复，责令停业整顿属于行政处罚种类下责令停产停业的范畴。[①]

第二，吊销营业许可是指行政机关撤销违反法律规范的相对人已经获得的从事某项活动或业务的许可，剥夺其从事某项特许活动的权利的处罚。吊销营业执照则是对原行政许可的完全撤销，使相对人丧失从事某种活动的权利或资格，相对人如果希望再次获得行政许可所赋予的权利或资格，就必须再次申请许可。吊销许可必须以相对人取得许可为前提，适用于行政许可领域的违法行为。吊销许可、吊销营业执照针对的是相对人从事特定活动的资格或能力，是一种“资格能力罚”。由于这种资格或能力直接涉及相对人能否从事特定行为，因此，也可以将其作为“行为罚”。

第三，针对情节严重的违法个人信息处理行为，《个人信息保护法》第 66 条第 2 款将行政罚款数额提升至“五千万元以下或者上一年度营业额百分之五以下”。相较于《网络安全法》等法律法规，其有大幅提高，表明在违法处理个人信息且情节严重的情况下，违法个人信息处理者将承担更为严厉的行政责任。

《行政处罚法》第 5 条第 2 款规定：“设定和实施行政处罚必须以事实为依据，与违法行为的事实、性质、情节以及社会危害程度相当。”高额罚款作为一种行政处罚，也应遵循合理行政原则，即在进行罚款金额的设定时应考虑到罚款的有效性、成比例性和劝诫性。有效性指罚款应当切实得到实施；成比例性指个案的罚款金额应当结合主体种类、行为和情节加以确定；劝诫性指罚款金额应当足以警告和惩罚违法主体的违法行为。在确定违法个人信息处理者高额罚款的过程中，可以酌情借鉴欧盟《一般数据保护条例》确定高额罚款的考量因素。[②]

在探讨了高额罚款数额确定的参考因素之后，还需要明确如何适用“五千万元以下或者上一年度营业额百分之五以下”。《行政处罚法》第 29 条规定：“对当

---

① 全国人大常委会法制工作委员会办公室．法律询问答复选编．北京：中国民主法制出版社，2017：34.

② 欧盟《一般数据保护条例》第 83 条第 2 款同时从客观层面、主观层面和造成损害结果方面出发，规定了作出行政处罚的诸多参考因素，具体包括：结合相关处理的性质、范围或目的，被影响的信息主体的数量以及损害程度而确定的违法的性质、严重性与持续时间；违法的性质是基于故意还是过失；个人信息控制者或处理者为了减轻信息主体损失而采取的所有行动；结合控制者或处理者采取的符合《一般数据保护条例》的技术性与组织性措施而认定的控制者或处理者的责任程度；控制者或处理者之前的所有相关违法行为；为了纠正违法行为和减轻违法所造成的可能负面影响而和监管机构进行合作的程度；为违法行为所影响的个人信息类型；监管机构得知违法行为的方式，特别是控制者或处理者是否对违法行为进行了报告，以及在何种程度上进行了报告；如果就同一主题事项已经对控制者或处理者发布《一般数据保护条例》规定的措施，对这些措施是否遵守；遵守已生效的行为准则或认证机制的情况；对于案件情形可以适用的所有加重或减轻因素，例如因为违法行为而直接或间接获得的经济收益、避免的损失。

事人的同一个违法行为，不得给予两次以上罚款的行政处罚。同一个违法行为违反多个法律规范应当给予罚款处罚的，按照罚款数额高的规定处罚。”有学者指出了罚款“就高”的具体适用规则，认为“就高”并非以具体执法的罚款数额为标准，而是以法律规范中的罚款数额规定为标准；对于有固定数额的罚款，直接适用数额高的规定；对于有幅度的罚款，“就高”先比较罚款上限，适用罚款上限高的规定，没有罚款上限或者罚款上限一致的，适用罚款下限高的规定；对于形式上难以比较数额高低的，则需根据案情等实际情况作出判断。[①] 笔者赞同这种看法。因此，如果“上一年度营业额百分之五”高于 5 000 万元，显然应当适用罚款上限较高的这种计算方法。对于此处“上一年度营业额”作何理解，有两种不同看法：一种认为此处仅指本国境内的营业额，另一种认为这里指全球营业额。以印度为例，其《个人数据保护法案》规定，数据受托者违法的，应处以 1.5 亿印度卢比，或其上一财政年度全球总营业额 4%的罚款（以两者中较高者为准）；并规定“全球总营业额”系指利润亏损账目或与利润亏损账目具有同等性质、可适用的其他报表确认的总收入。

（2）个人责任。

单位实施违法个人信息处理行为的，其直接负责的主管人员和其他直接责任人员应当承担“十万元以上一百万元以下”的罚款。另外，省级以上履行个人信息保护职责的部门可以决定禁止其在一定期限内担任相关企业的董事、监事、高级管理人员和个人信息保护负责人。根据《个人信息保护法》第 52 条的规定，处理个人信息达到国家网信部门规定数量的个人信息处理者应当指定个人信息保护负责人。与现行《数据安全法》《网络安全法》等法律规定的罚款上限相比，《个人信息保护法》将直接负责的主管人员和其他直接责任人员的罚款上限设定为 100 万元，体现了高额罚款的特征。这一规定体现了立法者更加强调侵害个人信息行为的社会危害性，加大了对单位违法行为中直接负责的主管人员和其他直接责任人员的处罚力度。

（三）首个“天价”罚单——滴滴全球股份有限公司行政处罚案件

2022 年 7 月 21 日，国家互联网信息办公室对滴滴全球股份有限公司（以下简称“滴滴公司”）处以 80.26 亿元罚款，并对其董事长兼 CEO 程某、总裁柳某各处以 100 万元罚款。这是国家互联网信息办公室依据《网络安全法》《数据安全法》《个人信息保护法》《行政处罚法》等法律法规对严重违法处理个人信息开出的首个“天价”行政处罚罚单。滴滴公司之所以被处以“天价”罚款，是因为其严重违法处理个人信息，且违法行为在较长时间内处于持续状态。同时，本次

---

① 黄海华．新行政处罚法的若干制度发展．中国法律评论，2021（3）：57.

行政处罚，既有对滴滴公司的“天价”罚款，也有对公司主要负责人个人的“顶格”行政罚款，贯彻了法律规定的双罚制。

1. 案件事实

2021 年 7 月，为防范国家数据安全风险，维护国家安全，保障公共利益，依据《国家安全法》《网络安全法》，网络安全审查办公室按照《网络安全审查办法》对滴滴公司实施网络安全审查。根据网络安全审查结论及发现的问题和线索，国家互联网信息办公室依法对滴滴公司涉嫌违法行为进行立案调查。其间，国家互联网信息办公室进行了调查询问、技术取证，责令滴滴公司提交了相关证据材料，对本案证据材料深入核查分析，并充分听取滴滴公司意见，保障滴滴公司合法权利。经查实，滴滴公司违反《网络安全法》《数据安全法》《个人信息保护法》的违法违规行为事实清楚、证据确凿、情节严重、性质恶劣，应当从严从重予以处罚。

经查，国家互联网信息办公室查明滴滴公司共存在 16 项违法处理个人信息的事实，包括违法收集个人信息、过度收集个人信息、超越权限处理个人信息、违反个人信息处理目的等，归纳起来主要是 8 个方面：(1) 违法收集用户手机相册中的截图信息 1 196.39 万条；(2) 过度收集用户剪切板信息、应用列表信息 83.23 亿条；(3) 过度收集乘客人脸识别信息 1.07 亿条、年龄段信息 5 350.92 万条、职业信息 1 633.56 万条、亲情关系信息 138.29 万条、“家”和“公司”打车地址信息 1.53 亿条；(4) 过度收集乘客评价代驾服务时、App 后台运行时、手机连接桔视记录仪设备时的精准位置（经纬度）信息 1.67 亿条；(5) 过度收集司机学历信息 14.29 万条，以明文形式存储司机身份证号信息 5 780.26 万条；(6) 在未明确告知乘客情况下分析乘客出行意图信息 539.76 亿条、常驻城市信息 15.38 亿条、异地商务/异地旅游信息 3.04 亿条；(7) 在乘客使用顺风车服务时频繁索取无关的“电话权限”；(8) 未准确、清晰说明用户设备信息等 19 项个人信息处理目的。

2. “天价”罚款

本案中，国家互联网信息办公室之所以处以滴滴公司 80.26 亿元的“天价”罚款、对主要负责人处以 100 万元的顶格罚款，是因为其行为严重侵害个人信息权益，严重损害国家信息安全。

罚款的数额应与违法行为的危害性成比例。就违法处理个人信息的行为而言，通常从以下几方面判断违法行为是否达到“情节严重”的程度：(1) 客观方面，主要包括处理信息的目的、处理的信息是否敏感、影响信息主体的数量、违法行为的持续时间等；(2) 主观方面，主要包括违法的性质是故意还是过失、事后是否采取了减轻损害的行动、为减轻损害与监管机关的合作程度、是否在被警告或调查后仍然继续为违法行为等；(3) 造成的损害结果的严重程度，是否影响到医疗、教育、养老、国家安全等关键领域；等等。

在具体标准上，《网络安全法》《个人信息保护法》等关于行政处罚的规定未设置具体标准。参考《刑法》中“侵害公民个人信息罪”规定的“情节严重”“情节特别严重”两个加重处罚情节，我们可以类比得出情节严重的部分认定要素：从违法处理个人信息的数量看，将违法处理敏感个人信息达 30 条、处理次级敏感个人信息达 300 条、处理非敏感个人信息达 3 000 条以上的认定为“情节严重”；从违法行为的持续时间看，将持续违法处理个人信息在 6 个月以上的认定为“情节严重”；从违法的主观状态看，将被警告、调查后仍继续违法处理个人信息的认定为“情节严重”；从违法的损害结果看，将危害国家主权、安全和发展利益的认定为“情节严重”。

以上这些认定要素的具体标准具有参考的意义，科学、严谨的标准有赖于相关部门在积累实践经验的基础上研讨制定。但不可否认的是，本案中滴滴公司的行为远远超出“情节严重”的标准：从违法处理个人信息的数量看，滴滴公司违法处理的个人信息以百亿计，其中人脸信息等敏感个人信息逾亿条；从违法行为的持续时间看，滴滴公司在自 2015 年 6 月至调查结果公布约 7 年的时间里持续实施违法行为；从违法的主观状态看，滴滴公司无视监管部门要求，违反信息安全义务，强制收集用户个人信息，主观状态为故意而非过失；从违法的损害看，滴滴公司的行为严重侵害个人信息权益，不仅如此，其将大量行程信息运往境外的行为还严重损害了国家安全利益。

综上，种种调查事实表明，滴滴公司违法处理个人信息的行为符合《个人信息保护法》第 66 条“情节严重”的要求，应适用第 2 款较重的处罚责任；考虑到其行为的严重危害性，应在第 2 款确定的处罚区间内对单位处以较重的处罚（约等于上一年度营业额的 5%），对负责的个人处以顶格处罚（100 万元）。

二、国家机关或履行个人信息保护职责的部门的工作人员的行政法律责任

针对在个人信息保护和监督管理过程中的国家机关或者履行个人信息保护职责的部门的违法行为，对国家机关直接负责的主管人员和其他直接责任人员应当依法给予处分，而履行个人信息保护职责的部门的工作人员玩忽职守、滥用职权、徇私舞弊，尚不构成犯罪的，同样应当依法给予其处分。

（一）国家机关不履行个人信息保护义务的行政法律责任

根据《个人信息保护法》第二章第三节“国家机关处理个人信息的特别规

定”的规定，国家机关为履行法定职责处理个人信息，应当依照法律、行政法规规定的权限、程序进行，不得超出履行法定职责所必需的范围和限度。国家机关未履行《个人信息保护法》规定的个人信息保护义务的，应当承担行政法律责任。

1. 责令不履行个人信息保护义务的国家机关改正

当国家机关不履行《个人信息保护法》规定的个人信息保护义务时，其上级机关或履行个人信息保护职责的部门有权责令其改正。责令改正是指要求违反《个人信息保护法》规定的国家机关为或不为一定行为的命令，即要求该国家机关履行应当履行的义务，使原本偏离法律规定的行为得到纠正，以及使失序的法律秩序恢复到应然的状态。因此在具体责任的承担上，违反《个人信息保护法》规定的国家机关在被责令改正之后应作为或不作为。具言之，对于因主动作为而违法的，责令其停止行为；对于因不作为而违法的，责令其主动作为、履行义务。例如，国家机关违反《个人信息保护法》第 34 条的规定，违反权限、程序，超出履行法定职责所必需的范围和限度处理个人信息的，即可责令其停止该违法行为；国家机关处理个人信息，未依《个人信息保护法》第 51 条采取安全保护措施的，属于不作为，可责令其主动作为，依法采取必要的安全保护措施。

2. 对直接负责的主管人员和其他直接责任人员依法给予处分

国家机关并不是具体的个人，其职能只能通过个人来履行，因此，国家机关不履行个人信息保护义务的，实际上是该机关组成人员未能履行应尽的职责。一方面，我国在行政机关中实行的是首长负责制，即行政机关的长官对机关的行为负责。在个人信息保护领域也是如此，当某一国家机关不履行个人信息保护义务时，该机关的直接负责的主管人员需承担相应的责任。另一方面，在具体的个案中，国家机关不履行个人信息保护义务的，通常是具体的工作人员违法或违规致使国家机关未履行有关个人信息保护义务，因此，自然也需对有直接责任的工作人员给予处分。

对于不履行个人信息保护义务的国家机关中的直接负责的主管人员和其他直接责任人员而言，其责任承担方式为处分。处分是为了督促公职人员依法履行职责，对有违法违纪行为的公职人员实施的一种惩戒。对公职人员的处分，依据的是《公务员法》、《公职人员政务处分法》和《行政机关公务员处分条例》。据《行政机关公务员处分条例》，处分的种类为：警告、记过、记大过、降级、撤职、开除。处分的期间相应为：警告，6 个月；记过，12 个月；记大过，18 个月；降级、撤职，24 个月。

（二）履行个人信息保护职责的部门的工作人员渎职的行政法律责任

履行个人信息保护职责的部门的工作人员实施“玩忽职守”“滥用职权”“徇

私舞弊”这三种渎职行为中的任何一种行为，但未达到刑事犯罪标准的，应当给予其处分。其中，玩忽职守是指国家机关工作人员对本职工作严重不负责，不履行、不正确履行或者放弃履行其职责，包括作为与不作为。玩忽职守的作为，是指国家机关工作人员不正确履行职责义务的行为；玩忽职守的不作为，是指国家机关工作人员不尽职责义务的行为，即对自己应当履行且有条件履行的职责，未尽应尽的职责义务。滥用职权是指国家机关工作人员超越职权，违法决定、处理其无权决定、处理的事项，或者违反规定处理公务。[①] 其通常表现为：超越职权，擅自决定或者处理无权决定、处理的事项；玩弄职权，随心所欲地对事项作出决定或者处理；任意放弃履职，故意不履行应当履行的职责；以权谋私、假公济私，出于不当目的而实施职务行为；等等。[②] 徇私舞弊是指国家机关工作人员为徇私情、私利，故意违背事实和法律，伪造材料，隐瞒情况，弄虚作假的行为。

在刑法上，玩忽职守和滥用职权均需达到致使公共财产、国家和人民利益遭受重大损失的程度，方才构成犯罪。根据《个人信息保护法》第 68 条的规定，履行个人信息保护职责的部门的工作人员实施渎职行为，依据《刑法》第九章“渎职罪”的规定属于犯罪的，应当按《刑法》的有关规定处置；尚不构成渎职犯罪的，则依法给予处分。

第三节 民事法律责任

一、个人信息保护的民事法律责任概述

（一）个人信息保护领域的民事法律责任

《个人信息保护法》第 69 条规定：“处理个人信息侵害个人信息权益造成损害，个人信息处理者不能证明自己没有过错的，应当承担损害赔偿等侵权责任。前款规定的损害赔偿责任按照个人因此受到的损失或者个人信息处理者因此获得的利益确定；个人因此受到的损失和个人信息处理者因此获得的利益难以确定的，根据实际情况确定赔偿数额。”该条规定主要以民事法律责任的形式为自然人提供了个人信息权利救济的渠道。此外，《个人信息保护法》还设置了个人信息保护公益诉讼制度，其法律责任包括赔偿相关主体提起公益诉讼支出的必要费用，以及强制履行法律规定的满足受害人相关权利的其他义务，但这并不影响刑

① 参见《最高人民检察院关于渎职侵权犯罪案件立案标准的规定》。

② 刘静坤．刑法条文理解与司法适用：下册．北京：法律出版社，2021.

事法律责任与行政法律责任的承担。[①]

（二）对《个人信息保护法》第69条的法教义学解释

1. 适用主体：个人信息处理者

个人信息权益损害赔偿的责任主体是个人信息处理者，因此，《个人信息保护法》规定侵害个人信息权益损害赔偿规则只适用于个人信息处理者侵害自然人个人信息权益的侵权行为。

个人信息处理者的法律特征为：第一，是个人信息处理活动的主体；第二，是对个人信息自主决定处理目的、处理方式的主体；第三，是对个人信息权益人负有特别保护义务的主体；第四，其民事身份为自然人、法人、非法人组织，即组织、个人。

2. 过错推定原则："不能证明自己没有过错"

《个人信息保护法》对于侵害个人信息权益的侵权赔偿责任采取了过错推定责任。侵害个人信息权益的侵权赔偿责任，如果适用过错责任原则，就意味着被侵权人即个人需要证明侵权人即个人信息处理者存在过错，而这非常困难。因为个人信息处理活动具有很强的专业性和技术性，个人与个人信息处理者存在信息、技术、资金等方面的不对等，个人无法了解个人信息处理者在处理活动中具有什么过错，更无法提出证据加以证明。故此，不应当采取过错责任。

在司法实践中，个人信息侵权往往不是由单一端口的不当行为引发的，个人信息在收集、处理、传递及利用等多个环节均有泄露的可能。第一侵权现场往往存在多个信息处理者且不在受害人的日常可接触范围内。信息处理能力是受害人想要通过侵权行为顺藤摸瓜找齐所有侵权端口的行为人过错的最大壁垒，大量关于证明要件事实的证据均集中在侵权人一方，受害人对过错要件的证明存在证据偏在困境。受害人对处理者过错要件的证明存在难度，其信息处理能力无法适应一般过错责任下证明责任的要求，采用过错责任会使其承担与其能力不相匹配的证明负担。

过错推定仅适用于个人信息处理者侵害个人信息权益造成损害的情形。如果侵权人非个人信息处理者（如委托处理个人信息中的受托人）或者在不适用《个人信息保护法》的个人信息处理情形中发生了侵害个人信息权益的纠纷，则仍需适用过错责任原则，也就是说，仍然是由原告承担举证责任。[②]

有观点认为，对个人信息处理者过错的判断主要限于违法行为，在类型上既包括形式违法行为，还包括违反比例原则的实质违法行为。一方面，《个人信息

---

① 张新宝．论个人信息权益的构造．中外法学，2021（5）．

② 程啸．论个人信息侵权责任中的违法性与过错．法制与社会发展，2022（5）．

保护法》第69条规定的过错推定责任的特别之处在于，其过错体现为对处理行为引发之法定义务的违反，原则上应依据具体的规范性文件作出判断，而不应当依据理性人标准等抽象的标准来界定。因为个人信息处理行为具有很强的专业性和技术性，且相关技术还在不断发展中，如果依理性人标准确定过错会导致个人信息利用行为的自由边界不具有确定性。将对个人信息处理者过错的判断主要限于违法行为的理由在于：一是能够适应较为复杂的价值冲突和多主体之间的利益关系，二是过错本就可以吸收违法行为，三是符合《个人信息保护法》作为行为规制法的特性。另一方面，个人信息处理者的违法行为还包括违反比例原则的实质违法行为。一是个人信息处理不符合正当性原则要求。个人信息处理的目的应当符合公共利益原则和法律的正义观，与个人信息权益主体的利益最大化最为契合的目的才能被视为正当目的。在涉及个人信息处理者的多重目的的场合，要明确这些目的的层次性，应当以个人信息处理者和其他个人信息权益主体之间的利益平衡情况来判断特定目的是否具有正当性。二是个人信息处理不符合必要性原则要求。必要性原则要求个人信息处理者应当以最小范围的目的且以最小限度的方式收集和处理个人信息，即不过度收集和处理个人信息。必要性原则还要求处理目的的限定化，不得超出个人信息处理者业务能力范围开展信息收集活动。必要性原则对不同群体的具体要求不同，并追求处理手段和处理目的的均衡性。[①]

3. 请求权基础："侵害个人信息权益"

《个人信息保护法》第50条规定了个人信息保护请求权的具体行使方式。个人就个人信息保护请求权提起诉讼的，应以个人信息处理者拒绝其行使权利的请求为前提。[②] 而在民事法律责任层面，结合《民法典》将个人信息权利放置在人格权编的情况，其请求权基础应当以人格权请求权为主。通说认为，人格权请求权是指民事主体在其人格权的圆满状态受到妨害或者有妨害之虞时，需向加害人或者人民法院请求，令加害人为一定行为或不为一定行为，以恢复人格权的圆满状态或者防止其人格权受到妨害的权利。人格权作为绝对权，具有排他性和支配性，权利人对其人格权益享有支配的权能并可以对抗第三人，权利人只要认为其人格利益的圆满状态受到了不法侵害或者存在受到不法侵害的危险，就有权提出相关请求以恢复其圆满支配状态。根据《民法典》第1034条的规定，个人信息主体对其个人信息享有权利，如个人信息权益受到侵害则可直接基于人格权请求权向法院起诉，以取得救济。并且，结合《个人信息保护法》第四章"个人在个人信息处理活动中的权利"，这里的"个人信息权益"包括但不限于知情权、更正权、补充权、查阅权、复制权、删除权等权利。

① 王道发．个人信息处理者过错推定责任研究．中国法学，2022（5）.

② 张新宝．论个人信息保护请求权的行使．政法论坛，2023（2）.

此外，因个人信息侵权造成实际损害的，其请求权基础则是侵权请求权，过错推定原则在侵权责任范畴内适用。

（三）《个人信息保护法》第 69 条与其他条款的关系

1. 与《个人信息保护法》第 20 条的关系

《个人信息保护法》第 20 条规定了两个以上的个人信息处理者共同决定处理个人信息侵害个人信息权益的连带责任。两个以上的个人信息处理者共同决定个人信息的处理目的和处理方式的，应当约定各自的权利和义务。这样的约定不影响个人向其中任何一个个人信息处理者要求行使《个人信息保护法》规定的权利。凡是个人信息处理者共同处理个人信息的，不论采取何种约定方式，也不论是一方违反《个人信息保护法》的规定，还是双方共同为之，只要侵害了个人信息权益，就构成对个人信息权益的共同侵权行为，应当承担连带责任。①

2. 与《个人信息保护法》第 22 条的关系

《个人信息保护法》第 22 条规定了个人信息处理者因合并、分立、解散、被宣告破产等原因需要转移个人信息时，应当承担的义务。在个人信息处理者合并或者分立的情形下，如果个人信息处理者未对个人信息权人履行告知义务，或者接收方没有重新获得个人同意，就侵害了个人信息权人的权益。依照《民法典》第 67 条的规定，个人信息处理者合并的，其权利和义务由合并后的个人信息处理者享有和承担；个人信息处理者分立的，其权利和义务由分立后的个人信息处理者享有连带权利，承担连带责任，另有约定的除外。

3. 与《个人信息保护法》第 72 条的关系

《个人信息保护法》第 72 条第 1 款明确排除了“自然人因个人或者家庭事务处理个人信息的”对《个人信息保护法》的适用。故此，自然人因个人或者家庭事务处理个人信息的行为侵害个人信息权益的，不适用《个人信息保护法》第 69 条的规定，而是适用《民法典》第 1165 条第 1 款的过错责任原则。

二、个人信息侵权的损害赔偿责任

（一）构成要件

1. 侵权行为

在司法实践中，个人信息处理者侵害个人信息的行为特征主要包括面向不特

① 谢鸿飞．个人信息处理者对信息侵权下游损害的侵权责任．法律适用，2022（1）．

定主体、运用技术手段等方面。这主要包括以下典型行为：

第一，不当收集个人信息的行为。《民法典》与系列规范性文件中都规定，收集个人信息应符合“合法、正当、必要”原则，同时符合目的原则。而在实践中，有相当多的App存在涉嫌过度收集用户个人信息的情况，甚至未能以合理方式履行告知义务。[①] 在备受瞩目的郭某诉杭州野生动物世界有限公司服务合同纠纷案中，二审法院认为，野生动物世界有限公司欲利用收集的照片扩大信息处理范围，超出事前确定的收集目的，存在侵害郭某面部特征信息之人格利益的可能与风险。[②] 可见，是否为正当收集主要取决于是否符合法定的收集原则，如不符合则为不当收集个人信息。

第二，泄露个人信息的行为。泄露个人信息属于较为严重的侵害个人信息权益的行为，实践中具体表现形式不一。在庞某某诉中国东方航空股份有限公司和北京趣拿信息技术有限公司隐私权纠纷案中，庞某某在某网站订票之后，收到了他人发来的列明庞某某的姓名、航班号等内容的短信。法院认为，两家公司存在泄露庞某某隐私信息的高度可能，并且存在过错，应承担侵犯隐私权的相应侵权责任。[③] 在有的案件中，法院确认公民的举报信息具有私密性，购物平台擅自将订单编号告知被举报人，属于泄露个人私密信息的行为。泄露个人信息的行为往往涉及对私密信息和隐私权的侵害，较之其他不当收集、不当利用与分享个人信息的行为更为严重。

第三，不当使用个人信息的行为。未经个人信息主体同意而将其个人信息另作他用的，属于不当使用个人信息的情形。在王某与某置地有限公司姓名权纠纷案中，该公司擅自利用王某的姓名与身份证号码进行个税申报，不当利用了王某的个人信息。[④] 在俞某诉北京某科技有限公司等网络侵权责任纠纷案中，俞某的线下购物记录被同步到线上购物平台的购物列表之中，这是一种扩张信息共享的行为，同时也是一种扩大收集信息的行为。[⑤] 上述行为都是以个人信息处理者掌握个人信息为前提的，将信息另作他用，或不当使用，或不当分享，均系较为典型的侵犯个人信息权益的行为。

除上述几种情形外，比较具有争议的情形还包括：用户画像或其他自动化决策所带来的不利影响是否会构成对人格权益或财产权益的侵害，比如价格歧视、大数据杀熟等。目前在相关案例中，法院并未支持当事人的相关请求。对滥用算法等行为，目前主要通过监管或数据治理等方式予以规制，在民事责任方面尚未见

---

① 张新宝．个人信息收集：告知同意原则适用的限制．比较法研究，2019（6）．

② 参见浙江省杭州市中级人民法院民事判决书（2020）浙01民终10940号。

③ 参见北京市第一中级人民法院民事判决书（2017）京01民终509号。

④ 参见江苏省丰县人民法院民事判决书（2019）苏0321民初2652号。

⑤ 参见北京市海淀区人民法院民事判决书（2018）京0108民初13661号。

到相关适用和突破。在风险泛在的智能时代与万物互联时代，人们没有脱离风险场域的可能性，对于概括风险导致的权益受损目前较难实现个体救济，但个体在受到确定的侵害之时则有请求获得法律救济的权利。这也正是侵权法的基本意旨。

2. 主观过错

《个人信息保护法》第 69 条第 1 款推定个人信息处理者具有过错，其只有举证证明自己没有过错，方能免除责任，否则就要承担责任。法律上之所以进行这种推定，是因为如果个人信息处理者严格依据《个人信息保护法》《民法典》等法律的规定处理个人信息，不存在非法处理个人信息的行为或者违反个人信息保护义务的行为，就不会侵害个人信息权益，自然也就没有过错。反之则认定个人信息处理者具有过错，除非其能够证明自己的处理行为不属于违法处理行为或已经尽到个人信息保护义务，从而推翻对其过错的推定。

例如，在个人信息被黑客攻击而导致个人信息泄露、侵害个人信息权益的纠纷中，个人信息处理者应证明自己已经按照法律的规定采取了相应的措施，以防止个人信息泄露、篡改、丢失，以及在发生或可能发生个人信息泄露、篡改等情况时立即采取了补救措施并且通知了履行个人信息保护职责的部门和个人。在个人信息处理者能够证明的情况下，应当认为个人信息处理者并不存在过错，也无须承担侵权责任。

3. 损害

损害事实是侵权请求权的核心，按照《个人信息保护法》第 69 条，只有行为人的侵害行为给个人信息主体造成实际损害后果，被侵权人才能依法行使侵权损害赔偿请求权，要求行为人承担损害赔偿责任。从个人信息权益的内容出发，损害既包括财产利益的损害，也包括精神利益的损害。[①]《个人信息保护法》第 69 条第 2 款明确了损害赔偿费用的计算依据，即“受到的损失”或“获得的利益”。无论是财产损害，还是精神损害，个人信息主体有权按照其因个人信息处理者的不法行为遭受的损失或者个人信息处理者因此获得的利益来确定损害赔偿费用；如该等费用难以确定，则可根据实际情况确定赔偿数额。侵害个人信息权益，无论是造成人格利益中的精神利益损害，还是财产利益损害，都成立损害事实的要件，区别只在于是发生精神损害赔偿，还是财产利益损害赔偿的问题。如果发生了侵害个人信息权益的违法行为但并未造成损害事实，则成立人格权请求权的行使条件，不构成侵权损害赔偿的要件。[②]

个人信息权益的损害事实包括两个层面：其一，个人信息权益受到损害的权

---

① 李昊．个人信息侵权责任的规范构造．广东社会科学，2022（1）．

② 朱晓峰，夏爽．论个人信息侵权中的损害．财经法学，2022（4）．

利损害形态。权利遭受损害的原因是个人信息处理者的违法行为造成对知情权、决定权、查阅权、复制权、更正权、补充权、删除权以及行使权利请求权的侵害。个人信息权的权利内容包括知情权、决定权、查阅权、复制权、更正权、补充权、删除权以及行使权利请求权，这些权利受到违法行为的侵害，就会造成权利损害的事实。这些损害事实的具体表现，与其他人格权受到侵害的损害事实的表现是一样的，是人格利益中的精神利益损害。其二，个人信息权益受到损害的财产损失形态。个人信息权是人格权，属于《民法典》第 993 条规定的公开权的调整范围，即被概括在该条规定的“民事主体可以将自己的姓名、名称、肖像等许可他人使用”的“等”字之内，因此可以许可他人使用。未经个人信息权人许可，他人擅自使用的，就会造成权利人人格利益中的财产利益损失，侵权人因侵权而获得财产利益。侵害个人信息权造成这种财产利益损失的，也是侵害个人信息权的损害事实。

需要注意的是，个人信息损害不涵盖风险。损害和风险具有一定的区分，个人信息侵权的损害问题应当主要交由民法进行调整，而风险应对应当主要交由公法等规范进行调整，没有必要过分扩张侵权法的适用范围。而且个人信息侵权的损害应具有确定性，侵害个人信息权益的不利后果也应是客观存在的。除个人信息权益外，侵害兼有财产要素的肖像权、姓名权与商标权等人格权益造成的损害也没有包括应对损害风险的支出成本。

4. 因果关系

(1) 因果关系的一般判断。

因果关系强调违法行为与损害事实之间的关联性，即行为人实施的侵害个人信息权益的行为导致了权利人精神利益及财产利益的损害结果。由于个人信息的产生、流动涉及多个环节，牵涉多个主体，任何一个环节的任一主体都有违反法律、行政法规等相关规定进行信息处理的可能性，因此在实践中判断因果关系时应当严谨、全面，结合具体情况综合分析。需要说明的是，学界目前关于侵害个人信息权益的归责原则存在较大争议，过错推定和无过错原则[①]均有人主张。不过，从《个人信息保护法》第 69 条的内容来看，以过错推定原则作为归责原则，既能够充分保护自然人的个人信息权益，又不至于限制个人信息处理者的合法诉求。[②]

认定是否构成损害赔偿责任时，应当适用相当因果关系规则确定违法行为与损害事实之间是否存在因果关系[③]，即实施了该种侵害个人信息权的侵权行为能够

① 蒋丽华．无过错归责原则：个人信息侵权损害赔偿的应然走向．财经法学，2022（1）．

② 程啸．侵害个人信息权益的侵权责任．中国法律评论，2021（5）．

③ 田野，张耀文．个人信息侵权因果关系的证明困境及其破解：以相当因果关系理论为进路．中南大学学报（社会科学版），2022（1）．

引起这种损害后果。在事实上，行为人实施了违法行为，确实产生了损害后果，因此，行为人实施的该种违法行为与该种损害后果之间具有因果关系。

适用停止侵害等责任方式的，不必存在侵害个人信息权造成实际损害的客观事实，只要侵害个人信息权益的事实存在即可。此时认定行为具有违法性，就可以认为具有因果关系。

在庞某某诉中国东方航空股份有限公司、北京趣拿信息技术有限公司隐私权纠纷案中，法院认为：2013 年修正的《消费者权益保护法》第 29 条第 2 款中明确规定，“经营者及其工作人员对收集的消费者个人信息必须严格保密，不得泄露、出售或者非法向他人提供。经营者应当采取技术措施和其他必要措施，确保信息安全，防止消费者个人信息泄露、丢失”。这是在立法层面对消费者个人隐私和信息的保护，也是对经营者保护消费者个人信息的强制性规定。经营者违反了该条规定，即被视为存在过错。①

在申某与支付宝（中国）网络技术有限公司等侵权责任纠纷案中，法院认为：“个人相对于具有一定数据垄断地位的公司实体在证据搜集和举证能力上处于弱势地位。因此，应顾及双方当事人之间实质公平正义进行举证责任的分配。本案中，申某已举证证明其将个人信息提供给携程公司，后在较短时间内发生信息泄露，已完成相应合理的举证义务。携程公司应就其对申某的个人信息泄露无故意或过失之事实负举证责任。”②

（2）因果关系的中断。

实践中，信息主体的人身权或财产权遭受了侵害，有可能并非由个人信息处理者的处理行为直接造成，而是第三人的介入行为导致的。根据《民法典》第 1175 条的规定，第三人要就受害人的人身伤亡和财产损害承担侵权赔偿责任。

只要损害是由第三人直接造成的，第三人的行为无论是故意的还是过失的，个人信息处理者均应当依据《民法典》第 1172 条按照原因力大小以及过错程度承担相应的赔偿责任。

（二）数额确定

《民法典》第 1182 条规定，侵害他人人身权益造成财产损失的，不采用“先按照损害后按照侵权人获得利益”之标准确定数额，而是将两个标准予以并列，即“按照被侵权人因此受到的损失或者侵权人因此获得的利益赔偿”。《个人信息保护法》第 69 条第 2 款的规定与其一致。信息主体受到的损失和个人信息处理者因此获得的利益难以确定的，则根据实际情况确定赔偿数额。此外，《最高人

① 参见北京市第一中级人民法院民事判决书（2017）京 01 民终 509 号。

② 北京市朝阳区人民法院民事判决书（2018）京 0105 民初 36658 号。

民法院关于确定民事侵权精神损害赔偿责任若干问题的解释》第5条规定，精神损害的赔偿数额根据以下六个要素确定：其一，侵权人的过错程度，法律另有规定的除外；其二，侵权行为的目的、方式、场合等具体情节；其三，侵权行为所造成的后果；其四，侵权人的获利情况；其五，侵权人承担责任的经济能力；其六，受诉法院所在地的平均生活水平。《最高人民法院关于审理利用信息网络侵害人身权益民事纠纷案件适用法律若干问题的规定》第12条还规定，被侵权人为制止侵权行为所支付的合理开支，可以被认定为《民法典》第1182条规定的财产损失。合理开支包括被侵权人或者委托代理人对侵权行为进行调查、取证的合理费用。人民法院根据当事人的请求和具体案情，可以将符合国家有关部门规定的律师费用计算在赔偿范围内。被侵权人因人身权益受侵害造成的财产损失以及侵权人因此获得的利益难以确定的，人民法院可以根据具体案情在50万元以下的范围内确定赔偿数额。

（三）精神损害赔偿

《个人信息保护法》第69条第2款规定了侵害个人信息权益精神损害赔偿数额确定的三种方式，即实际损害赔偿、侵权人获利赔偿、法院酌定赔偿。个人信息处理者的侵权获利虽然具有客观性，但在涉及个人信息处理者的商业秘密、个人信息给个人信息处理者带来的经济利益等方面也缺乏合理的计算标准。在司法实践中，大多数个人信息权益侵害案件中的精神损害赔偿数额是通过法院酌定的方式确定的。例如，在凌某某与北京微播视界科技有限公司隐私权、个人信息权益网络侵权责任纠纷案中，法院最终判决北京微播视界科技有限公司于判决生效之日起7日内赔偿凌某某经济损失1 000元及维权合理费用4 231元。① 再如，在王某诉某银行股份有限公司个人信息保护纠纷案中，法院对于原告所主张的“公开赔礼道歉、给付精神损害抚慰金50 000元”的请求并没有全部支持，而是根据信用社的过错程度、侵权行为的后果等具体情况酌情认定精神损害的赔偿数额应为3 000元。②

《个人信息保护法》第69条第2款规定的损害包括精神损害，但是对于赔偿是否以精神损害严重为要件，没有明确规定，学界存在两种观点：一种观点认为，第69条没有对精神损害作出特别规定，应当适用《民法典》关于严重精神损害的限制性规定；另一种观点认为，正因为第69条没有作出特别规定，所以不适用《民法典》关于精神损害严重程度的相关规定，只要达到一般程度即可。结合《个人信息保护法》的立法目的，考虑到个人信息侵权民事诉讼相对较少，在相关侵权事实发生之后发生财产损失的概率相对较低，倘若继续要求精神损害

① 参见北京互联网法院民事判决书（2019）京0491民初6694号。
② 参见杭州互联网法院民事判决书（2021）浙0192民初5426号。

达到严重程度，显然在绝大多数情况下都难以作出损害赔偿的判决。因此，《个人信息保护法》第 69 条规定的精神损害赔偿无须达到《民法典》规定的严重程度。

三、其他民事责任方式的适用

在民事责任承担方式方面，《民法典》第 179 条规定："承担民事责任的方式主要有：（一）停止侵害；（二）排除妨碍；（三）消除危险；（四）返还财产；（五）恢复原状；（六）修理、重作、更换；（七）继续履行；（八）赔偿损失；（九）支付违约金；（十）消除影响、恢复名誉；（十一）赔礼道歉。法律规定惩罚性赔偿的，依照其规定。本条规定的承担民事责任的方式，可以单独适用，也可以合并适用。"此外，《民法典》第 1167 条还规定："侵权行为危及他人人身、财产安全的，被侵权人有权请求侵权人承担停止侵害、排除妨碍、消除危险等侵权责任。"因此，《个人信息保护法》第 69 条中规定的"损害赔偿等侵权责任"还包括停止侵害、消除影响、赔礼道歉等承担方式。

此外，《个人信息保护法》第 69 条规定的民事责任以侵权责任为限。而在实践中，自然人同样可以主张个人信息处理者违反"信息服务合同约定"，要求个人信息处理者承担违约责任。这就产生了侵权责任与违约责任竞合的情形。与侵权责任不同的是，违约责任并不涉及当事人是否存在主观过错，自然人仅需证明个人信息处理者违反合同约定即可。通说认为，自然人和个人信息处理者之间的"合同"主要包括用户注册协议、隐私政策、个人信息保护政策、网站公开的用户补充协议等内容。

第四节 刑事法律责任

一、个人信息保护的刑法规范体系

（一）个人信息保护刑事立法的历史沿革

随着公民个人信息所承载的权益内容的扩充与更新，刑法对公民个人信息的保护策略也在发生着转变。自 1997 年至今，刑法对公民个人信息的保护逐渐从间接保护模式转变为直接保护模式，同时刑法对个人信息的保护范围也一直在扩大。[①] 2009 年 2 月 28 日，《刑法修正案（七）》经第十一届全国人民代表大会常

① 李怀胜．公民个人信息保护的刑法扩展路径及策略转变．江淮论坛，2020（3）．

务委员会第七次会议通过并公布，本次修正案对侵犯公民个人信息的行为设立了独立的罪名。这是刑法首次将侵犯公民个人信息的犯罪独立入刑。自此，个人信息在刑法中得到了正式保护。而在此之前，刑法并未将侵犯公民个人信息的行为视为单独的犯罪行为，仅在犯罪行为涉及侵害国家利益、社会利益时"顺带实现了对公民个人信息的保护"[①]。尽管《刑法修正案（七）》对于我国个人信息刑事保护具有里程碑意义，但是其规制主体和规制行为的范围仍然较为狭窄，将侵犯个人信息犯罪的主体限定为"国家机关或者金融、电信、交通、教育、医疗等单位的工作人员"，将侵害行为表现限定为"出售或者非法提供""非法获取"[②]。

随着大数据时代的到来，个人信息泄露、滥用现象日益泛滥与猖獗，公民对个人信息安全日益担忧。在此背景下，2015 年 8 月出台的《刑法修正案（九）》扩大了对犯罪主体和侵害行为的打击范围，将此前的"出售、非法提供公民个人信息罪"与"非法获取公民个人信息罪"两个罪名整合为一个罪名，即"侵犯公民个人信息罪"，体现出刑法进一步拓宽了对公民个人信息的保护边界。具体来说，一方面，《刑法修正案（九）》将侵犯公民个人信息罪的犯罪主体扩充为一般主体，而不再局限于国家机关或者金融机构等单位的工作人员；另一方面，《刑法修正案（九）》确立的"侵犯公民个人信息罪"在量刑情节上也更加多元，取消了"出售、非法提供公民个人信息罪"对犯罪主体行业的限制。如果将基于服务关系或履行职务需要所收集到的个人信息非法提供或出售给他人，则会构成加重情节，并将最高量刑 3 年提升为 7 年，大幅提高了对侵犯公民个人信息罪的刑事惩处力度。同时，《刑法修正案（九）》新增了网络服务提供者不履行信息网络安全管理义务的刑事责任，该罪的入罪情形之一即是网络服务提供者不履行信息网络安全管理义务"致使用户信息泄露，造成严重后果"。这表明刑法进一步扩展了个人信息犯罪的罪名，在个人信息泄露现象的常发领域，针对特定主体作出了规制，为公民个人信息提供了较为全面的刑法保护。综上，个人信息保护的专门刑法规范在《刑法修正案（七）》与《刑法修正案（九）》中分别得到正式确立与进一步完善，"侵犯公民个人信息罪"和"拒不履行信息网络安全管理义务罪"这两个罪名构成了目前个人信息刑法保护的主要罪刑格局。

（二）当前的个人信息保护刑法规范

当前，《刑法》在第四章"侵犯公民人身权利、民主权利罪"的第 253 条之一专设了"侵犯公民个人信息罪"，用以规制非法获取、出售和提供公民个人信

---

① 曾粤兴，高正旭．侵犯公民个人信息罪之法益研究//赵秉志．刑法论丛：第 55 卷．北京：法律出版社，2019.

② 于志刚．"公民个人信息"的权利属性与刑法保护思路．浙江社会科学，2017（10）.

息的犯罪行为。2017 年 5 月发布的《最高人民法院、最高人民检察院关于办理侵犯公民个人信息刑事案件适用法律若干问题的解释》对该罪的适用作了重要补充，对该罪规定的抽象性概念作了解释，明确了判定“情节严重”与“情节特别严重”的入罪条件，规定了该罪与相邻犯罪发生竞合时的处理方式以及该罪的不起诉、免予刑事处罚和从宽处罚的情形。《刑法》第 286 条之一规定了“拒不履行信息网络安全管理义务罪”，用以规制网络服务提供者不履行法律、行政法规规定的信息网络安全管理义务，经监管部门责令采取改正措施而拒不改正，泄露用户信息造成严重后果的犯罪行为。2019 年 10 月发布的《最高人民法院、最高人民检察院关于办理非法利用信息网络、帮助信息网络犯罪活动等刑事案件适用法律若干问题的解释》，对拒不履行信息网络安全管理义务罪的具体入罪情形、定罪量刑标准以及法律适用问题作了全面系统的规定。除了上述两个罪名，与个人信息犯罪有关的犯罪还包括“窃取、收买、非法提供信用卡信息罪”“使用虚假身份证件、盗用身份证件罪”“冒名顶替罪”，但有关这些罪名的规定均属于对某一或某些特定个人信息的“附带性”保护，本节不再详细展开。

除了刑事规范层面的提升和完善，公民个人信息的刑事保护实践也在持续推进，执法与司法工作的及时跟进也为个人信息刑法保护体系铸就了坚实的屏障。例如，2022 年 1 月，公安部发布了打击侵犯公民个人信息犯罪十大典型案例；2021 年 4 月与 2023 年 3 月，最高人民检察院发布了检察机关个人信息保护公益诉讼典型案例；2022 年 12 月，最高人民法院发布了第 35 批共 4 件指导性案例，均为公民个人信息保护刑事案例，对于明确类案裁判规则、依法保护公民个人信息具有重要的指导意义。然而，当前我国法院裁量侵犯公民个人信息罪案件也存在实践与规范相偏离的现象，主要表现为判处的刑罚畸轻和未能准确识别个人信息的敏感程度。在个人信息行政法保护体系和民法保护体系逐步完善的背景下，未来应当以健全个人信息多部门法协同保护为目标，适时调整各部门法的保护边界，实现刑法与其他部门法的有效衔接，进而实现法律手段与其他规制手段的协同治理。①

二、侵犯公民个人信息罪的构成要件

侵犯公民个人信息罪的构成要件，主要围绕是否以公民个人信息作为侵犯对象、是否存在侵犯公民个人信息的行为、侵犯对象或侵犯行为是否达到情节严重

---

① 冯洋，李珂，张健．侵犯公民个人信息罪司法裁量的实证研究．山东大学学报（哲学社会科学版），2023（1）．

等三个方面进行判断。[①] 以下具体分析该罪的各构成要件。

（一）保护对象

根据我国的刑事管辖原则，发生在我国领域内的、我国公民实施的、侵害我国国家或者公民利益的，以及国际条约所规定的侵害各国共同利益的侵犯公民个人信息的行为，均属于本罪的适用范畴。因此，本罪不限于保护中国公民的个人信息，在中国领域内实施的侵犯外国公民个人信息的行为，也会依本罪追究相应的刑事责任。

（二）行为表现

侵犯公民个人信息的行为主要是指侵犯了公民对其个人信息的决定权与处理权。[②] 本罪主要针对非法获取、非法提供和出售个人信息的行为。过失侵犯公民个人信息的行为、合法获取但滥用个人信息的行为等应被纳入行政执法的范畴。[③]

1. 向他人出售或者提供公民个人信息

在刑法规范层面，向他人出售或者提供公民个人信息的行为，具体包括：(1) 向特定人提供公民个人信息；(2) 通过信息网络或者其他途径发布公民个人信息；(3) 未经被收集者同意，将合法收集的公民个人信息向他人提供；(4) 通过购买、收受、交换等方式获取公民个人信息；(5) 在履行职责、提供服务过程中收集公民个人信息。

最高人民法院指导性案例 194 号——熊某恒等侵犯公民个人信息案

根据 2022 年 12 月最高人民法院发布的第 35 批关于公民个人信息保护的刑事指导性案例 194 号（“熊某恒等侵犯公民个人信息案”），法院判决明确了违反国家有关规定，购买微信等社交媒体账号后，非法制作带有公民个人信息的社交媒体账号出售、提供给他人，情节严重的，属于《刑法》第 253 条之一第 1 款规定的“违反国家有关规定，向他人出售或者提供公民个人信息”行为，构成侵犯公民个人信息罪。该案例还明确未经公民本人同意或不具有法律授权等《个人信息保护法》规定的理由，通过购买、收受、交换等方式获取在一定范围内已公开的公民个人信息进行非法利用，改变了公民公开个人信息的范围、目的和用途，

---

① 于冲．侵犯公民个人信息罪中“公民个人信息”的法益属性与入罪边界．政治与法律，2018 (4).

② 刘双阳．论个人信息自决权刑事司法保护的边界：以已公开个人信息为中心的分析．人权，2021 (5).

③ 如果发生行刑衔接，根据《最高人民检察院关于推进行政执法与刑事司法衔接工作的规定》作出处理。

不属于法律规定的合理处理，属于《刑法》第253条之一第3款规定的“以其他方法非法获取公民个人信息”行为，情节严重的，构成侵犯公民个人信息罪。[①]

2. 窃取

“窃取”是指秘密获取，即未经公民个人同意或者在个人并不知情的情况下，违背信息主体的意愿获取其个人信息。此处的“窃取”，是指行为人采取自以为不被信息主体发觉的方法，暗中获取其个人信息的行为。此处的“秘密性”，是指行为人以为获取信息不被信息主体所知悉，即使获取行为具有公然性，也不影响对于“秘密获取”的定性。

3. 以其他方法非法获取

以其他方法非法获取，是指违背相关法律法规的规定，以不法的方式或手段获取他人的个人信息。针对实践中的常发情形，《最高人民法院、最高人民检察院关于办理侵犯公民个人信息刑事案件适用法律若干问题的解释》第4条明确规定：“违反国家有关规定，通过购买、收受、交换等方式获取公民个人信息，或者在履行职责、提供服务过程中收集公民个人信息的，属于刑法第二百五十三条之一第三款规定的‘以其他方法非法获取公民个人信息’。”[②] 可见，非法购买公民个人信息、非法收集公民个人信息等非法获取情形[③]，均属于本罪所规定的“非法获取公民个人信息”的行为。

（三）情节要求

1. 行为造成了“情节严重”的后果

本罪虽然针对侵犯公民个人信息的行为作了规制，但并不是只要行为人实施了侵犯公民个人信息的行为，均会被作为犯罪处理，而是还需要该行为达到法定的严重程度。具体可以从以下几个方面来判断行为是否达到构成犯罪所要求的严重程度。

（1）“情节严重”的情形之一：特定类型信息和使用目的。

如果行为人出售或者提供行踪轨迹信息，被他人用于犯罪，则不论涉案个人信息的数量和类型如何，也不论行为人主观上是否知道所出售或者提供的行踪轨迹信息被他人用于犯罪，均已达到本罪所要求的情节严重。

（2）“情节严重”的情形之二：行为人主观恶性。

---

① 参见江西省丰城市人民法院刑事判决书（2021）赣0981刑初376号。

② 周加海，邹涛，喻海松．《关于办理侵犯公民个人信息刑事案件适用法律若干问题的解释》的理解与适用．人民司法（应用），2017（19）．

③ 例如，网络运营者未经他人同意收集公民个人信息，或者收集与提供服务无关的公民个人信息。

如果行为人知道或者应当知道他人利用公民个人信息实施犯罪，并向其出售或者提供个人信息，即属于本罪规定的“情节严重”情形。如果行为人在向他人出售或者提供公民个人信息时，主观上并不知道他人会利用公民个人信息实施犯罪，则不属于此处的“情节严重”情形。

(3)“情节严重”的情形之三：个人信息类型和数量。

对于不同类型的个人信息，符合本罪“情节严重”的数量要求是不同的。具体来说：1）非法获取、出售或者提供行踪轨迹信息、通信内容、征信信息、财产信息 50 条以上的；2）非法获取、出售或者提供住宿信息、通信记录、健康生理信息、交易信息等其他可能影响人身、财产安全的公民个人信息 500 条以上的；3）非法获取、出售或者提供上述第 1 项、第 2 项以外的公民个人信息5 000 条以上的。可以看出，除了第 1 项、第 2 项中所列的特殊类型的个人信息，对于其他一般的公民个人信息，所要求的数量是 5 000 条以上。需要注意，非法获取、出售或者提供的个人信息数量未达到上述标准，但是按相应比例合计达到有关数量标准的，也符合“情节严重”的情形。[①] 此外，行为人主体身份特殊，即利用职务便利（在履行职责或者提供服务过程中）获取公民个人信息后出售或提供给他人，个人信息数量达到以上数量标准一半以上的，即符合“情节严重”情形。需要说明的是，如果行为人所侵犯的公民个人信息的数量存在重复的情况，那么重复的个人信息部分不可重复计算作为定罪量刑依据。[②]

(4)“情节严重”的情形之四：违法所得数额。

非法获取、出售或者提供公民个人信息的违法所得达到 5 000 元以上的，即符合“情节严重”标准。注意，为合法经营活动而非法购买、收受一般个人信息，进而利用非法购买、收受的公民个人信息获利 5 万元以上的，才符合“情节严重”的情形；如果获利金额在 5 万元以下，又无其他严重后果，则不构成犯罪。此外，行为人利用职务便利（在履行职责或者提供服务过程中）获取公民个人信息后出售或提供给他人，违法所得数额达到 2 500 元以上的，即达到“情节严重”的标准。

(5)“情节严重”的情形之五：再犯情形。

再犯情形也是判断“情节严重”的要素之一，主要有以下两种：1）行为人

---

① 办案部门对于查获的公民个人信息，首先应当进行分类分析，如果每一个类型对应的公民个人信息都没有达到规定的 50 条、500 条、5 000 条标准，就需要进行比例折算，按照 1、10、100 的倍比关系，合计达到上述标准之一的，就应当追究刑事责任。

② 在涉及大规模个人信息的案件中，针对同一对象并存“姓名＋住址”、“姓名＋电话号码”或“姓名＋身份证号”等数条信息，完全去重较为困难。此外，信息的真实性也难以逐一核实。对此，《最高人民法院、最高人民检察院关于办理侵犯公民个人信息刑事案件适用法律若干问题的解释》第 11 条第 3 款规定：“对批量公民个人信息的条数，根据查获的数量直接认定，但是有证据证明信息不真实或者重复的除外。”

曾因侵犯公民个人信息受过刑事处罚或者2年内受过行政处罚，又非法获取、出售或者提供公民个人信息的，不论个人信息数量或违法所得数额是多少，均符合“情节严重”情形，构成犯罪；2）曾因侵犯公民个人信息受过刑事处罚或者2年内受过行政处罚，又非法购买、收受个人信息的，符合“情节严重”情形，构成犯罪。

（6）“情节严重”的其他情形。

其他情形是本罪规定“情节严重”的兜底性条款，也就是说，《最高人民法院、最高人民检察院关于办理侵犯公民个人信息刑事案件适用法律若干问题的解释》未能穷尽列举的、可能达到与上述五类情形的危害程度相同的其他情节，也符合“情节严重”的标准，构成犯罪。

2. 行为造成了“情节特别严重”的后果

（1）造成被害人死亡、重伤、精神失常或者被绑架等严重后果。

侵犯公民个人信息，对于个人而言，如果非法获取、出售或者提供公民个人信息造成了被害人死亡、重伤、精神失常或者被绑架等严重后果，则属于本罪“情节特别严重”的情形，量刑幅度相应提高。

（2）造成重大经济损失或者恶劣社会影响。

侵犯公民个人信息，对于社会而言，如果非法获取、出售或者提供公民个人信息造成了重大经济损失或者恶劣社会影响，例如造成了社会群体性恐慌，则属于本罪“情节特别严重”的情形，量刑幅度相应提高。

（3）数量或者数额达到《最高人民法院、最高人民检察院关于办理侵犯公民个人信息刑事案件适用法律若干问题的解释》第5条第1款第3～8项规定标准10倍以上。

非法获取、出售或者提供公民个人信息的行为符合“情节严重”的某一情形，如果个人信息数量或违法所得数额达到所规定标准10倍以上，则属于本罪“情节特别严重”的情形。

（4）其他情节特别严重的情形。

非法获取、出售或者提供公民个人信息，如果出现上述三种后果以外的其他情形，并达到与上述三种情形相同的危害程度，同样符合本罪“情节特别严重”的情形，量刑幅度相应提高。

（四）主观故意

本罪要求行为人主观上具有侵犯公民个人信息的犯罪故意，即行为人主观上必须认识到公民个人信息的存在，并且有意识地非法获取、出售或者提供公民个人信息。在某些情况下，行为人虽然客观上实施了侵犯公民个人信息的行为，但其非法获取、出售或者提供公民个人信息是出于过失，则不能以侵犯公民个人信息罪论处。

（五）单位也可成为本罪的犯罪主体

如果单位实施了侵犯公民个人信息的行为，例如非法获取、出售或者提供公民个人信息，并且达到了“情节严重”或“情节特别严重”的标准，那么也会构成本罪，依照《最高人民法院、最高人民检察院关于办理侵犯公民个人信息刑事案件适用法律若干问题的解释》规定的相应自然人犯罪的定罪量刑标准，对直接负责的主管人员和其他直接责任人员定罪处罚，并对单位判处罚金。因此，组织和单位如果非法收集公民个人信息，或者采取合法手段收集公民个人信息后又将该信息非法出售或提供给他人，则可能构成本罪。

（六）明确侵犯公民个人信息罪的前置法规定

就对行为人获取、出售或提供公民个人信息是否“违反国家规定”的判断而言，根据《刑法》第 96 条的规定，“违反国家规定”是指违反全国人民代表大会及其常务委员会制定的法律和决定，国务院制定的行政法规、规定的行政措施、发布的决定和命令。据此来看，刑事规范中的“违反国家规定”，仅指违反行政法规及以上级别的法律，违反部门规章或者违反地方性法规的行为不能被认定为“违反国家规定”。然而，《最高人民法院、最高人民检察院关于办理侵犯公民个人信息刑事案件适用法律若干问题的解释》第 3 条规定：“违反法律、行政法规、部门规章有关公民个人信息保护的规定的，应当认定为刑法第二百五十三条之一规定的‘违反国家有关规定’。”[①] 据此，违反部门规章也可被认定为本罪中的“违反国家规定”[②]。

（七）未取得个人信息所有者（个人信息主体）的同意

侵犯公民个人信息罪的保护法益，实质上是公民自主行使个人信息的权利（益）。[③] 基于该刑事规制逻辑，如果行为人的获取、出售或提供个人信息行为获得了该个人信息所有者（个人信息主体）的同意，同时该行为也未“违反国家规定”，则不构成本罪。反言之，本罪的构成，必然是在违背个人信息主体意愿的前

① 郑旭江．侵犯公民个人信息罪的述与评：以《关于办理侵犯公民个人信息刑事案件适用法律若干问题的解释》为视角．法律适用，2018（7）．

② 喻海松．《民法典》视域下侵犯公民个人信息罪的司法适用．北京航空航天大学学报（社会科学版），2020（6）．

③ 刘艳红．民法编纂背景下侵犯公民个人信息罪的保护法益：信息自决权——以刑民一体化及《民法总则》第 111 条为视角．浙江工商大学学报，2019（6）．

提之下的。[①] 当然，对于这一情形，需要行为人提供获得了个人信息主体同意的证明。

三、拒不履行信息网络安全管理义务罪（第二项情形）的构成要件

《刑法》第 286 条之一对拒不履行信息网络安全管理义务罪作了详细规定，自此，刑法将网络服务提供者履行信息网络安全管理义务正式纳入刑事规制范畴。本罪关于个人信息保护主要涉及本罪的第二项情形，即网络服务提供者不履行法律、行政法规规定的信息网络安全管理义务，经监管部门责令采取改正措施而拒不改正，致使用户信息泄露，造成严重后果的，处三年以下有期徒刑、拘役或者管制，并处或者单处罚金。这也表明了，网络服务提供者对于个人信息的预防性保护非常关键，是维护信息网络安全的重要组成部分。

（一）主体身份："网络服务提供者"

"网络服务提供者"是特定的一类法律主体，也是本罪的犯罪主体。应当结合《刑法》与相关的法律法规确定"网络服务提供者"的具体范围。《最高人民法院、最高人民检察院关于办理非法利用信息网络、帮助信息网络犯罪活动等刑事案件适用法律若干问题的解释》第 1 条以列举的形式规定了三类"网络服务提供者"：（1）提供网络接入、域名注册解析等信息网络接入、计算、存储、传输服务的单位或个人；（2）提供信息发布、搜索引擎、即时通讯、网络支付、网络预约、网络购物、网络游戏、网络直播、网站建设、安全防护、广告推广、应用商店等信息网络应用服务的单位或个人；（3）提供利用信息网络提供的电子政务、通信、能源、交通、水利、金融、教育、医疗等公共服务的单位或个人。可以看到，网络服务提供者主要有两类：一类是技术服务提供者，主要提供接入、缓存、信息存储等技术类服务；另一类是内容服务提供者，主要提供信息内容发布等服务，需要审核信息内容的真实性与合法性等。

（二）前置规范："信息网络安全管理义务"

本罪明确规定了前置法的范围和"信息网络安全管理义务"的来源，即网络服务提供者不履行法律、行政法规规定的信息网络安全管理义务。据此，"信息网络安全管理义务"必须来源于前置的法律、行政法规，包括但不限于《网络安全法》《电子商务法》《数据安全法》《个人信息保护法》《互联网信息服务管理办

---

① 刘宪权，王哲．侵犯公民个人信息罪刑法适用的调整和重构．安徽大学学报（哲学社会科学版），2022（1）.

法》等。与《最高人民法院、最高人民检察院关于办理侵犯公民个人信息刑事案件适用法律若干问题的解释》规定的前置法范围不同，本罪的前置法并不包括部门规章，因此，地方性法规、部门规章均不能成为本罪中“信息网络安全管理义务”的规范来源。

（三）行为表现：“责令改正而拒不改正”

本罪规定了行政程序的前置化，即“经监管部门责令采取改正措施而拒不改正”，因此，本罪是以行政违法作为前置要件的。[①] 在行政法上，“责令改正”是要求行政相对人改正违法行为并消除违法状态，而未对其人身自由、财产权利进行限制或剥夺。[②] 因此“责令改正”不属于行政处罚，而是相关行政措施，不适用行政处罚的相关规范。[③] 根据《最高人民法院、最高人民检察院关于办理非法利用信息网络、帮助信息网络犯罪活动等刑事案件适用法律若干问题的解释》第2条的规定，“监管部门责令采取改正措施”，是指网信、电信、公安等依照法律、行政法规的规定承担信息网络安全监管职责的部门，以责令整改通知书或者其他文书形式，责令网络服务提供者采取改正措施。因此，监管部门责令行为人采取改正措施，应当以书面形式作出，而不能以口头形式作出。

（四）后果要求：“致使用户信息泄露，造成严重后果”

《网络安全法》第40条规定：“网络运营者应当对其收集的用户信息严格保密，并建立健全用户信息保护制度。”根据《最高人民法院、最高人民检察院关于办理非法利用信息网络、帮助信息网络犯罪活动等刑事案件适用法律若干问题的解释》第4条的规定，拒不履行信息网络安全管理义务，致使用户信息泄露，具有下列情形之一的，应当认定为“造成严重后果”：（1）致使泄露行踪轨迹信息、通信内容、征信信息、财产信息500条以上的；（2）致使泄露住宿信息、通信记录、健康生理信息、交易信息等其他可能影响人身、财产安全的用户信息5 000条以上的；（3）致使泄露第1项、第2项规定以外的用户信息5万条以上的；（4）数量虽未达到第1项至第3项规定标准，但是按相应比例折算合计达到有关数量标准的；（5）造成他人死亡、重伤、精神失常或者被绑架等严重后果的；（6）造成重大经济损失的；（7）严重扰乱社会秩序的；（8）造成其他严重后果的。相较于《最高人民法院、最高人民检察院关于办理侵犯公民个人信息刑事案件适用法律若干问题的解释》对于侵犯公民个人信息罪中“情节严重”与“情

---

① 王帅．拒不履行信息网络安全管理义务罪中的“责令采取改正措施”解读：基于行刑联动的思考．法律适用，2022（8）．

② 邱陵．拒不履行信息网络安全管理义务罪探析．法学杂志，2020（4）．

③ 熊波．网络服务提供者刑事责任“行政程序前置化”的消极性及其克服．政治与法律，2019（5）．

节特别严重”的规定，一方面，对照侵犯公民个人信息罪中“情节严重”的个人信息数量要求，本罪中“造成严重后果”中的第1、2、3、4项的数量要求标准是其10倍；另一方面，对照侵犯公民个人信息罪中“情节特别严重”的后果要求，本罪中“造成严重后果”中的第5、6、7、8项的要求标准与其规定基本一致。需要注意的是，本罪“造成严重后果”的情形要求中不涉及违法所得金额。

全国首例运营商因拒不履行信息网络安全管理义务获刑案

在李某全拒不履行信息网络安全管理义务案中，被告人李某全系远特（北京）通信技术有限公司的高级运营总监。2016年12月21日，远特（北京）通信技术有限公司因违反《电话用户真实身份信息登记规定》第6条被辽宁省通信管理局处以3万元人民币罚款，并被责令立即改正；2017年1月10日，工业和信息化部网络安全管理局在《关于电话用户真实身份信息登记违规行为的通报》中，对抽查远特（北京）通信技术有限公司部分网点违反实名制的问题进行了通报，提出立即进行整改并严格落实电话用户登记工作的有关要求；2017年2月21日，工业和信息化部办公厅《关于防范打击通信信息诈骗工作专项督导检查情况的通报》中，对远特（北京）通信技术有限公司检查存在的“电话实名工作落实情况”问题进行了通报，并要求进行整改。以上相关部门的处罚及责令改正情况均与违反实名制规定有关。被告人李某全负有查验、评估、审核行业卡使用情况的职责，在明知违反实名制管理规定的情况下，仍然将大量带有公民个人信息的回收卡交给亚飞达信息科技股份有限公司，违反用户实名制进行挑卡，致使用户个人信息泄露，造成严重后果，且在两年内经监管部门多次责令改正而拒不改正。2020年7月14日，经工业和信息化部网络安全管理局出具《关于涉及远特（北京）通信技术有限公司相关咨询的复函》证实，远特（北京）通信技术有限公司将绑定个人微信号的移动电话卡回收制作成行业卡销售给其他公司，未落实行业卡短信功能限制要求，未认真履行行业用户安全评估责任，违反了电话用户实名制、行业卡安全管理等相关规定。法院认为，被告人李某全无视国家法律，作为网络服务提供管理者，拒不履行信息网络安全管理义务，经监管部门责令采取改正措施而拒不改正，其行为已构成拒不履行信息网络安全管理义务罪。法院判处被告人李某全有期徒刑1年3个月，并处罚金5 000元。[①]

思考题

1. 简述个人信息保护法律责任的内涵及内容。

---

① 参见云南省昆明市盘龙区人民法院刑事判决书（2020）云0103刑初1206号。

2. 如何理解个人信息保护行政高额罚款的适用问题？

3. 个人信息民事侵权案件适用的归责原则是什么，以及应当满足何种构成要件？

4. 侵害个人信息构成犯罪的，如何定罪量刑？

5. 对已公开个人信息进行处理的行为，在哪些情形下涉嫌侵犯公民个人信息罪？

6. 非法使用个人信息的行为，是否有必要被纳入刑法规制？

文献阅读资料

1. 汪东升．个人信息的刑法保护．北京：法律出版社，2019.

2. 皮勇，王肃之．智慧社会环境下个人信息的刑法保护．北京：人民出版社，2018.

3. 于冲．动态数据与动态安全：大数据时代个人信息的刑法保护进路．北京：中国法制出版社，2021.

4. 周加海，邹涛，喻海松．《关于办理侵犯公民个人信息刑事案件适用法律若干问题的解释》的理解与适用．人民司法（应用），2017（19）.

5. 彭辅顺．非法使用公民个人信息行为的刑法规制．中国刑事法杂志，2023（1）.

6. 叶良芳．法秩序统一性视域下“违反国家有关规定”的应然解释：《关于办理侵犯公民个人信息刑事案件适用法律若干问题的解释》第 2 条评析．浙江社会科学，2017（10）.

7. 付玉明．侵犯公民个人信息案件之“批量公民个人信息”的数量认定规则：《关于办理侵犯公民个人信息刑事案件适用法律若干问题的解释》第 11 条第 3 款评析．浙江社会科学，2017（10）.

8. 于冲．侵犯公民个人信息罪中“公民个人信息”的法益属性与入罪边界．政治与法律，2018（4）.

9. 刘艳红．民法编纂背景下侵犯公民个人信息罪的保护法益：信息自决权——以刑民一体化及《民法总则》第 111 条为视角．浙江工商大学学报，2019（6）.

10. 熊波．网络服务提供者刑事责任“行政程序前置化”的消极性及其克服．政治与法律，2019（5）.

11. 刘宪权，王哲．侵犯公民个人信息罪刑法适用的调整和重构．安徽大学学报（哲学社会科学版），2022（1）.

12. 周光权．侵犯公民个人信息罪的行为对象．清华法学，2021（3）.

参考文献

1. 程啸．个人信息保护法理解与适用．北京：中国法制出版社，2021.

2. 龙卫球．中华人民共和国个人信息保护法释义．北京：中国法制出版社，2021.

3. 杨合庆．中华人民共和国个人信息保护法释义．北京：法律出版社．2022.

4. 张平．中华人民共和国个人信息保护法理解适用与案例解读．北京：中国法制出版社，2021.

5. 张新宝．《中华人民共和国个人信息保护法》释义．北京：人民出版社，2021.

6. 张新宝，葛鑫．个人信息保护法（专家建议稿）及立法理由书．北京：中国人民大学出版社，2021.

7. 海伦·尼森鲍姆．场景中的隐私：技术、政治和社会生活中的和谐．王苑，等译．北京：法律出版社，2022.

8. 程啸．论大数据时代的个人数据权利．中国社会科学，2018（3）.

9. 丁晓东．个人信息私法保护的困境与出路．法学研究，2018（6）.

10. 丁晓东．个人信息权利的反思与重塑：论个人信息保护的适用前提与法益基础．中外法学，2020（2）.

11. 高富平．个人信息保护：从个人控制到社会控制．法学研究，2018（3）.

12. 梅夏英．数据的法律属性及其民法定位．中国社会科学，2016（9）.

13. 宁园．敏感个人信息的法律基准与范畴界定：以《个人信息保护法》第28条第1款为中心．比较法研究，2021（5）.

14. 彭诚信．论个人信息的双重法律属性．清华法学，2021（6）.

15. 石佳友．个人信息保护的私法维度：兼论《民法典》与《个人信息保护法》的关系．比较法研究，2021（5）.

16. 申卫星．论个人信息权的构建及其体系化．比较法研究，2021（5）.

17. 万方．个人信息处理中的“同意”与“同意撤回”．中国法学，2021（1）.

18. 王利明. 和而不同：隐私权与个人信息的规则界分和适用. 法学评论，2021 (2).

19. 王利明，丁晓东. 论《个人信息保护法》的亮点、特色与适用. 法学家，2021 (6).

20. 王锡锌. 个人信息国家保护义务及展开. 中国法学，2021 (1).

21. 王锡锌，彭錞. 个人信息保护法律体系的宪法基础. 清华法学，2021 (3).

22. 许可. 个人信息治理的科技之维. 东方法学，2021 (5).

23. 谢远扬. 信息论视角下个人信息的价值：兼对隐私权保护模式的检讨. 清华法学，2015 (3).

24. 周汉华. 探索激励相容的个人数据治理之道：中国个人信息保护法的立法方向. 法学研究，2018 (2).

25. 张新宝. 从隐私到个人信息：利益再衡量的理论与制度安排. 中国法学，2015 (3).

26. 张新宝. 论个人信息权益的构造. 中外法学，2021 (5).

27. 张新宝. 互联网生态"守门人"个人信息保护特别义务设置研究. 比较法研究，2021 (3).

28. 孙莹. 大规模侵害个人信息高额罚款研究. 中国法学，2020 (5).

图书在版编目（CIP）数据

个人信息保护法教程/张新宝，丁晓东主编．-- 北京：中国人民大学出版社，2023.11
新时代中国法学系列教材
ISBN 978-7-300-32225-4

Ⅰ.①个… Ⅱ.①张… ②丁… Ⅲ.①个人信息-法律保护-中国-教材 Ⅳ.①D923.74

中国国家版本馆 CIP 数据核字（2023）第 182995 号

新时代中国法学系列教材
总主编 王 轶 黄文艺
个人信息保护法教程
主 编 张新宝 丁晓东
Geren Xinxi Baohufa Jiaocheng

出版发行	中国人民大学出版社		
社　　址	北京中关村大街 31 号	**邮政编码**	100080
电　　话	010－62511242（总编室）		010－62511770（质管部）
	010－82501766（邮购部）		010－62514148（门市部）
	010－62515195（发行公司）		010－62515275（盗版举报）
网　　址	http://www.crup.com.cn		
经　　销	新华书店		
印　　刷	天津旭非印刷有限公司		
开　　本	787 mm×1092 mm　1/16	**版　　次**	2023 年 11 月第 1 版
印　　张	14 插页 1	**印　　次**	2023 年 11 月第 1 次印刷
字　　数	270 000	**定　　价**	49.00 元

《　　　　　　　》※任课教师调查问卷

为了能更好地为您提供优秀的教材及良好的服务，也为了进一步提高我社法学教材出版的质量，希望您能协助我们完成本次小问卷，完成后您可以在我社网站中选择与您教学相关的 1 本教材作为今后的备选教材，我们会及时为您邮寄送达！如果您不方便邮寄，也可以申请加入我社的**法学教师 QQ 群：436438859（申请时请注明法学教师）**，然后下载本问卷填写，并发往我们指定的邮箱（cruplaw@163.com）。

邮寄地址：北京市海淀区中关村大街 31 号中国人民大学出版社 806 室收

邮　　编：100080

再次感谢您在百忙中抽出时间为我们填写这份调查问卷，您的举手之劳，将使我们获益匪浅！

基本信息及联系方式：※

姓名：＿＿＿＿＿＿ 性别：＿＿＿＿＿＿ 课程：＿＿＿＿＿＿＿＿＿＿

任教学校：＿＿＿＿＿＿＿＿＿＿＿＿＿ 院系（所）：＿＿＿＿＿＿＿＿

邮寄地址：＿＿＿＿＿＿＿＿＿＿＿＿＿ 邮编：＿＿＿＿＿＿＿＿＿＿

电话（办公）：＿＿＿＿＿＿ 手机：＿＿＿＿＿＿ 电子邮件：＿＿＿＿＿＿

调查问卷：※

1. 您认为图书的哪类特性对您选用教材最有影响力？（　　）（可多选，按重要性排序）

   A. 各级规划教材、获奖教材　　B. 知名作者教材

   C. 完善的配套资源　　D. 自编教材

   E. 行政命令

2. 在教材配套资源中，您最需要哪些？（　　）（可多选，按重要性排序）

   A. 电子教案　　B. 教学案例

   C. 教学视频　　D. 配套习题、模拟试卷

3. 您对于本书的评价如何？（　　）

   A. 该书目前仍符合教学要求，表现不错将继续采用

   B. 该书的配套资源需要改进，才会继续使用

   C. 该书需要在内容或实例更新再版后才能满足我的教学，才会继续使用

   D. 该书与同类教材差距很大，不准备继续采用了

4. 从您的教学出发，谈谈对本书的改进建议：＿＿＿＿＿＿＿＿＿＿

＿＿＿＿＿＿＿＿＿＿＿＿＿＿＿＿＿＿＿＿＿＿＿＿＿＿＿＿＿＿

＿＿＿＿＿＿＿＿＿＿＿＿＿＿＿＿＿＿＿＿＿＿＿＿＿＿＿＿＿＿

选题征集：如果您有好的选题或出版需求，欢迎您联系我们：

联系人：黄　强　联系电话：010-62515955

索取样书：书名：＿＿＿＿＿＿＿＿＿＿＿＿＿＿＿＿＿＿＿＿＿＿

书号：＿＿＿＿＿＿＿＿＿＿＿＿＿＿＿＿＿＿＿＿＿＿＿＿＿＿

备注：※ 为必填项。